El Método
P.O.R.T.E.

ALVARO GORDOA

El Método
P.O.R.T.E.

IMAGEN FÍSICA EN 5 SENCILLOS PASOS

El Método P.O.R.T.E.
Imagen física en 5 sencillos pasos

Primera edición: septiembre, 2021
Primera reimpresión: octubre, 2021

D. R. © 2021, Alvaro Gordoa

D. R. © 2021, derechos de edición mundiales en lengua castellana:
Penguin Random House Grupo Editorial, S. A. de C. V.
Blvd. Miguel de Cervantes Saavedra núm. 301, 1er piso,
colonia Granada, alcaldía Miguel Hidalgo, C. P. 11520,
Ciudad de México

penguinlibros.com

ISBN: 978-607-380-258-1

Impreso en México – *Printed in Mexico*

Something...
Let go or be dragged.
¡Ámate a ti mismo!

ÍNDICE

QUE TE IMPORTE MUCHO EL P.O.R.T.E 13
¿CUÁNDO FUE LA ÚLTIMA VEZ QUE TE ARREGLASTE?. 13
EL PODER DE LA IMAGEN FÍSICA 17
FAN DE LOS MÉTODOS 19
VÍSTETE PARA LA IMPRESIÓN 21

PSICOLOGÍA DE LA ROPA 25
APUÑALADO POR UNOS TROLLS 25
SI ESTÁS BIEN POR FUERA... 26
SEMIÓTICA DEL VESTUARIO 28
EL HÁBITO SÍ HACE AL MONJE 33
LA CAPA DE SUPERMAN 36
¿PARA QUIÉN NOS VESTIMOS (Y DESVESTIMOS)? .40
¿POR QUÉ COMPRAMOS ROPA? 43

ORGANIZACIÓN DE GUARDARROPA 51

ORDENANDO TU VIDA. 51

CLOSET DETOX 56

    Limpieza y Auditoría de guardarropa .57

    Etapas de separación. 61

    Etapas de reacomodo y diagnóstico final 72

LA ROPA SUCIA NO SIEMPRE SE LAVA EN CASA. 77

    Simbología de cuidado de prendas 82

    Guardar es cuidar 84

    Buenas perchas para la buena percha. 86

    Vísteme despacio, que tengo prisa .92

CIMIENTOS DEL GUARDARROPA 95

    Los 15 después de los 15. 97

    Mix & Match 108

    Marcas de lujo 112

TU PROPIO *PERSONAL SHOPPER* 117

    Ropa a la medida. 121

RECONOCIMIENTO 3C: CUERPO, CARA Y COLOR 129

EL CUERPO IDEAL 129

ANTROPOMETRÍA Y CARAMETRÍA 134

    Medición del cuerpo 136

    Medición de la cara 149

CARAMORFOLOGÍA Y ANTROPOMORFOLOGÍA. 157

    Formas de cara 157

    Formas del cuerpo 164

CROMOMETRÍA 172

    Características del color 176

    Reconocimiento estacional 183

DIAGNÓSTICO DE RECONOCIMIENTO 3C 197

TRUCOS ÓPTICOS 199

¡QUÉ ILUSOS! 199

TRUCOS DE COLOR 204

TRUCOS DE LÍNEAS 214

TRUCOS DE ESCALA 226

TRUCOS FINALES PARA TODO 235

    Trucos para comunicar autoridad 236

    Trucos para comunicar accesibilidad 236

    Trucos para lucir con mayor volumen 237

    Trucos para lucir con mayor altura 237

    Trucos para lograr delgadez 238

ESTILO 243

COMO ES ADENTRO ES AFUERA 243

VISTIENDO SE ENTIENDE LA GENTE 247

GOZANDO EL ESTILO 250

RECONOCIENDO EL ESTILO 252

PROYECTANDO EL ESTILO 254

DEFINIENDO EL ESTILO 258

    Estilo Natural 261

    Estilo Tradicional 262

    Estilo Elegante 263

    Estilo Romántico 264

Estilo Seductor 265

Estilo Creativo 267

Estilo Dramático 268

COMBINANDO EL ESTILO 269

MODULANDO EL ESTILO. 272

DESNUDÉMONOS 279

BIBLIOGRAFÍA 287

QUE TE IMPORTE MUCHO EL P.O.R.T.E.

"No entiendo cómo una mujer [o un hombre] puede salir de casa sin arreglarse un poco, aunque sólo sea por cortesía. Nunca se sabe, tal vez ése es el día que tiene una cita con el destino..."[1]

Coco Chanel (1883-1971)

¿CUÁNDO FUE LA ÚLTIMA VEZ QUE TE ARREGLASTE?

E n bata azul y con el culo al aire. Así es como me he sentido más vulnerable en mi vida. Nada más frágil para el alma que tener que caminar enfundado en una bata de hospital sintiendo que mostramos el trasero a cada paso que damos. Y es que como no podemos ir desnudos por la vida, nos enfundamos en una segunda piel. Pero resulta que esa segunda piel también siente y nos provoca emociones, al tiempo que nos da una identidad social, protegiéndonos de esa vulnerabilidad tan humana que nos da la desnudez.

Desnudez con la que llegamos al mundo y desnudez con la que probablemente nos iremos. El cuerpo biológico se transforma en cuerpo social a través del vestido. Por lo tanto, lo que sucede entre el parto y la plancha de la morgue, es vestirnos para ocultar esa vulnerabilidad biológica y transformarnos en un animal social. Y a menos que sigas siendo un bebé al que viste su mamá, o que te encuentres en pleno *rigor mortis* mientras el

---

[1] La frase original dice "Una mujer...", el autor puso en corchetes [o un hombre] para hacerla más incluyente.

13

embalsamador te pone las prendas para tu último viaje, la ropa que traes puesta en este momento la elegiste tú y nadie más que tú. Y sí, tal vez alguien más te la regaló o recomendó, pero tú elegiste ponértela hoy. No es como que hayas despertado y mágicamente esos trapos cayeron sobre ti. Hubo un proceso de elección. ¡Y esa elección fue tuya y de nadie más!

Por lo tanto, éste es un libro sobre tomar decisiones. Decisiones personales que cambiarán el rumbo de tu vida. Y sí, sé que tal vez estabas esperando un libro sobre moda o *fashionismo*, pero temo decepcionarte al decirte que no... ¡ÉSTE NO ES UN LIBRO SOBRE MODA! De hecho, mientras menos te interese la moda y más desconozcas sobre su peculiar y a veces frívolo mundo, más te servirá su lectura. Y así como no estás ante un libro de moda, tampoco lo estás ante uno que pretenda guiarte durante el *shopping* con aires de divo de *reality show*, donde te obligue a tirar tu guardarropa por la ventana porque "no tienes estilo" y te mereces por fin ser *trendy* pensando que la felicidad está dentro de las bolsas de las boutiques... ¡Nooo! De hecho las tendencias van y vienen y te darás cuenta de que son bastante irrelevantes, como también irrelevante será el nombre y precio que aparezca en la etiqueta. Y eso de "no tener estilo"... ahhh, mejor no empiezo porque ya tendremos suficiente tiempo para hablar de él y sabrás que es imposible no tenerlo.

Finalmente te digo que éste tampoco es un libro sobre reglas rígidas del buen vestir, pues, ¿qué es el "buen vestir" y quién lo dictamina? Al vestir no hay bueno o malo ni existen reglas absolutas, pues el acto social de ponernos ropas es bastante subjetivo y está basado en un sinfín de relatividades que aquí aprenderemos.

Entonces, si éste no es un libro sobre moda, *shopping*, estilo o reglas al vestir... ¿sobre qué es?

Pues no es sobre moda, es sobre comunicación. No es un texto para ir de *shopping*, es un texto de psicología de la ropa, ciencia en la que sustentaremos nuestras compras y elecciones. No es una lectura para conseguir un estilo o estar en tendencia, es una lectura sobre antropología y sociología para hacer conciencia de que todo lo que nos ponemos encima es una manifestación social y cultural que nos afecta y también a nuestra comunidad. Y por supuesto, no es un escrito sobre reglas al vestir. Es un tratado de semiótica estratégica para que entiendas de una vez por todas que todo lo relacionado a tu físico significa y simboliza.

Comunicación, psicología, antropología, sociología y semiótica al servicio de una mentalidad estratégica que deberás tener presente al tomar la decisión más importante del día frente al espejo: la decisión de responder a la pregunta ¿qué me pongo?

Y con base en esa respuesta, tomarás la decisión que probablemente cambiará tu vida para siempre, pues será fundamental para lograr o no tus objetivos. ¡Sí! Créeme. ¡Cambiando tu relación con la ropa cambiarás tu vida!

Por eso te decía que es un libro sobre toma de decisiones. Decisiones más conscientes que te catapultarán en la vida. Mejores decisiones que serán la causa que provocarán el efecto que tanto deseas. Decisiones más inteligentes que te aligerarán la vida pues reducirán el estrés, y te harán ahorrar tiempo y dinero. Decisiones que sin duda te ayudarán a ser más feliz.

Si decidiste leer este libro es porque buscas algo y ese algo es un cambio. Y seguramente pensabas que el único cambio que encontrarías en este libro es el cambio en tu manera de vestir. Pues no. El cambio más valioso que encontrarás es el de relacionarte de una manera diferente con tu ropa y por lo tanto con el mundo. No es tan sólo un cambio de *look*, es un cambio de vida que te ayudará a ser la mejor versión de ti y, en consecuencia, a tener más.

¿Más qué? ¡Yo qué sé! Más trabajo, más dinero, más pegue, más parejas, más poder, más diversión, más amigos, más abundancia, más empatía, más seguridad, más aceptación, más, más, más y más... ¡tú decides cuánto y hasta dónde sumar! El límite lo pones tú. Pero no hay duda de que el cambio que encontrarás te ayudará a lograr tus objetivos y dejar satisfechas a tus audiencias. Lograrás un cambio de adentro hacia afuera, que en este particular caso y mediante el poder de la ropa, se logrará con acciones que empezarán de afuera hacia adentro, para después desde el interior explotar todo un potencial que hasta ahora desconocías. ¡No exagero al decirte que con este libro cambiarás tu vida encaminando tu destino hacia aquello que llamas éxito!

Pero como sé que pude decepcionarte al decir que éste no es un libro sobre moda, y que probablemente bostezaste al escuchar eso de que estás ante un tratado de comunicación, psicología, antropología, sociología y semiótica... mejor simplifiquemos el concepto de lectura y digamos que estás ante un libro sobre PORTE.

Pero antes de definir este concepto, responde con sinceridad a la siguiente pregunta: ¿Cuándo fue la última vez que te arreglaste?

Sí. Deja de leer un momento y tómate tu tiempo para pensar la respuesta... ¿Qué día recuerdas como la última ocasión para la que te arreglaste?

Seguro pensaste en una boda o en una fecha especial donde algo celebrabas. Tal vez pasó por tu mente una cita romántica o una salida de amigos a un lugar más festivo y extraordinario. Pero la realidad es que nuestra vida es bastante ordinaria. Para la mayoría de nosotros la vida no es un desfile constante de alfombras rojas, vestidos de gala y trajes de diseñador a la medida. La verdad es que hay días en que lo más emocionante que nos pasa es ir al súper o tener una cita de trabajo. ¡Ahora imagínate el resto de nuestros rutinarios días! Pero ojo, esto no significa que nuestras actividades, y por lo tanto nuestras vidas, no sean importantes, apremiantes o divertidas. ¡Nuestras vidas son significativas! Por lo que nuestra forma de vestir también debe significar. Todos podemos vestirnos un día de manera más producida y glamurosa, pero lo verdaderamente importante es cómo nos arreglamos día con día. Hoy al despertar fue la última vez que te vestiste, pero... ¿te arreglaste? Ya que arreglarse no debe ser una acción extraordinaria, ¡sino lo más ordinario de nuestra rutina diaria!

La palabra *arreglar* se forma del prefijo *a* y el verbo *reglar* (del latín *regulare*, que significa dirigir, normativizar, gobernar y cualquier acepción hacia algo que sirva de regla). Por lo que arreglar es cualquier acción encaminada a medir, dirigir y controlar algo. Arreglarnos es sujetarnos a reglas. Y al vestir, es hacerlo de acuerdo con ciertos modos establecidos y preceptos encauzados a lograr nuestros objetivos. Son nuestras propias reglas, y si las reglas son normas, pues lo normal es arreglarnos. ¡Arreglémonos entonces siguiendo un método! Un método para gozar del poder de la imagen física.

EL PODER DE LA IMAGEN FÍSICA

Ya vimos que la temática de este libro aborda muchas disciplinas, pero todas ellas viven dentro del mundo de la imagen física. Un mundo sobre el que hay mucha confusión y prejuicios. Confusión, porque se cree que la imagen física es sólo moda, estilismo y maquillaje. Y prejuicios porque se piensa que es un tema frívolo, superficial y meramente estético. Y no, imagen es mucho más de lo que se cree, y cuando se aterriza al capítulo de la imagen física, se convierte en toda una ciencia, por eso se estudia a nivel profesional.

Imagen es percepción, así de sencillo se define, por lo que la manera en la que los demás nos perciben va a configurar nuestra imagen. Esta imagen mental se juntará con opiniones convirtiéndose en nuestra identidad y esa identidad en la realidad de quien nos percibe. ¡Esto quiere decir que nosotros no somos dueños de nuestra imagen! Nuestra imagen vive en la cabeza de los demás y como decíamos, se convierte en su realidad. Ahora bien, esto no quiere decir que no seamos absolutamente responsables de la misma... ¡somos totalmente responsables de nuestra imagen! Ya que la percepción es una consecuencia de algo más: los estímulos, que son todas las cosas que hacemos que impactarán los sentidos de quien nos percibe.

Por lo tanto, podemos afirmar que imagen es percepción, que se convierte en identidad y que se produce por estímulos; concluyendo a su vez que si controlamos los estímulos, controlamos la percepción, y si controlamos la percepción, controlamos nuestra imagen.

Entendido el concepto de imagen, podemos comprender que el proceso de control de la percepción es muy complejo y delicado, pues existe una gran cantidad de estímulos que hay que poner en armonía y coherencia para lograr ser identificados de la mejor manera, y así lograr nuestros objetivos. Es por eso que existe todo un sistema de catalogación y subcatalogación de estímulos que dan como resultado diferentes tipos de imágenes y que viene claramente explicado en el libro *El poder de la imagen pública* (Gordoa, V., 2007), que a continuación resumo brevemente.

La primera catalogación es sencilla: se puede crear la imagen de una persona o la de una institución. La siguiente catalogación es la de las imágenes subordinadas, que agrupan y dividen a los estímulos en diferentes categorías para facilitar el proceso de diseño y producción de la gran imagen personal o institucional. Éstas son la imagen profesional, la imagen verbal, la imagen visual, la imagen audiovisual, la imagen ambiental y la que es motivo de este libro, la imagen física.

Si imagen es percepción, la imagen física será la "percepción que se tiene de una persona por parte de sus grupos objetivo como consecuencia de su apariencia o de su lenguaje corporal" (Gordoa, V., 2007).

O lo que es lo mismo, el recuerdo con el que se quedan las personas después de vernos y mediante el cual nos van a juzgar, y que fue producto de nuestra apariencia física, vestuario, accesorios y el lenguaje corporal.[2]

Y si bien la imagen física se basa en el juego de percepción y no en perseguir la belleza por la belleza, no está peleado el cuidar y controlar los estímulos que emanamos con sacarle el mayor provecho a lo que la naturaleza nos dio. Todos podemos sacarnos mejor partido, pues como también dice Víctor Gordoa en el libro ya citado: "Si la mona se viste de seda, más mona queda".

Entendida la imagen física, estamos listos para adentrarnos en su mundo y gozar de sus beneficios a través de cinco sencillos pasos. Cambia tu forma de vestir y cambiarás tu vida... ¡Bienvenido al mundo del Método P.O.R.T.E.!

FAN DE LOS MÉTODOS

Ya desde mi libro *El Método H.A.B.L.A.* (2017) te contaba que soy un amante de la semiótica y por lo tanto de la semántica, que es la rama de la lingüística que estudia el significado de las palabras. Y que en particular, dentro de estos estudios, siempre me ha llamado la atención la lexicología, que es la subdisciplina que se encarga, entre otras cosas, de estudiar el origen de las palabras y el por qué las cosas se llaman como se llaman. Cada vez más mis amigos y alumnos me hacen burla de mi abuso con las etimologías al momento de argumentar. Y es que pienso que cuando conocemos el origen de las palabras, podemos elevarlas a un nivel simbólico en el que nos relacionamos con ellas a un nivel más profundo, dejando de decir palabras y empezando a sentir las palabras. Freud decía que las palabras originalmente eran mágicas y que hasta

---

[2] Si bien dentro de la imagen física entra el importante tema del lenguaje corporal, en este libro se abordará la imagen física exclusivamente desde el aspecto de la apariencia personal.

el día de hoy han retenido mucho de su antiguo poder. La palabra *método* siempre la he considerado sumamente poderosa por su interesante origen. Según la Real Academia Española, método proviene del latín *methŏdus* y éste a su vez del griego μέθοδος *(methodos)*, que significa camino o vía, por eso la palabra la relacionamos con los pasos a seguir para realizar algo, con el procedimiento, técnica o manera de lograr un objetivo siguiendo un plan de forma sistemática, ordenada y lógica. ¿Pero de dónde viene el vocablo griego μέθοδος *(methodos)*? Pues proviene de otras dos palabras griegas: μετα (metha) y ὁδός *(odos)*.

Metha que significa *más allá*, lo encontramos como prefijo en palabras como *metafísica* (más allá de lo físico), *metamorfosis* (más allá de su forma) o *metáfora* (más allá del significado original). Y *odos*, que significa *camino*, lo encontramos como sufijo en palabras como *periodo* (alrededor del camino) o *éxodo* (fuera del camino). Por lo tanto, en su acepción original, la palabra *método* podría significar *el camino para llegar más allá...*

Por esta razón es que soy fan de crear métodos. Caminos para llegar más allá. Y en esta ocasión, el método te llevará más allá de lo que habías imaginado que podías hacer con tu ropa. Y al llevarte este camino más allá, significa también que te ayudará a proyectarte hacia otro lado, hacia ese lado en el que siempre has querido estar: el lado donde se encuentran tus objetivos cumplidos, los ascensos laborales, las ventas, el liderazgo, el ligue y todo lo que conlleva saber comunicarnos con nuestro guardarropa y el generar una buena estrategia de imagen física. Como te he venido mencionando, es un camino de cinco sencillos pasos.

P.O.R.T.E. es un acrónimo que representa los cinco capítulos que todo aquel que quiera gozar del poder de la ropa debería conocer. Son los cinco cajones donde vas a organizar todos los elementos que deberás tener en cuenta al momento de crear una estrategia al vestir. Pero antes de mencionarlos, debo ser enfático al decirte que por leer este libro y conocer sus capítulos no generarás un cambio en tu relación con la ropa y por lo tanto lograrás ese MÁS que buscas. El conocimiento se debe aplicar, por esta razón durante el libro te pediré que realices acciones puntuales para que puedas implementar el conocimiento en tu día a día. Trabajos que a veces serán tan divertidos como ir de compras con mira láser, precisos como medirnos corporalmente, o extenuantes pero gratificantes como hacer un detox de clóset. Así que no te saltes las actividades o haz el compromiso de que las realizarás una vez terminado el libro.

Estamos por ver los pasos del método, pero me acabo de percatar de que dejé en el tintero la definición de este concepto tan galante llamado *porte*.

VÍSTETE PARA LA IMPRESIÓN

Si buscas en el diccionario la palabra *porte*, encontrarás que se define como la "presencia o aspecto de una persona". Si bien es correcto, yo siento que va más allá. Y digo *siento*, porque no sé tú qué sientes cuando escuchas decir que alguien tiene mucho porte...

Yo en lo personal siento envidia y admiración. Siento que esa persona entra a una sala y no pasa desapercibida. Siento que tiene una actitud arrojada hacia la vida y un halo de carisma que hace que la gente quiera rodearse de ella. A la persona que tiene porte, le atribuyo liderazgo, garbo, gracia, gentileza y hasta perfección. Y me hace sentir que ese porte no es casualidad, que es una mezcla entre actitud, preparación y planeación, pero que luce natural y con mucha soltura.

Es a lo que en el Renacimiento, Baldassarre Castiglione le llamó la *sprezzatura*, y en su obra *El cortesano* decía que toda persona debería tener. Definió la *sprezzatura* como "la desenvoltura y seguridad propia del cortesano que consiste en disimular un sentimiento o actitud con estudiado ejercicio y gracia" (Anselmi *et al.*, 2004), entendiendo esta actitud como una despreo-cupación con el fin de ocultar toda técnica, para que luciera natural y sin esfuerzo. Y la *sprezzatura* evolucionó bastante bien al día de hoy. Basta con que te tomes unos segundos en googlear este término para que veas el tipo de imágenes que ahí aparecen. ¡Eso sin duda es porte! Pero también es mucho más... ¿Qué es el porte entonces?

El porte es la conciencia sobre cómo todo lo que nos ponemos comunica. Sobre cómo los colores, las telas, los patrones, las texturas, las estructuras, los complementos, los accesorios y las infinitas combinaciones de todos estos elementos y más afectan en nuestro comportamiento y en el de los demás. Y a través de esa conciencia, vivir sabiendo que tu guardarropa es todo un ecosistema que debe estar plagado de los recursos correctos para ti y para potenciar tu esencia. El porte por lo tanto se cultiva y se trabaja. Sí, algunos lo podrán traer en su ADN, pero para el resto es un ejercicio de conciencia y estrategia.

Por lo tanto, el porte se trata menos sobre lo que pasa cuando vas de *shopping* o la cantidad de ropa que tienes, y más sobre lo que sucede todos los días frente al espejo cuando decides qué ponerte y salir al mundo a co-municarle quién eres, para así dejar de vernos al espejo por mero narcisismo y vanidad, y empezar a vernos con una honestidad antropológica. O lo que es lo mismo, vernos con la óptica de que nuestro físico es una manifestación social y cultural que impacta en nuestra vida y en la de los demás. El porte no es sólo vestirse para la ocasión... ¡Es vestirse para la impresión!

Y ahora sí, veamos cuál es el significado de cada letra de esta palabra cuando se convierte en un acrónimo para lograrlo en cinco sencillos pasos. Pasos que te invito a seguir como las normas autoimpuestas cuando estás a-rre-glán-do-te.

A partir de hoy al arreglarte... ¡que te importe mucho el P.O.R.T.E.!

EL MÉTODO P.O.R.T.E.

P sicología de la ropa

O rganización del guardarropa

R econocimiento 3C: cuerpo, cara y color

T rucos ópticos

E stilo

PSICOLOGÍA DE LA ROPA

"Vístete como si fueras a conocer a tu peor enemigo."[3]

Coco Chanel (1883-1971)

APUÑALADO POR UNOS TROLLS

Tuve que tirar una *t-shirt* porque me dolía el corazón ponérmela. A pesar de que fue mi playera favorita durante la pandemia de 2020, a finales de ese fatídico año y principios del siguiente viví una situación de vida que me dejó con el corazón destrozado. Y esa situación la viví portando esa *t-shirt*. Paradójicamente, esa camiseta trae a los trolls vintage en colores fosforescentes (está *cool*, créeme, porque ya me imagino el esperpento que te estás imaginando) junto con la frase "Good Luck Unlimited" (buena suerte ilimitada). Pero después de haber sido mi prenda feliz, un día me la puse y sentí como si los seis trolls ahí retratados me apuñalaran directo al corazón, por lo que se fue directamente a la basura. Y al tirarla, sentí que con ella se iban los malos sentimientos y la depresión por la situación vivida.

Pero te confieso que, al tirarla, también sentí que con ella se estaba yendo parte importante de mi vida y que estaba tirando algo muy valioso, por lo

---

[3] Y la cultura popular la transformó en: "Vístete como si te fueras a encontrar al amor de tu vida, a tu ex y a tu peor enemigo".

que la saqué de la basura y la guardé muy escondida en el fondo de un cajón. Esa *t-shirt* me la compré en una tienda llamada Five Below, que ofrece artículos de cinco dólares para abajo. Pues bueno, esa camiseta estaba dentro del rango de los *below*. Pero... ¿por qué no la pude tirar si objetivamente estaba perdiendo menos de cinco dólares? Pues porque al vestir, nuestras prendas pierden toda objetividad y se convierten en artículos a los que les damos una identidad emocional. Dejó de ser una camiseta de menos de cinco dólares y se convirtió en una reliquia de felicidad/tristeza, de suerte/pérdida y de amor/desamor. Dejó de ser un pedazo de tela y se convirtió en un fetiche que amo y detesto a la vez, y del que no me puedo desprender. Ahora vive en el fondo de ese cajón debajo de muchas otras camisetas, y cada vez que lo abro, siento un palpitar como el del corazón delator de Edgar Allan Poe que me atormenta. ¿Qué pasará con ella? No lo sé, se me acaba de ocurrir que tal vez me la ponga en la presentación de este libro y quizá así la logre exorcizar.

SI ESTÁS BIEN POR FUERA...

Si estás bien por dentro estarás bien por fuera. Sí, es cierto. Como también es cierto que es un cliché que sé que has escuchado miles de veces... pero ¿alguna vez habías escuchado que si estás bien por fuera te sentirás bien por dentro? ¡Vaya cambio de enfoque!

Y no solamente eso, sino que de acuerdo con la manera como te sientes con la ropa que llevas puesta, desarrollas actitudes que afectan la manera como los demás te perciben; sumadas a las percepciones que ya de por sí tu *look* estaba generando... ¿Interesante, no crees?

A esto se le conoce como psicología de la ropa, y no es otra cosa más que el estudio de cómo nuestro vestuario, accesorios y aliño corporal afectan el comportamiento humano, ya sea en la manera como nos condiciona psicológicamente, o bien cómo afecta en la manera en que nos perciben los demás.

Nuestra ropa es un reflejo de nuestros sentimientos y pensamientos. Es una extensión de nuestro ser, y por lo tanto, nuestro clóset es una ventana que deja ver al mundo ese ser interior. La vestimenta es la representación física de nuestra autopercepción y define la manera como los demás nos perciben, alterando la conducta de los demás hacia nosotros y afectando esa misma autopercepción. Es un círculo, y ese círculo puede ser vicioso o virtuoso, y te aseguro que con el Método P.O.R.T.E. lo estamos encaminando totalmente hacia la virtud.

Por lo tanto, cualquier cosa que nos ponemos encima tiene un doble efecto: 1) el que produce en nosotros y que altera nuestra conducta y 2) el que produce en los demás alterando sus conductas.

Sobre el primer efecto podría citarte cientos de estudios como el de Barbara Fredrickson, de la Universidad de Carolina del Norte, en donde pusieron a alumnos a hacer un examen de matemáticas vestidos y a otros con traje de baño, resultando que los primeros sacaron una calificación 50% superior en promedio;[4] o los famosos estudios de Enclothed Cognition[5] de Adam y Galinsky de la Universidad de Northwestern, en donde exponen que la experiencia de usar ropa desencadena conceptos abstractos asociados a su significado simbólico, lo que hace que el usuario "encarne" la ropa y su simbolismo. Para estudiar esto, ponían a personas vestidas con bata médica y comprobaban que aumentaban su evaluación en pruebas de concentración mental, pero descendía cuando les ponían una bata de pintor, aunque se convertían en personas más sensibles. Seguro tú mismo has sentido este efecto en una fiesta de disfraces en donde adoptas la personalidad de tu personaje, o esos

[4] B. Fredrickson (1998). "That Swimsuit Becomes You: Sex Differences in Self-Objedification, Restrained Eating, and Math Performance", *Journal of Personality and Social Psychology.*

[5] H. Adam y A. D. Galinsky (2012). "Enclothed Cognition", *Journal of Experimental Social Psychology.*

días cuando te vistes y arreglas con tu ropa favorita y sientes que vas deslumbrando a todos por la calle. Si nunca has sentido este efecto, te reto a que la próxima vez que te sientas mal o tengas resaca, te bañes y arregles como si fueras a una cita importante, verás cómo bajan tus malestares por arte de magia. Incluso quiero que sepas que existe la oncoimagen, que es el acompañamiento al tratamiento médico por parte de un especialista en imagen física, centrado en impactar positivamente el estado anímico de pacientes con cáncer, para mitigar los efectos secundarios de la quimioterapia y las secuelas físicas que deja esta terrible enfermedad.

Del segundo efecto lo que hay que entender es que con la indumentaria cada individuo encuentra su propia forma de expresión y emplea variaciones personales de tono y significado, convirtiendo a nuestra apariencia personal en todo un sistema de comunicación no verbal. El gran semiólogo Umberto Eco afirmó que "hablaba a través de su ropa" (Eco, 1977), sugiriendo que la ropa comunica a través de un proceso similar al lenguaje hablado o escrito, actuando cada prenda en lo individual y en su conjunto como un significante. Por lo tanto nunca hay que ver la ropa como algo frívolo o superficial, sino como un complejo lenguaje de signos y símbolos con el que nos comunicamos con los demás. A esto se le llama semiótica del vestuario y vamos a ponernos un poco académicos.

SEMIÓTICA DEL VESTUARIO

Mucho antes de que dos personas entablen una plática ya han estado hablando en un lenguaje mucho más antiguo y universal: el lenguaje de los signos. Ha hablado nuestro sexo, edad, clase social y, sobre todo, ha hablado todo lo que llevamos puesto: el estilo, los colores, las texturas, los patrones, el diseño, el peinado, los accesorios, los adornos corporales y el aliño personal, mandando mensajes que dicen mucho de nosotros. Hemos dado información sobre nuestros gustos, profesión, estado de ánimo y hasta sobre nuestra personalidad y autoestima.

La semiótica es la ciencia que se encarga del estudio de los signos, por lo tanto, la semiótica del vestuario explica que todo lo que nos ponemos encima comunica. Desde mi libro *La Biblia godínez* (2019) te decía que una mujer de pelo largo entrecano, vestida con ropa holgada blanca de meditación con bordados indigenistas, descalza y sin maquillaje, mandaba mensajes muy diferentes a un individuo con la cabeza rasurada, con un traje negro con raya de gis, camisa blanca con mancuernillas de oro, corbata de seda roja y fumando un gran habano. Mientras la primera abre los canales de comunicación y te genera confianza y paz, el segundo los cierra imponiendo respeto a través del miedo.

Por lo tanto, al arreglarte debes estar consciente de este doble efecto y de que la manera en que te produces está reflejando quién eres y te está condicionando a comportarte de cierta forma. Por lo que debes preguntarte: ¿Todos los elementos de mi apariencia física son coherentes?, ¿están enviando el mismo mensaje y ese mensaje es el que quiero transmitir?, ¿la manera como me siento es la manera como quiero hacer sentir a los demás? Si las respuestas son positivas, adelante, ¡póntelo!, pero si son negativas, piénsalo dos veces antes de salir a comunicarte con los demás.

En resumen y para dejarlo aún más claro, a partir de hoy cuando te pares frente a un espejo nunca más preguntes ¿cómo me veo?, más bien pregúntate: ¿QUÉ MENSAJES ESTOY ENVIANDO?

Mensajes que te estás mandando y que alteran tu conducta, y mensajes que decodifican los demás modulando la manera como se conducen ante ti. O lo que es lo mismo, ¡como te ven te tratan y como te ves te tratas! Ya se lo dijo el reputado psicólogo del vestuario Jerry Seinfeld a su amigo George Constanza, cuando lo vio llegar a su casa en pants en el capítulo final de la cuarta temporada de *Seinfeld*: "¿Sabes qué mensaje le estás enviando al mundo con esos pantalones de ejercicio? Le estás diciendo al mundo: '¡Me rindo! No puedo competir en sociedad. Soy miserable, pero al menos estoy cómodo' ".

Entendido esto, ahora podrás comprender mi frustración ante la pregunta que más me hacen como consultor en imagen pública, que es: ¿Cómo me visto para...?, y ahí le suman un sinfín de objetivos: cómo me visto para una entrevista de trabajo, para una primera cita, para conocer a mis suegros, para pedir un aumento de sueldo, para renunciar, etc., etc., etc... Y digo que me frustra pues la gente piensa que tengo una varita mágica cuando la respuesta es invariablemente la misma: ¡DEPENDE!

Depende, porque en imagen pública no hay cosas buenas ni malas, sino lo que debe ser... esto quiere decir que no hay un "prototipo ideal" a seguir, sino que la imagen física es relativa. No es lo mismo lo que desea proyectar una abogada que un publicista, como diferentes son los objetivos de los estudiantes y de los empresarios y empresarias; o cómo cambian las necesidades de la audiencia de un rockstar que de los pacientes de un médico. Nuevamente: en imagen pública no hay cosas buenas ni malas, sino lo que debe ser.

¿De qué depende que toda imagen sea relativa?, de estos tres factores:

Nuestra esencia

¿Quiénes somos?, es una pregunta difícil de responder ante los demás pero nosotros podemos responder con certeza. Y es que así como percibimos a los demás, desde que tenemos conciencia, también nos percibimos. A esto se le llama imagen interna y la veremos en el último capítulo del libro. De momento sólo te digo que esta autopercepción es fundamental en la manera en que nos relacionamos con los demás y cómo nos mostramos hacia el exterior, y que es la suma de muchísimos factores, como lo son nuestra personalidad (temperamento y carácter), principios y valores, gustos y preferencias, y un amplio etcétera en donde por supuesto se encuentra nuestro estilo, que es la forma en la que expresamos esa individualidad y será el tema de la letra E del Método P.O.R.T.E.

EL OBJETIVO QUE DESEAMOS

¿Qué metas tienes en la vida? ¿Cuál es tu visión a futuro? ¿Qué quieres lograr el día de hoy...? Sean cuales sean tus respuestas, te aseguro que podemos resumir tus objetivos de una manera sencilla: quieres ser mejor y tener más.

Y ya sabes que nuestra imagen física es todo un sistema de comunicación no verbal y que al pararte frente a un espejo debes preguntarte: ¿Qué mensajes estoy enviando? Ahora, debes de sumarle una nueva pregunta: ¿Los mensajes que estoy enviando me ayudan a lograr mis objetivos o representan un obstáculo? Si tu objetivo es abrir los canales de comunicación, ¡que tu apariencia personal no los cierre!

LAS NECESIDADES DE NUESTRAS AUDIENCIAS

Por último tienes que pensar en tus receptores. Recuerda que te vistes para ti y para los demás, por lo tanto, tienes que estar muy consciente de las necesidades de quien decodificará tus mensajes.

¿Qué sentimientos necesitas despertar en tus audiencias?, ¿qué esperan los demás de ti?, y si estuvieras en su lugar, ¿qué te gustaría ver? son preguntas fundamentales que debes realizarte al producirte físicamente. Entonces, no es lo mismo reunirte con los amigos más cercanos que atender una importante junta de negocios, como tampoco es lo mismo ir a una fiesta infantil que a cenar con la nueva conquista romántica.

31

EL MÉTODO P.O.R.T.E.

Por lo tanto, para juzgar objetivamente tu imagen física, tienes que preguntarte: ¿Estoy respetando mi esencia?, ¿los mensajes que mando me ayudan a lograr mis objetivos?, ¿satisfago las necesidades de mis audiencias? Si la respuesta es sí a todas, entonces estaremos hablando de una imagen coherente y bien lograda que seguramente será persuasiva, pero si encontramos una respuesta negativa a cualquiera de las tres preguntas, entonces no salgas hasta hacer los ajustes necesarios.

Y sí, muchas veces tendrás que hacer sacrificios de gustos personales en función de un bien mayor. Por eso es que por más que nos metamos a hablar del necesario tema de libertad de elección, de autorrealización y de combatir los prejuicios sociales, la realidad es que nuestro cerebro está diseñado para juzgar y elegir. ¡Así funcionamos! El prejuicio, que no es otra cosa más que la opinión preestablecida sobre algo en nuestro cerebro, cumple la función de protegernos. Así estamos diseñados porque si no, no sobreviviríamos. Los primeros cazadores se dieron cuenta a través de la experiencia que había animales a los que te les podías acercar y a los que no. Después de que el león se comió al de al lado, ¡pues a correr! Cuando te quemas con café, hasta al frapuchino le soplas. Por eso los prejuicios nos dan una gran seguridad y protección, aunque muchas veces mientan.

Por ejemplo: si vas a inscribir a tu hijo al kínder y te recibe un individuo rapado a cero, bigote chorreado de motociclista chopper, *tank top* que muestra el brazo tatuado con la Santa Muerte y una mujer desnuda, lentes amplios de policía, y masticando un palillo de dientes mientras se presenta como el director del kínder, ¡pues a correr también! Aunque sea un individuo íntegro, amoroso y con un posdoctorado en educación infantil. Y a la inversa, tal vez te recibe un individuo en sotana con cara de no rompo un plato, y que todo su aliño corporal emana limpieza y bondad, pero resulta que es el abusador de menores más rapaz... Los prejuicios a veces mienten y por eso la frase "el león no es como lo pintan", pero no sé tú, al menos yo si me topo con un león no me voy a detener a pensar en esta frase y en darle una oportunidad para conocer su verdadera pinta. ¡Si lo veo, a correr!

Aquí la palabra clave es *coherencia*. Entonces, por más que te guste y estés en tu derecho de usar las uñas extra largas y afiladas, con barniz de *animal print* y unos bellos diamantitos incrustados en la punta, si eres proctóloga, ¿qué va a pasar cuando te perciban tus pacientes y sepan que vas a trabajar en tan delicada zona? ¡Pues a correr una vez más!

Y no te confundas, tienes que dejar de pensar que para presentarnos correctamente ante los demás y lograr su aceptación, tenemos que estar siempre muy formalitos, maquillados y trajeados. Recuerda que la imagen es relativa. ¡Habrá momentos en los que vestir informal y romper algunas reglas de vestuario sea lo correcto! Lo importante es qué actitudes adoptas al portar ciertas prendas y qué efecto producen en los demás. No existe un concepto totalitario para hablar de "ropa apropiada". El concepto de "ropa apropiada" depende por completo de la situación y el contexto. Finalmente es psicología, es centrarnos en los procesos mentales, las percepciones y las sensaciones que genera todo lo que nos ponemos encima. Y esto debe hacerse de la manera más consciente posible, para ser lo más coherentes que podamos. Por lo tanto...

EL HÁBITO SÍ HACE AL MONJE

Todo lo que nos ponemos encima hace una declaración y dicta una sentencia. La hace ese traje oscuro y camisa blanca cuando debemos mostrar toda nuestra dureza, fuerza, frialdad y formalidad; como lo hacen esos jeans y *t-shirt* cuando recibes descalzo a alguien de toda tu confianza en casa. La ropa es un catalizador de emociones que las domina o las libera.

No debo explicarte el poder de un buen *outfit* porque ya lo has vivido y sobre todo lo has sentido. Como cuando terminas de arreglarte y tienes esa sensación de certeza y felicidad que recorre tu espina dorsal, despidiendo con una sonrisa a la persona del espejo pues derramas confianza. O como cuando sales a la calle después de haber ido al salón o a la peluquería y te encantó el resultado, sintiendo que todo está a tu favor y que las cosas van a estar bien. Ese poder se siente cuando llegas a un lugar y disfrutas la atención que genera tu presencia, pues parece que vas partiendo plaza con cada paso que das.

Y te digo que la ropa es un catalizador porque estimula el desarrollo de un proceso, desencadenando una serie de sucesos sin darnos cuenta de que nuestra vestimenta fue la chispa que inició el espectáculo de fuegos artificiales.

Era el año 2003, cuando una persona que quiero mucho perdió una apuesta durante un viaje de amigos a Acapulco. El castigo consistía en que todas las noches tenía que salir de antro con la misma vestimenta y no la podía lavar, además y por si fuera poco, los amigos elegirían el atuendo que debía portar. No quiero entrar en muchos detalles, sino sólo contarte que para el cuarto día de un viaje en el que no vimos el sol por andar de fiesta, la camiseta de este individuo rebosaba en sudor, restos de tragos y demás estragos propios de las batallas parranderas de este grupo de imberbes inconscientes. Y para acabarla de fregar, sus amigos tuvieron el fino detalle de que la playera que le obligaron a portar ¡era de una peregrinación popular de la Virgen de Guadalupe! Más políticamente incorrecto, imposible. Pero esa camiseta captó la atención de una mujer. Y no en el sentido positivo, pues le dijo que era un "asqueroso" en todos los sentidos de la palabra, a lo que mi amigo respondió como se responde en esas ocasiones, y con todo el amor guadalupano, la abrazó y nunca más la soltó. Si no fuera por esa prenda, hoy no tendrían una familia preciosa y una historia que ocultar a sus hijos sobre cómo se conocieron sus papás.

Actualmente, a nivel profesional, ya te podrás imaginar el sinfín de testimoniales que tengo de mis clientes, sobre cómo sus manuales de diseño de imagen personal y demás servicios de imagen física les han cambiado la vida. Desde el directivo de un banco que quería ser presidente del mismo pero se lo negaron porque "no lucía como presidente", nos contrató, y acabó presidiendo esa institución financiera; hasta la militante política que desde que se le enseñó todo el sistema de comunicación que podía lograr con sus prendas, empezó a crecer hasta convertirse en senadora y gobernadora. Y claro, estas personas son buenos profesionales, han trabajado, y también se capacitaron en otras áreas de la imagen pública, pero sus cambios físicos fueron tan evidentes y beneficiosos que se empoderaron y ahora testifican que su apariencia personal les ayudó a crecer.

Por lo tanto el hábito sí hace al monje. Cuando te vistes más profesional, te sientes más profesional, y por eso ERES más profesional. Cuando te vistes más divertido, te sientes más divertido, y por lo tanto ERES más divertido. Y cuando te vistes de manera más seductora, te sientes una persona más seductora, y por eso seduces más. Y así nos podríamos seguir con los adjetivos de tu preferencia: ¿Jovial, fresco, relax, confiable, maduro, sofisticado, etc...? Recuerda que tu ropa les habla a los demás pero también te habla a ti. Por lo que todo lo que te pones y comunica al exterior, primero se interioriza y te lo comunica a ti predisponiéndote anímicamente. Y acabo de utilizar puros adjetivos positivos, pero puedes suponer que también existe la otra cara de la moneda: si te vistes de manera desganada, te sientes sin ganas, y por lo tanto, no ganarás nada en la vida.

Con el *boom* del *home office* durante la pandemia de 2020, me topé con muchísimos comentarios del tipo: "Pues como para qué me arreglo si nadie me va a ver..." Dios mío... ¡te vas a ver tú! Y tú eres el testigo más importante a la hora de vestir. Seguramente has escuchado las frases: "Vístete de negocios para hacer negocios" y "Vístete para el puesto que quieres y no para el que tienes". ¡Pues son ciertas! Si esos zapatos lucen de jefe o jefa, te sentirás como jefe o jefa, y a la larga SERÁS jefe o jefa. Debes enfundarte en un personaje de acuerdo con el rol que te tocó vivir o al que aspiras interpretar, para así gozar de los superpoderes que nuestro vestuario nos trae. ¿O qué sería de Superman sin su capa?

LA CAPA DE SUPERMAN

Par tres de 220 yardas, un lago a la mitad del recorrido, y un green pequeño rodeado de trampas y un frondoso árbol cuyas ramas tapan la línea de tiro. Así es el hoyo 7 del club de golf donde juego. Las escasas veces que me subo a green, festejo. Esta mañana me fui a la trampa y acabé haciendo bogey. Estoy esperando a que le pegue Jorge Campos, quien viene jugando contra el profesional y director del campo, quien ya se encuentra en green. El Pro quiere poner nervioso al Brody y lo molesta porque agarró "su híbrido viejo de los noventa". A lo que el mejor portero que ha tenido México simplemente responde: "¡Bienvenidos al espectáculo del segundo tiempo!", para después con total tranquilidad y concentración pegarle y dejarla a escasos pies de la bandera. Hace birdie y una caravana.

Reconocido a nivel mundial por su calidad de juego y peculiar forma de defender la portería (y masacrar la de los otros en más de 40 ocasiones), no hay duda de que lo primero que se nos viene a la cabeza al recordarlo jugar son sus uniformes, tan llamativos, festivos, arriesgados y peculiares como su estilo de juego. Cuando le pregunto el porqué de sus uniformes y lo que sentía al salir a la cancha con ellos, con su característica risa me responde: "Era como Superman, nada más me ponía la capa y ¡listo!"

Ya hablamos acerca de cómo la ropa nos condiciona, ahora toca el turno de que, como Campos, crees tus personajes y elijas los superpoderes de las capas que necesitas para volar. Y al hablar de personajes no me refiero a que mientas o seas falso, me refiero a lo que Los Fabulosos Cadillacs cantan en su canción "La vida": "Somos actores de este gran escenario que se llama vida. Pasiones, amores, traiciones, sueños, mentiras. Porque la vida es una comedia de ilusiones, nacemos, crecemos, vivimos, como nos toca" (Cianciarulo, 1999). Los seres humanos jugamos diferentes roles e interpretamos diversos papeles según los objetivos que necesitamos cumplir, o de acuerdo con las convenciones sociales que, nos gusten o no, nos regulan.

Estas convenciones o criterios han sido establecidos por la sociedad ya sea por decreto o por costumbre, y las hemos aceptado sin cuestionar para organizarnos y vivir en cierta concordancia. Y así como podríamos hablar de las convenciones sociales establecidas por decreto como manejar por cierto lado de la calle, o de las establecidas por costumbre como estrechar la mano de alguien al saludar; también hemos establecido convenciones por decreto o por costumbre a la hora de vestir. Por ejemplo, por decreto no puedes exhibirte desnudo en la vía pública o entrar a la Basílica de San Pedro en shorts. Y por costumbre vamos de negro a un funeral o vestimos de rosa el tres de octubre (bueno, yo no y espero que tú tampoco, pero mucha gente ridícula sí festeja el Mean Girls Day). Y así como por más acostumbrado que estés de manejar por la derecha, si vas a Inglaterra tendrás que cambiarte de carril porque si no te multan, o aunque tengas misofobia,[6] si te presentan a alguien deberás estrecharle la mano o quedarás como una persona maleducada; si decides salir sin ropa a la calle acabarás en la cárcel, o si vas a un funeral con disfraz de payaso no darás risa.

Vivir en personaje es adecuarnos a la relatividad de la imagen pública. Recuerda que no hay cosas buenas ni malas, sino lo que debe ser. Por lo tanto, piensa como director y vestuarista teatral. Si la escena que voy a vivir se representara en un teatro, ¿cómo iría vestido mi personaje en relación con

---

[6] Miedo patológico a la suciedad y a los gérmenes.

los personajes con los que interactúa? ¿Qué emociones y reacciones desearíamos despertar en el público que observa? Y es que cuando nos ponemos una prenda, no podemos dejar de adoptar algunas de las características asociadas a ella, por lo que no necesitas actuar, solo fluir con las emociones con las que ya viene cargada cualquier vestimenta. Cuando usamos ropa que tiene un significado simbólico, desencadena en nosotros recuerdos de larga duración y estimula los sentimientos almacenados a esos recuerdos.

Erving Goffman habla de este enfoque dramatúrgico de la vida cotidiana en sus estudios plasmados en el libro *The Presentation of Self in Everyday Life*, en donde dice que toda interacción social es un performance creado para la audiencia. Menciona que cuando nos mostramos ante otras personas intentamos trasmitir, de forma consciente o inconsciente, una determinada impresión sobre nosotros. Y que como "actores", nos expresamos para causar una impresión en nuestra audiencia (Goffman, 2008). Sus estudios exponen la teoría de la autopresentación, que sugiere que las personas tenemos el deseo de controlar las impresiones que otros se forman sobre nosotros. Y esto no es malo. Si de todas formas la gente va a asistir al teatro, ¡demos nuestra mejor representación!

Si bien ya aprenderás a desarrollar tu propio estilo, la imitación con fines de inspiración para crear algo propio siempre es buena. Johnny Depp se inspiró en Keith Richards de los Rolling Stones para crear su Jack Sparrow. Los hermanos Coen se inspiraron en el activista político Jeff Dowd para idear a The Dude, al grado que decidieron contratar a otro Jeff para interpretarlo en *The Big Lebowsky*. Y hasta Jim Henson robó la identidad de la jazzista Peggy Lee para dársela a la cerdita Miss Piggy. En lo que más se inspiraron estos personajes es en su forma de vestir. Ahora inspírate tú en las figuras icónicas de la ficción: en Don Draper (*Mad Men*) o Mr. Tommy Shelby (*Peaky Blinders*) para imponer y enamorar al mismo tiempo, en Miranda Priestly

(*El diablo viste a la moda*) para sacar a la imponente mujer empoderada, en Carrie Bradshaw (*Sex and the City*) para liberar a la mujer fashionista independiente, o en Tony Stark (*Iron Man*) cuando quieras sentirte desfachatadamente exitoso. Recuerdo cuando estaba en la prepa y fui al cine a ver *Face/Off*, película en la que Nicolas Cage hace una entrada triunfal como el personaje de Castor Troy, portando un *outfit* color borgoña que me encantó y no descansé hasta copiar el *look*. ¡Me sentí realizado cuando entré así vestido a una comida de generación!

Pero también inspírate en tus personajes de la vida real: en la compañera de trabajo que le dieron el ascenso porque transpiraba profesionalidad, en el amigo de tu amigo que siempre que lo ves en sus fiestas se te hace *cool* y carismático, o en tantos perfiles de Instagram que te gusta *stalkear* porque admiras algo de los que ahí aparecen. Ten muy presente el "qué mensajes estoy enviando" y dramatiza y diviértete exagerando la perspectiva de los mensajes, pues si tú los sientes, el resto también los sentirá. Además, esa exageración te hará adoptar una actitud en la que hasta tu lenguaje corporal se sintonizará con tu *outfit*, desenvolviéndote anímicamente como ese personaje que creaste. Tal cual como Jorge Campos, ten tus propios uniformes y ¡róbale la capa a Superman!

Antes de pasar a otro tema, me imagino que para este punto de la lectura en algún momento se te habrá pasado por la cabeza que seguramente tendrás que ir de *shopping* y gastar dinero en prendas. Y sí, pero también no. Sí iremos de compras, pero no gastarás dinero. ¡Harás una de las mejores inversiones de tu vida! No me adelanto pues ya hablaremos de los buenos hábitos de compra en el capítulo "Organización del guardarropa". De momento, sólo quiero que nos sigamos poniendo psicológicos, pues antes de comprar, necesitas saber por qué compramos y, sobre todo, para quién compramos y para quién vestimos.

¿PARA QUIÉN NOS VESTIMOS (Y DESVESTIMOS)?

Ya desde mi libro *Imagen cool* (2008) mencionaba estudios sobre que la mujer primero se arregla para agradarse, en segundo lugar para calibrarse con o contra otras mujeres en un sentido de comparación/competencia/crítica, y hasta un tercer lugar se arreglan para los hombres con fines de atracción romántica/sexual. Y si bien estos estudios siguen vigentes, nunca les comenté para quién se visten los hombres. Ya te lo responderé, pero antes de hacerlo, quiero mencionar también que desde la fecha de publicación de ese libro, han surgido varios estudios que han ingresado nuevas variables y resultados a la pregunta ¿para quién nos vestimos? Pero, sobre todo, los estudios se han ampliado hacia los terrenos de la pregunta que se han hecho desde hace mucho tiempo antropólogos, sociólogos e historiadores de ¿para qué nos vestimos?

Si bien podríamos pensar que nos vestimos para satisfacer las necesidades básicas de abrigarnos, protegernos y cuidar el pudor, la realidad es que todos los análisis y estudios apuntan a que el deseo de gustar precede al de vestir, dándole una justificación estética-ornamental al hecho de decorar nuestro cuerpo. Al grado que está comprobado que la ornamentación directa en el cuerpo mediante la pintura, los accesorios y las modificaciones corporales son anteriores a las ropas (Squicciarino, 2012). Esto debido a que nuestra especie, desde la prehistoria, le ha dado más peso a la función representativa y simbólica de las prendas que a la función climático-pudorosa que hoy consideramos necesaria, pero que no siempre fue así. Originalmente, nos empezamos a vestir por protección mágica y para atraer fuerzas positivas y ahuyentar el mal, para después usar el instinto de ornamentación para distinguirnos de los demás y mostrar nuestro poder, autoridad o rol en la sociedad. Protección mágica, instinto de ornamentación y necesidad de distinción.

Por eso es que el vestuario y su traducción en lo que le llamamos moda es el reflejo más inmediato de los cambios políticos, económicos, sociales, religiosos y culturales de la humanidad.

Desde civilizaciones tan antiguas como la egipcia, observamos que la ropa, los adornos, la joyería y el maquillaje van más relacionados con la clase social que con otras necesidades básicas del ser humano. O cómo con los fenicios y posteriormente con los griegos y romanos los colores púrpura y azul rey se posicionan entre las clases dominantes por lo caro y difícil para conseguirlos, sólo por mencionar unos ejemplos pues no pretendo que este libro se convierta en uno de historia de la moda, porque nada más sobre ese tema podríamos escribir enciclopedias. Vaya, únicamente piensa en los reinos del medioevo con sus distinciones reales y sometimientos teocéntricos, o en lo exagerado y extravagante de los siglos XVII y XVIII con sus holanes, encajes, pelucas y maquillajes; o vete a los rápidos cambios y evoluciones de los siglos XIX, XX y XXI en que el vestuario se ha manifestado en revoluciones, guerras, crisis, esplendores, sometimientos, libertades y demás formas de expresión social y cultural, en donde la ropa es mucho más que simples trapos que nos cubren. De poner ejemplos no acabamos, por lo que solamente quiero enfatizar que nos vestimos más por ese instinto de ornamentación y necesidad de distinción que por algo más.

Podría citar muchos estudios, pero para responder de forma más actual a la pregunta ¿para qué nos vestimos?, en el Colegio de Imagen Pública hicimos una investigación de corroboración de datos, que ampliara y aplicara lo que otros estudios históricos han arrojado sobre este cuestionamiento. Para ello, les solicitamos a más de 500 personas que enlistaran sus razones de por qué se visten en grado de mayor a menor. La lista de opciones era de 20, pero expongo aquí los resultados que obtuvieron los primeros 10 lugares porcentuales en marcaje de primera opción: 1) Porque me da confianza y seguridad (79%).

2) Para expresar quién soy (66%). 3) Para estar cómodo/cómoda (51%). 4) Para verme profesional (32%). 5) Para que se fijen en mí (27%). 6) Para gustar a los demás viéndome guapo/guapa (16%). 7) Para lograr aceptación social (9%). 8) Para estar a la moda (4%). 9) Para disimular partes de mi cuerpo que no me agradan (2%). 10) Para cumplir las normas sociales (1%). Al ser números redondeados, de aquí en adelante de los 10 reactores faltantes sólo dos computaron un 1% y el resto se quedó en ceros. Esto no quiere decir que sea más importante estar cómodos que cumplir las normas sociales, todas las razones son importantes, sin embargo, hay algunas a las que les damos más peso.

Sin duda los resultados son interesantes, pero la lectura más significativa de este estudio es la siguiente: analiza de la lista de resultados cuántas características corresponden a razones internas y cuántas a externas. O sea, cuáles están relacionadas con lo que percibes tú y cuáles con lo que perciben los demás. Por ejemplo, si algo te da confianza, es porque lo percibes tú y sería una característica interna, pero si quieres verte más profesional o lograr aceptación social, estás a merced de la percepción de los demás, por lo que serían características externas. Entendido esto, date cuenta de cómo el podio ganador de los tres primeros lugares corresponde a características internas. ¡No cabe duda de que nos vestimos para nosotros! Primero me gusto yo, y después les gusto a los demás.

Me visto porque me da confianza y seguridad, porque me ayuda a expresar quién soy, y para sentirme en comodidad conmigo. Por eso es que de este estudio podemos sacar también la conclusión de que sólo nos desvestimos para quien nos pueda dar esa sensación de confianza y seguridad, para quien no haga falta expresarle quiénes somos porque ya nos conoce en intimidad, o simplemente para quien nos haga sentir en comodidad. Por eso es que a la gran mayoría de nosotros muy poca gente nos ve totalmente desnudos durante nuestra vida.

Ya tenemos los motivos del vestir. Pero te prometí responder la duda de para quién se visten los hombres, según los estudios que usé en mi libro *Imagen cool*. Según esos estudios, los hombres nos vestimos en primera instancia para la sociedad, adhiriéndonos a los estándares de lo que se espera observar, en segundo lugar para las personas de nuestro afecto, como puede ser una pareja que en aplastantes casos nos elige la ropa, y en tercer lugar para nosotros mismos (Hurlock, 1929). Pero una vez realizados los estudios del Colegio de Imagen Pública los puedo enterrar, pues estoy más que convencido de que sin importar nuestro género, todos nos vestimos primero para la persona que se nos refleja en el espejo y luego para los demás.

Una vez que ya sabemos para quién nos vestimos, ahora veamos...

¿POR QUÉ COMPRAMOS ROPA?

¡Pues porque la necesitamos! Dirías que la respuesta es obvia. Pero no, no la necesitamos. Como ya vimos, lo que realmente necesitamos es abrigarnos, protegernos y cuidar el pudor. Y eso con un par de prendas de caridad lo solucionamos. Pero ya sabemos que no es lo mismo lo que necesitamos que lo que deseamos. Por lo tanto, también compramos más porque lo deseamos que porque lo necesitamos. Y ese deseo podría estar impulsado por una gran cantidad de razones como las que vimos en la lista del estudio, u otras razones psicológicas como pueden ser: compensar ansiedades y depresiones de otros aspectos de la vida, llenar vacíos emocionales, premiarnos y regalarnos porque creemos que lo merecemos, calibrar nuestro estatus ante grupos sociales o individuos con los que nos comparamos, o simplemente por aburrimiento o porque íbamos de paso y algo se nos pegó. Sea cual sea la razón, ese deseo y futura acción de compra disparan en nuestro cerebro una fiesta que activa el sistema de recompensa de ese órgano "pensante". Sí, ¡ir de *shopping* es un premio para tu cerebro! Aunque no te merezcas ese premio o necesites recompensarte. Por eso me atreví a entrecomillar la palabra *pensante* al adjetivar al cerebro.

El sistema de recompensa del cerebro es el encargado de mediar la sensación de placer en nuestro organismo y se activa frente a estímulos que nos hacen sentir bien, despertando nuestro deseo y acercándonos a las cosas que nos otorgan dicho placer. No quiero ponerme muy neurocientífico explicando todo el circuito informativo que inicia en el área tegmental ventral y explota en nuestro sistema límbico, involucrando en nuestra amígdala a una interesante cantidad de neurotransmisores, hormonas, aminoácidos y péptidos opioides, que nos convierten en animalitos durante la toma de decisiones. Sólo quiero decirte que al comprar, nuestro cuerpo genera dopamina y endorfinas, también conocidas como las hormonas del placer, las cuales se encargan de procesar la motivación positiva que recibimos.

En especial, la dopamina nos hace extremadamente vulnerables al sentimiento de aceptación y gratificación. Generamos dopamina con cualquier cosa que nos gusta y nos da satisfacción, y entre más dopamina generamos, más emociones tenemos, y por lo tanto menos racionales somos. ¡Y esto se hace realmente adictivo! Al comprar, literalmente estamos dopados.

Estudios demuestran que durante el proceso de compra las áreas relacionadas con la detección de amenazas, como podrían ser pagar un precio elevado o gastar en lo que no necesitamos, presentan menos sensibilidad. Mientras que las áreas relacionadas con la recompensa se activan, haciendo que durante el *shopping* la amígdala calle las consecuencias negativas y active los circuitos relacionados con el sistema de recompensa, siendo ésta la causa principal de tener nuestro clóset lleno de cosas que no usamos, de gastar en lo que no necesitamos, y hasta de la oniomanía, que es el síndrome del comprador compulsivo, y un trastorno psicológico que muchas veces se le simplifica etiquetando a las personas que lo padecen como *shopaholics*. Entonces, ¿por qué compramos?

Porque erróneamente creemos que lo necesitamos, porque falsamente sentimos que lo deseamos, y porque ventajosamente nuestro cerebro nos hackea pues es un maldito adicto al placer. Por eso comprar es una de las actividades de ocio más populares y, como consumidores, podemos caer en la falsedad de que "tener es ser". Ya veremos cómo darle la vuelta y hackear nosotros a nuestro cerebro. Vamos a ganarle al sistema. Y no te preocupes, seguirás sintiendo el magnífico placer de comprar, e ir de *shopping* seguirá siendo una actividad recreativa. La única diferencia es que ahora el sentimiento de deseo y el pensamiento de necesidad serán reales. De hecho, lo disfrutarás aún más, pues tus elecciones serán tan acertadas que dejarás de generar otras sustancias que segregas cuando compras por comprar y luego te arrepientes, como el cortisol, que es lo contrario a las hormonas del placer, pues es la hormona encargada del estrés y los sentimientos negativos que conlleva. Pero como ya dijimos, no es momento de ir de *shopping* todavía.

Cuando compramos, consideramos nuestra edad, talla, estilo de vida, normas sociales y gustos personales. Y esta consideración puede ser consciente o inconsciente. Aunque no hay duda de que la gran mayoría de las personas —y probablemente tú antes de acabar este libro— hace esta decisión de manera totalmente inconsciente.

Al delegarle la función de compra al inconsciente, la elección se la estamos dejando a nuestra mente emocional, a la parte más instintiva del cerebro que interpreta las cosas de una forma tan simple y sencilla que desconcierta a la mente racional, haciendo que sacrifiquemos exactitud, pues esa sensación de certeza desafortunadamente muchas veces es equivocada. Y es que la mente emocional atenta contra el sentido común en repetidas ocasiones. ¿Alguna vez has visto a alguien y te has preguntado: en qué diablos estaba pensando esa persona cuando decidió ponerse eso? O el fenómeno de los chavorrucos,[7] que siguen utilizando la misma ropa de sus épocas de gloria universitaria, o se meten a Forever 21, pensando que el nombre es una realidad. Y mejor ni meternos al tema de las marcas de lujo porque empiezo a despotricar de cómo nos ven la cara y abusan de nuestra mente emocional.

Y es que al ser decisiones inconscientes, nuestro cerebro se acostumbra a ciertos hábitos por repetición que nos dan seguridad. "Yo soy talla 4", cuando en realidad eres 6 porque desde hace tiempo te llegó el hobby de la repostería. O: "Mis tiendas favoritas son Hot Topic y Urban Outfitters", cuando rebasas los 40 y tienes hijos que ya son *target* de esas tiendas. Como también escuchar a personas decir que es "normal" que la bolsa Birkin de Hermès pueda llegar a valer hasta medio millón de dólares. Y ojo, estas verbalizaciones son válidas, pero que sólo corresponden a la realidad de quien las pronuncia y no al resto de la sociedad. Como tampoco correspondería a la realidad la acción de ir de jeans rotos al trabajo como empleado bancario, o la de vestir ropa de diseñador como obrero de un taller mecánico. Serían decisiones totalmente incoherentes por más que estemos en nuestro derecho de hacerlas, y terminamos comprando lo que falsamente creemos que necesitamos.

Como dice la doctora Baumgartner, nuestras decisiones de compra pueden estar basadas en mecanismos de defensa que se han reforzado con el tiempo, y que probablemente nos hayamos dejado de dar cuenta si nuestras elecciones al vestir crean sentido o no, aunque el resto de la gente sí se da cuenta, y con base en esa elección crea sus opiniones y decisiones (Baumgartner, 2012).

Pero la mente emocional no siempre es mala al momento de vestir. De hecho es muy buena. Es la que hace que una prenda deje de ser una cosa pues

---

[7] Chavorruco: mexicanismo compuesto por las palabras coloquiales chavo = joven, y ruco = viejo, que se usa de manera peyorativa para designar a personas de edad avanzada que se comportan como jóvenes.

empieza a adoptar una personalidad. Pasan de ser unos jeans rotos a ser un ente desfachatado, o deja de ser un traje y se convierte en una herramienta de productividad. Y es esa mente emocional la que hace que una prenda se cargue de momentos y sentimientos: como esa lencería arriesgada que por más que se lave siempre quedará impregnada de pasión, y que aunque sólo uno la haya portado, siempre la llevarán puesta los dos (y lo sabes). La mente emocional es la que nos hace usar calzones rojos en Año Nuevo, o que las novias usen un vestido que en cualquier otro contexto sería ridículo, y al que las más supersticiosas, además le suman algo viejo, algo prestado o algo azul, porque si no se convencen que su matrimonio fracasará. Esa mente es la que hizo a Campos vestir tan peculiar o la que hace que a mí me apuñalen unos Trolls.

Y por eso hay ropa de la que nada más no nos podemos deshacer al hacer limpieza, por los recuerdos que nos traen y por el valor simbólico que les otorga nuestra mente emocional. Cuando la gente muere, los familiares se pelean por sus prendas más emblemáticas, y las parejas no quieren quitar su ropa del clóset pues es una forma de mantenerlos con vida. Las mamás primerizas sienten culpa al deshacerse de la primera ropita de su bebé que ya creció, y por eso es que también hay gente que se queda estancada en la moda. Porque esa forma de vestir un día les funcionó, y pesa más la mente emocional que los cánones estéticos actuales.

La gente se aferra a su exdelgadez y exjuventud. Nos aferramos a los recuerdos de la prenda y no a la prenda en sí. Al símbolo. Al sentimiento del concierto o el partido de futbol, que se tatúa para siempre en *t-shirts* y bufandas de memorabilia. Aquellas noches épicas de universidad se quedan grabadas en esa chamarra vieja, y los ligues de playa en ese bikini que es imposible que pudieras (o debieras) ponerte hoy. Y es que a nuestro guardarropa le damos tal valor emocional que por eso no lo renovamos y nos convertimos en acumuladores. Acumulamos por alguna de las siguientes razones: pensamos que podremos usarlo en un futuro, sentimos que estamos tirando el dinero, nos trae seguridad, o nos trae recuerdos. ¡Pura mente emocional! Y únicamente lo renovamos cuando hacemos cambios importantes de vida, como un cambio de trabajo, de ciudad, o porque bajamos radicalmente de peso o terminamos una relación amorosa. Cambiamos nuestra ropa porque queremos cambiar nuestra vida.

Pero si te fijaste, hace un momento te dije que "la mente emocional no siempre es mala al momento de vestir", que es muy distinto a decir "al momento de comprar". Todos los ejemplos descritos se cargaron de simbolismo con el tiempo, las experiencias y las vivencias, y no en la tienda. Al comprar, la mente emocional casi siempre será una mala consejera, pues compramos con el corazón y no con el cerebro, y vaya que el corazón es traicionero. Por esta razón, la compra y selección diaria de guardarropa deben ser elecciones conscientes y racionales, basadas en la relatividad de la imagen (esencia, objetivos y necesidades de la audiencia) y en la psicología de la ropa mediante un pensamiento estratégico. Ya sabes que todos mostramos u ocultamos algo al vestir, haciendo una declaración que testifica a favor o en contra de nuestros objetivos. Pero muy pocos hacemos esa declaración de manera racional y consciente, y tú ya estás entrando a este grupo selecto de estrategas del vestuario. Viste con el corazón, pero compra con el cerebro.

Y ahora sí ya vamos a comprar. Pero cierro este primer capítulo de *El método P.O.R.T.E.* confesándote que me sorprende que, siendo tan evidente que la moda tiene que ver más con psicología que con estética, la gente que se dedica a ella ya sea diseñando o promoviendo su cultura y estudio no se centre más en ella. Para la mayoría de los diseñadores, estilistas, maquillistas y gente de la industria de la moda en general se trata simplemente del *look*. El mundo de la moda es más visual y estético que psicológico, y muchas veces peca de alejar el intelecto en servicio del glamour. No generalizo, por eso dije "para la mayoría" y "muchas veces" en lugar de "para todos" y "siempre". De hecho, la que para muchos ha sido la persona más importante de la historia de la moda, es a mi parecer también la primera gran psicóloga del vestuario: Coco Chanel.

Con su manera de abordar la moda, se convirtió en un símbolo del empoderamiento femenino, pero también de desarrollo humano en general. Sabía que la ropa, los colores, las texturas, los accesorios y el aliño personal eran más que mera moda, y lo expresaba en sus aforismos que hoy son frases célebres como las que ayudan a abrir cada uno de los capítulos de este libro, como otras grandes frases que dicen genialidades del tipo: "Si estás triste, ponte más pintalabios y ataca", "Una mujer que se corta el pelo, está a punto de cambiar su vida", "Una mujer está más cerca de la desnudez cuando va bien vestida" o una que podría resumir todo lo aprendido en este capítulo y que dice: "La moda no es algo que sólo exista en los vestidos. La moda está en el cielo, en las calles. La moda tiene que ver con las ideas, con la forma en que vivimos, con lo que está sucediendo".

Ésta tiene que ser la forma de pensar. Y no solamente a la industria de la moda le importa poco la psicología, sino que, igual sin generalizar, a los psicólogos les ha importado poco el mundo del vestuario. Cosa rara, ya que el propio William James, considerado el padre o hasta el abuelo de la psicología y quien en los archivos fotográficos aparece siempre retratado con atuendos impecables y muy en tendencia para su época, creía que la ropa era la parte más importante del Yo, y que el "desarrollo de la personalidad empezaba en la puerta del armario" (Pine, 2014). No sé por qué sus hijos y nietos profesionales se desviaron del camino de la psicología de la ropa. Ojalá que más psicólogos se interesen en la moda y más gente de la moda se interese en la psicología. Que Coco Chanel se replique, pues hoy más que nunca, el mundo del vestuario necesita menos frivolidad y más humanismo. Yo en lo personal no descarto la posibilidad de algún día certificarme como terapeuta y orientar a través de atuendos.

Afortunadamente, en el Colegio de Imagen Pública éste es el enfoque con el que se aborda la imagen física. Y no solamente los imagólogos e ingenieros en imagen pública que salen de nuestras aulas de licenciatura, maestría y doctorado ven con este enfoque el tema de la apariencia personal, sino que con nuestros programas de educación continua, dos veces al año egresamos a un nutrido grupo de profesionistas que estudian nuestro diplomado en imagen física, y que salen a ayudar a las personas en este campo con tanto potencial de explotación. No son psicólogos ni son diseñadores, son asesores en imagen física.

En fin. Ya que sabes sobre el verdadero poder de nuestras prendas y de cómo todo lo que nos ponemos encima comunica hacia adentro y hacia afuera, veamos ahora cómo organizarnos al hacer la elección de qué vestir y qué comprar. Vámonos con la letra O de este método, pero, por favor, que a partir de hoy te importe mucho la psicología de la ropa y sobre todo... ¡que te importe mucho el P.O.R.T.E.!

ORGANIZACIÓN DEL GUARDARROPA

"La simplicidad es la clave de la verdadera elegancia...
y la elegancia implica renuncia."

Coco Chanel (1883-1971)

ORDENANDO TU VIDA

Todo lo que está en tu clóset te debe encantar, debe cumplir con un objetivo, debe quedarte y debe estar en buen estado. Así de tajante empezamos este capítulo. Todo tu guardarropa te debe encantar, servir, quedar y dignificar. Además, también tiene que cumplir con el deber más obvio: ¡todo lo que está en tu clóset lo debes usar!

Hagamos un ejercicio. Ve y échale un ojo a tu armario y dime si todas las piezas que ahí viven y conviven cuentan con estos cinco deberes:

1. **¿Te encantan?** Te atraen de tal forma que sientes que son parte de ti y hasta les atribuyes poderes mágicos o sientes que fueron fabricadas especialmente para ti. Que te encanten significa que te gustan tanto que cuando las portas te hacen sentir bien.

2. **¿Cumplen con un objetivo?** Tienes la convicción de que esas prendas son ideales para realizar tus funciones sociales y sirven como herramientas para tu desarrollo personal. Y ojo, estamos hablando de un

objetivo práctico, no de esa función simbólica que dispara recuerdos en tu mete emocional.

3 **¿Te quedan?** Y no solamente en talla, sino que van de acuerdo con lo que la naturaleza te dotó en medidas, formas y proporciones de tu cara y cuerpo; en tu tipología de color, y en coherencia con tu estilo personal y estilo de vida propio a tu edad, roles de vida, nivel socioeconómico, entorno cultural y demás variables que podrían entrar en la verbalización: "Esto me queda".

4 **¿Están en buen estado?** Y no me digas algo como "todavía aguantan". No. Me refiero a que en su estado no revelan que tuvieron mejores días, y que el paso del tiempo y ciclos de lavado no han hecho estragos en ellas.

5 Y por último, **¿las usas?** ¿Cuándo fue la última vez que te pusiste esas prendas? Si tienes presente haberlas portado en la última semana, mes, trimestre, o incluso semestre, bien, las usas. Si no lo recuerdas, ahí está tu respuesta.

¿Cómo te fue con el ejercicio? ¿Bien? No tanto, ¿verdad?... Sobre todo con la última pregunta. Pero no te preocupes, pues aunque mi abuela dijera "mal de muchos, consuelo de tontos", entras en la estadística de la mayoría de la gente: estudios demuestran que hasta 70% de lo que hay en el guardarropa promedio, no se usa (Pine, 2014). ¿Cuál es la causa? ¡Pues que 70% de las prendas de tu clóset no cumplen con los primeros cuatro deberes! Ya que o no te quedan, o no te gustan, o no están en buen estado, o no cumplen con ningún objetivo. Pero aun así las guardas, acumulas y no las renuevas.

Como lo hablamos en el capítulo "Psicología de la ropa", normalmente no renovamos nuestro guardarropa y acumulamos por alguna de las siguientes razones: pensamos que podremos usarlo en un futuro, sentimos que estamos tirando el dinero, nos trae seguridad o nos trae recuerdos. Y únicamente lo renovamos cuando hacemos cambios importantes de vida, como un cambio de trabajo, de ciudad, o porque bajamos radicalmente de peso o terminamos una relación amorosa. Pero la renovación de guardarropa no tiene por qué ser drástica, de hecho la renovación del guardarropa tiene que ser tan rutinaria que ni debería sentirse. Olvídate de lo que ves en los *reality shows* de que armar un guardarropa es irse de *shopping* un solo día. Tal vez ése es el inicio para alguien que necesite un cambio radical y así lo haremos en este libro, pero la realidad es que armar un buen guardarropa es un proceso constante a lo largo del tiempo. Es más una labor de mantenimiento que de creación.

Decíamos que hasta 70% de lo que hay en el guardarropa promedio no se usa, por lo que por simple estadística, voy a suponer que te encuentras dentro de ese porcentaje y vamos a organizar tu guardarropa como si hubieras hecho un cambio muy importante en tu vida. Como esa nueva soltería o ese cambio de trabajo o lugar de residencia. Es más, tomemos la lectura de este libro como un momento definitorio que marcará un antes y un después, para que posterior a hacer la desintoxicación del guardarropa, puedas vivir el resto de tu vida solamente manteniéndolo y evolucionando a conveniencia.

No daremos cabida a ningún colado en tu armario. Recuerda una vez más que todo lo que está en tu guardarropa te tiene que gustar, quedar, servir y estar en buen estado. Si no cumple con alguna de estas características, es un colado que no tendría que estar invitado a ese espacio. Y ya tendrás tiempo para hacer la tarea y repasar el ejercicio de los deberes prenda por prenda, pensando si cumplen o no con estas características, pero de momento no nos pongamos tan racionales y laboriosos, por lo que en lugar de pensar, ponte física o mentalmente frente a tu clóset y dime: ¿Qué sientes?

¿Qué sientes cuando abres tu clóset? ¿Qué te hace sentir tu guardarropa? ¿Qué emociones despierta en ti enfrentarte todos los días a ese espacio mientras tomas la decisión de qué ponerte? ¿Sientes una ligereza o una carga? ¿Qué historia cuenta tu guardarropa, una actual o una de hace décadas? ¿Percibes en ese ambiente soluciones o conflictos? ¿Sientes que tienes lo que deseas o que no tienes nada que ponerte? De hecho, ¿cómo es tu rutina de vestirte? ¿Caos, ropa tirada, prisas, la prenda que querías ponerte estaba sucia o sin planchar...? ¿Estás frente a algo que dominas o ante un monstruo de mil cabezas que te abruma y te consume?

¡No te debe comer el monstruo! Pero desafortunadamente éste es el sentir más común. En tu clóset empieza todo. Es el vínculo entre tu intimidad y tu vida pública. Es el puente entre lo que eres y lo que deseas lograr, por lo que en el momento que limpias y ordenas tu espacio, limpias y ordenas tu vida (ufff, creo que me acaba de poseer Marie Kondo). ¡Ordena tu clóset y ordenarás tu vida! Sí. Elige y mantén bien tu guardarropa y todo lo demás se acomodará a tu favor. Podríamos enumerar una interminable lista de los beneficios que trae la organización del guardarropa, pero creo que pueden resumirse en los siguientes:

Reducirás el estrés: tener que lidiar a diario con el problema de no saber qué ponerse, hace que se sume un conflicto más a la ya larga lista de retos que tenemos durante el día. La vida se trata de tomar decisiones, y está comprobado que tomar decisiones cuando las cartas no están acomodadas a nuestro favor produce cortisol, la sustancia encargada de generar en nuestro cuerpo la ansiedad y el estrés de los que ya hablamos. Además, como el elegir qué vestir es de las primeras decisiones que tomas durante el día, si la experiencia no es placentera, alterará tu estado de ánimo en el resto de la jornada predisponiéndote a tener una mala actitud. Por lo tanto, tener un guardarropa organizado, es decirle adiós al dar vueltas enfadados por el cuarto, tropezándonos con las pilas de ropa que nos hemos probado sin éxito, y echando humo porque ya vamos tarde, sentimos inseguridad y pensamos que somos unos desgraciados porque no tenemos nada que ponernos... aunque al clóset esté a reventar. Una vez más, ordena tu clóset y ordenarás tu vida. *Ahorrarás tiempo*: ¿cuánto tiempo tardas al día en decidir qué ponerte? Y no estoy hablando nada más de visualizar el *outfit*, sino del posterior acto de tomar las prendas y ponértelas. En estudios hechos en el Colegio de Imagen Pública se llegó a la cifra de que 17 minutos es lo que tarda la persona promedio en tomar esta decisión y pasar al siguiente proceso de acicalado. Y a esto súmale el día que no encontrabas los jeans, que la camisa que querías se estaba lavando, o que los 17 minutos se multiplicaron por tres debido a que tu indecisión hizo que te probaras varias opciones. Pero dejémoslo en 17. Por siete días de la semana, 119 minutos por semana, por 52 semanas: 6188 minutos al año. Multiplícalo ahora por el tiempo que llevas viviendo una vida adulta o por la esperanza de vida de lo que ojalá y te falte por vivir. ¿Cuánto da? ¡No sé! Pero da muchísimo tiempo perdido que podrías aprovechar en otras cosas, pues tomar la decisión de qué ponerte no tendría que tomarte más de dos minutos. Por lo tanto, ahorrarás tiempo no sólo porque sabrás con lo que cuentas y porque cada pieza tendrá una razón de ser, sino porque, además, sabrás perfecto dónde está cada prenda, incluso tendrás una rutina de selección con anticipación, como lo veremos. Ordena tu clóset y ordenarás tu vida.

Ahorrarás dinero: con el simple hecho de ahorrar tiempo estás ahorrando dinero, pues, como dice el dicho, el tiempo es dinero. Pero con un guardarropa organizado, además gozarás de los beneficios de literal ahorrar dinero, porque al saber las prendas que tienes y por qué las tienes dejarás de ser víctima de la maquinaria del *fast fashion* y sus tentaciones llamadas rebajas, tendencias, colaboraciones y demás incentivos que nos provocan el deseo de comprar de más. Por lo que comprarás lo que realmente necesitas. Y por si fuera poco, la organización de guardarropa también implica todo un esfuerzo en la procuración del cuidado de las prendas, lo que alargará su tiempo de vida reduciendo la recompra. Una vida eficientando presupuestos es una vida más ordenada. Así que no me cansaré de repetirlo, ordena tu clóset y ordenarás tu vida.

Ganarás mayor confianza: todos hemos sufrido las consecuencias de tener que salir a la calle insatisfechos con nuestra apariencia. El ejemplo más claro es un día de mal pelo, en el que nada más no quieres interactuar con nadie porque tu peinado es un desastre y eso afecta en la manera como te autopercibes. Pues así pasa con todo el ritual de arreglo, si algo falla, es muy probable que afecte a tu autopercepción y vayas por la vida sintiéndote menos. Por esta razón es que un guardarropa organizado es el mejor catalizador de confianza, pues como decíamos: elige y mantén bien tu guardarropa y todo lo demás se acomodará a tu favor. ¿Tengo que decírtelo una vez más? Pues ahí te va: ordena tu clóset y ordenarás tu vida.

Por lo tanto, empecemos por eliminar todos los elementos tóxicos de tu guardarropa que atentan contra la armonía y el orden de tu vida, y vacunémonos contra los venenos de ese monstruo que a partir de hoy tú podrás dominar.

CLÓSET DETOX

¿Qué traes puesto en este momento o qué te pusiste durante el día? Trata de recordar qué te pusiste en la semana. ¿Y la pasada? A que es muy similar a lo que traes puesto hoy y a que eres bastante constante al vestir. Ahora, ve cuánta ropa hay en tu clóset... ¿Recuerdas la estadística de que hasta 70% no se usa? Pues hay otra que dice que ¡hasta 10% nunca se usó! (Mair, 2018), por lo que existe la probabilidad de que una de cada 10 prendas que hay en tu armario esté ahí de adorno desde el momento que la compraste o te la regalaron.

Haz la prueba. Ve nuevamente a tu clóset y empieza a contar elementos de 10 en 10, y con total sinceridad, analiza cuántos de ellos has usado en los pasados 15 días. ¿Entraste en la estadística de 70%... más... menos? Sólo tú sabes la respuesta, pero te apuesto a que mínimo 50% no lo usaste en la quincena pasada. Entonces, ¿para qué lo tienes? Dejemos de analizar, pues regresamos a lo mismo, y empecemos a actuar.

Si 70% de lo que hay en tu clóset no se usa, quiere decir que, cerrando números, un tercio de lo que hay ahí debe irse. Probablemente por cada tres prendas deberás "sacrificar" dos y sólo quedarte con una. Y sí, usé la palabra sacrificar porque te va a doler. No te imagines que hacer una purga de guardarropa será como ese detox de juguitos que hiciste regresando de esas vacaciones de excesos. No. Será más bien como la desintoxicación de un heroinómano que suda frío y tiembla, mientras siente que millones de bichos incendiados recorren su cuerpo. Al dejar ir muchas de tus prendas sentirás lo mismo que siente ese *junkie* al iniciar su proceso de limpieza y ver su "tesoro" irse por el escusado. Todo sacrificio implica esfuerzo, pero todo esfuerzo siempre es recompensado. Por lo tanto, mejor imagínate la palabra *sacrificio* como un sacrificio maya, como esa ofrenda hecha a las divinidades para conseguir un beneficio, para que así, cuando deposites esos inservibles calcetines en la basura, o esos jeans que vivieron mejores tallas en la caja que se irá a la caridad, sepas que con ese acto estás recibiendo un beneficio. Que comience la ceremonia y que las deidades fashionistas limpien tus pecados al vestir, una prenda a la vez.

Limpieza y auditoría del guardarropa

Para gozar de los beneficios que trae tener un guardarropa organizado y que ya enumeramos, lo primero que tenemos que hacer es aligerar el espacio. Tu clóset debe respirar para darnos energía y no que nos la robe, ya que generalmente los armarios están repletos y nos encontramos diciendo la frase "es que ya no me cabe nada más", lo que produce en nosotros una sensación abrumadora que nos desgasta pues sentimos que nuestro clóset nos aplasta. Además, al tener saturado el guardarropa, nuestras prendas se están maltratando, restándoles calidad de vida, y hasta saturándolas de olores y desperfectos por no darles el mínimo cuidado y mantenimiento. Por eso es que a partir de hoy, vas a tener el ritual periódico de hacer auditoría y limpieza de guardarropa. ¿Cada cuánto? Pues la auditoría una vez al año y cuatro veces al año la limpieza.

Dejemos muy en claro la diferencia: la auditoría es un proceso de revisión donde vamos a hacer un diagnóstico sobre lo que tenemos y lo que nos hace falta. Y la limpieza será un proceso de higiene, cuidado de las prendas y depuración de lo que ya no usamos. Como mencionamos, la auditoría la vas a hacer una vez al año, y si nunca la has hecho, la fecha para iniciar es ¡ya!, para después tener el ritual de hacerla siempre al empezar el año, ya que así iniciarás un nuevo ciclo con nuevos bríos, mejor ánimo, y una actitud fresca y de renovación ideal para iniciar un nuevo año.

Para la limpieza, lo que vas a hacer es agendártelas con los cambios de estación, incluso si en tu lugar de residencia los cambios estacionales no impliquen cambios climáticos y por lo tanto de temporadas al vestir. Agendarás un día cercano a los solsticios y equinoccios la labor de hacer limpieza del guardarropa, recomendándote juntar la limpieza que correspondería al solsticio de invierno con la labor de auditoría de inicio de año, para que de esta forma queden tus limpiezas agendadas para los primeros días de enero, y los últimos días de marzo, junio y septiembre. Pero literal, agéndalo con día y hora exactos. Es más, en este momento abre tu agenda y comprométete de una vez. Para cuando se junte la auditoria y limpieza te bloquearás todo un día, y para el resto de las limpiezas, con que te agendes una mañana es más que suficiente. Así de comprometidos tenemos que ser con esta actividad.

Y tanto la auditoría como las limpiezas empiezan de la misma manera: sacando todo lo que hay en tu clóset hasta dejarlo completamente vacío. Ni un solo accesorio o gancho tiene que quedar dentro para así empezar la limpieza a profundidad. Llevarás todas las prendas a tu recámara o a otra habitación, para que tu armario sea un lienzo en blanco con el que puedas trabajar. Además, está comprobado que psicológicamente es más fácil deshacernos de las prendas si es que éstas salen del lugar donde normalmente habitan. Y una vez que el clóset esté vacío, manos a los trapos que es momento de limpiar.

Y tal cual como lo haces diario o casi a diario con otras partes de tu casa, te vas a poner a orear, barrer, trapear, sacudir, desinfectar y dejar impecable hasta el más mínimo rincón. Por favor responde con sinceridad: ¿Cuándo fue la última vez que sacaste todas las prendas de tu armario para limpiarlo a profundidad? No me sorprendería que respondieras que nunca lo has hecho, pues es la respuesta más común. Ahora, imagínate la cantidad de polvo, humedad, hongos e insectos con los que conviven a diario tú y tus prendas y que asquerosamente a la mayoría de la gente les da igual. Por lo general la mayoría de los clósets se limpia por encimita y de manera externa, dejando al olvido de cualquier trapo el fondo de los cajones, los tubos sobre los que van las perchas, o el interior de las cajas donde guardas tus accesorios. Y sí, esto seguirá pasando, pero por periodos de a lo mucho tres meses y no por los años, lustros y décadas que muchos suelen dejar pasar.

Una vez oreado y limpiado a profundidad el espacio, vas a invertir en productos que mitigarán los estragos del inevitable encierro y que renovarás cada tres meses. Son productos muy fáciles de encontrar cuya función va desde absorber humedades (botes o bolsas con ganchos que contienen unas bolitas blancas que concentran el impacto de las humedades), matar malos olores (purificadores eléctricos de aire, pelotitas desodorantes para zapateras, sachets de lavanda y otros elementos naturales para mitigar aromas a encierro), y hasta controlar plagas (como pueden ser cedros y naftalinas antipolillas o simplemente repelentes antiácaros). Estos productos los pondrás en lugares estratégicos dentro de tu armario, como son en las esquinas o dentro de los cajones, y en los cuales te apoyarás para mantener un ambiente más fresco y limpio.

Y aquí aprovecho para decirte que la ventilación es el mejor aliado de la limpieza, por eso qué mejor si diario puede circular el aire por tu guardarropa, pero como esto muchas veces no es posible, o en ciudades como la mía (Ciudad de México), en lugar de ser un ventaja sería contaminar mi espacio, ya veremos más adelante en el apartado de "Cuidado de la ropa" cuáles son las alternativas para que nuestro guardarropa siga respirando a pesar del encierro. También veremos en esa sección cómo acomodar la ropa de regreso y hasta qué tipos de ganchos utilizar, ya que con el acomodo correcto de las prendas termina nuestra limpieza de guardarropa, limpieza que cada vez será más sencilla pues no es lo mismo el esfuerzo destinado la primera vez que se hace, que cuando ya nada más es un trabajo de mantenimiento. Y pasa lo mismo con la auditoría. Si nunca has hecho una te darás cuenta de que la primera es muy laboriosa y hasta abrumante física y emocionalmente, pero ya una vez que sabes que las prendas que están en tu clóset en su mayoría te encantan, te sirven, te quedan, están en buen estado y las usas, el próximo año que hagas tu auditoría será extremadamente sencilla, o hasta ni será necesario hacerla, pues las propias limpiezas servirán como miniauditorías convirtiéndolo en un proceso de renovación paulatina y de mantenimiento constante, y no en una experiencia tan drástica como la que vamos a ver a continuación.

Etapas de separación

Nada más revelador y útil para abrir los ojos sobre el hecho de que tenemos más de lo que necesitamos y deseamos que ver toda nuestra ropa fuera del armario y apilada en un solo lugar. Por eso es que al principio de cualquier auditoría siempre es bueno que te sometas a ese caos y desorden que el exceso puede generar. Vas a dejar de sentir que no tienes nada que ponerte y vas a empezar a sentir una urgencia por deshacerte de tantas cosas que nada más te estorban. Una vez que ya te enfrentaste a esa montaña que te aplasta, empieza el momento de separación. Ésta se hace en cuatro etapas y vamos a describir una por una a continuación.

Primera etapa, separación por categorías:
Separarás la ropa en pequeños montones según su categoría y subcategoría. Destinarás un espacio específico para cada rubro para hacer el proceso mucho más visual y también para que, desperdigando la ropa, tengas mucho más presente qué tienes de cada cosa, dándote un poco de organización en el desorden que siempre se arma al vaciar nuestro guardarropa. Al decir que lo harás por categoría y subcategoría, nos referimos a que por ejemplo: elegirás un espacio para tu ropa interior, pero en ese mismo espacio, separarás las prendas por calzones, calcetines, camisetas y tal vez ahí mismo metes las pijamas; pero dentro de los calcetines, también separarás entre calcetines de vestir, deportivos, tines, medias y demás, pues mientras más categorizado lo tengas, más sencillas serán las siguientes etapas. Y así por otro lado tendrás el rubro de pantalones, donde tendrás separados los pantalones de vestir, los jeans, las bermudas y los pants. La catalogación es libre; tú decidirás si los shorts los pones dentro de la categoría "pantalones", o tal vez abriste toda una catalogación que llamaste "ropa deportiva". Tómate tu tiempo y no te preocupes por cuánto espacio de la casa abarcas, pues no forzosamente debe hacerse dentro de una

misma habitación, debes sentir que estás trabajando en una gran superficie y además recuerda que ese día lo reservaste nada más para esta actividad, por lo que nadie más juzgará tu tiradero. Una vez separadas las prendas, incluidos accesorios, pasemos a la segunda etapa.

Segunda etapa, separación por uso:
En esta etapa irás recorriendo bloque por bloque y prenda por prenda, haciendo un ejercicio honesto de reflexión sobre su uso, donde la respuesta a sobre si usas esa prenda o no, debe ser tan sencilla como: sí, no y a veces.

Responderás que "sí" única y exclusivamente a las prendas que en definitiva usas, y no le darás un sí a lo que en realidad es un "tal vez la usaré", un "la usaba", o un "cuando baje de peso, le haga unos arreglos, o tenga una fiesta temática, la usaré". Sí es sí, y quiere decir que esa prenda la has usado al menos una vez en el último mes, y viéndome barco, hasta te doy chance de que lo lleves al último trimestre. Un filtro muy importante es el siguiente: si existe una prenda que no te pusiste en todo un año nunca más te la vas a poner.

Ahora bien, responderás "a veces" a toda esa ropa que sí usas pero no con regularidad, ya que son prendas especializadas o de ocasión, que utilizas únicamente en viajes, temporadas u ocasiones especiales. Ahí entraría un esmoquin o un vestido de noche, un abrigo o chamarra de esquiar, el suéter navideño, la ropa de playa, o hasta disfraces que la gente guarda en sus clósets.

Y en la categoría del "no", pondrás todas las prendas que sabes que no las has usado y que sólo están ocupando espacio y energía en tu guardarropa. Claro que hay diferentes tipos de "no" y de diferenciarlos tratará la tercera etapa. De momento, sólo hay que saber que las prendas que se quedaron con el "sí" permanecerán en sus bonches, las del "a veces" se irán a una nueva categoría por separado, y las del "no" pasarán por un nuevo filtro de separación que veremos a continuación. Sólo quiero hacer mención de que no te debe temblar la mano al momento de decir que no. Así como un sí no es un tal vez, tampoco lo es un no. Por eso siempre digo que el gran enemigo a vencer en esta etapa es el "meh" que transforma los noes en síes. "Meh" es esa expresión de desdén que mientras más incertidumbre genera algo más le sumamos letras e, convirtiéndola en un "meeeeeh...", del tipo: "Esta prenda no la uso, pero, meeeeh, chance algún día me la pongo", "Estos zapatos ya no me quedan, pero, meeeeeeh, tal vez algún día tenga hijos y los usen", o los más peligrosos de todos, lo que suenan a: "Esta prenda ya está agujereada pero, meh, al fin nadie se va a dar cuenta". Que no te tiemble la mano y adiós a los "mehs". Recuerda que no es no.

Tercera etapa, separación de lo que no uso:
No usar una prenda no significa que forzosamente no te guste. De hecho, puedes amar una prenda y no usarla por muchos factores, como puede ser que ya esté vieja, que no te quede, que esté fuera de moda o de tus roles actuales, que no corresponda a tu edad, que sea un recuerdo, o que incluso ni sea tuya pero está cargada con la esencia de alguien más. Como también puede darse el caso opuesto de prendas que estén en perfectas condiciones, te queden perfecto, ser coherentes a tus roles, y aun así no usarlas por el simple hecho de que no te gustan, como ese regalo de tu tía en el intercambio o la compra compulsiva que por precio te atrapó.

Por lo tanto, no te sientas mal por haberle dicho que no a algo que amas. Lo único es que ya no va a vivir en tu guardarropa. Recuerda que todo lo que está en tu clóset te debe encantar, debe cumplir con un objetivo práctico, debe quedarte, debe estar en buen estado y lo debes de usar. Ya sabes que las prendas con las que estás trabajando en esta etapa no cumplen con el último requisito, ahora hay que descubrir por qué no las usas pasándolas por el filtro de las otras cuatro categorías.

EL MÉTODO P.O.R.T.E.

Para optimizar tiempos, esta etapa puedes irla haciendo en paralelo a la segunda y realizar sus acciones cada vez que descubras que no usas una prenda. Y como auxiliares extra, necesitarás tres cajas grandes y una bolsa de basura. Una caja la rotularás como "Regalar", otra como "Arreglar" y la tercera como "Guardar". Y ya que tienes todo listo, a empezar el sacrificio de las prendas que no usas respondiendo a la pregunta ¿por qué no la uso?, según las cuatro características faltantes:

1. *Porque no me encanta*: simplemente es una prenda que no te gusta por la razón que sea. Generalmente es porque no es de tu estilo y sientes que no eres tú cuando te la pones. Pero tal vez ya no te gusta porque se te hace fuera de moda, te recuerda a personas y situaciones non gratas, o simplemente porque evolucionaste en gustos y preferencias. Por lo tanto, todo lo que no te encanta debe irse directo a la caja de regalar.

2. *Porque no cumple con un objetivo:* ni práctico ni simbólico. Es esa *t-shirt* promocional que no usas ni para dormir o lavar los coches y a la que no te ata emoción alguna, o esa prenda tan extraña que aunque no te disguste nunca sabrías cómo ponértela. Todos acabamos en algún momento con una prenda que no sabemos cómo fregados le hizo para llegar a nuestros cajones y que ahí se instaló, por lo que si no le ves ninguna función práctica o simbólica, debe irse también a la caja de regalar. Y ojo, no es momento de usar la creatividad con estas prendas diciendo cosas como: "La voy a guardar por si algún día tengo que pintar no me importe mancharme" o "Esa prenda podría quedar si algún día tengo una fiesta de los sesenta y me disfrazo de hippie". Créeme, nunca llegarán esos días, y si llegaran, ya verás cómo lo resuelves en su momento y no acumulando en tu clóset algo que no sirve para nada.

ORGANIZACIÓN DEL GUARDARROPA

Ahora bien, en esta etapa te encontrarás con todos esos tesoros que no cumplen con un objetivo práctico, pero cuya carga simbólica es más importante que la prenda en sí. Aquí entra el jersey deportivo del equipo de la escuela, la sudadera de ese viaje inolvidable, la camiseta artesanía estampada con las huellas de tus hijos, la memorabilia de conciertos, la prenda que se quedó impregnada de la persona amada y hasta el vestido de novia o el birrete de la graduación. Son todas esas prendas con las que el vínculo ya no es racional y que decirles adiós sería similar a perder una joya muy valiosa. Pero esas joyas no deben llenar espacio en tu armario, sólo en tu corazón, por lo que con cariño las pondremos en la caja de "Guardar" y ya hablaremos después de qué hacer con ellas.

Porque no me queda: y no solamente es en talla, sino que como ya aprenderemos en otros capítulos, no te queda de acuerdo con las medidas, formas y proporciones de tu cuerpo; a tu tipología de color, o no te queda por edad y demás variables que la harían una prenda incoherente. Aquí la gran mayoría se irá a la caja de regalar. Aunque muchas otras, con los arreglos necesarios, pueden adecuarse y hasta quedar mejor que en su estado original. Éstas las colocarás en la caja de "Arreglar" pero apela a la sensatez. Una cosa es meter o sacar unas pulgadas, y otra muy diferente rehacer toda una prenda que por lo que te va a costar, ya mejor te la compras nueva o te la mandas a hacer a la medida.

Y con el tema de la talla hay que ser muy honestos, nadie mejor que tú sabe si una fluctuación de peso fue drástica o ligera, y reversible o irreversible, y a cuánto plazo se puede recuperar. Por lo que sí, es molesto y doloroso tener que invertir en todo un guardarropa nuevo por fluctuaciones de peso, sobre todo cuando son al alza (ya que a la baja muchas veces la renovación de guardarropa es el mejor premio

65

que te puedes dar, a menos que haya sido por enfermedad), pero así es la vida, así que no te aferres a prendas que sabes que aunque sea posible, es muy poco probable que te las vuelvas a poner. Si sí lo consideras probable, abre otra caja y archiva ahí esas prendas, y sólo quédate con una que te sirva como referencia de cuando ya podrás desarchivarlas y como recordatorio de que tienes que bajar o subir de peso. Pero una vez más, solamente tú sabes si te estás aferrando a algo posible o imposible.

4. *Porque no está en buen estado:* para estas prendas es la bolsa de basura, pues es indigno regalar o donar ropa que ya no sirve. Ahora bien, hay prendas en mal estado que sí podrían tener solución y ya decides tú si las arreglas para donar o reusar. Un zurcido invisible bien hecho, un teñido profesional o un cambio de suelas, pueden darle una segunda vida a piezas que te gustaría conservar. Aquí sí podrías invitar a la imaginación pues un suéter podría convertirse en chaleco, unos jeans rotos en unos jeans aún más rotos, y una chamarra que se manchó en toda una prenda-arte pintada a mano. Por lo que muchas prendas podrán tener cabida en la caja de "Arreglar", aunque debes comprometerte a que sí las recuperarás, y si no, pues para eso tenías la bolsa de basura.

Cuarta etapa, separación de tu vida (o de tu vista):

Ésta es la última etapa de separación y en la que tomamos todas las medidas necesarias para que solamente regresen a nuestro guardarropa las prendas que cumplen con los requisitos de me encanta, cumple un objetivo, me queda y está en buen estado. Por lo que ya con tus bonches y tus cajas pasarás a la acción final de la separación total de tu vida o de tu vista.

Con la bolsa de basura creo que no debo explicarte qué debes hacer apenas termines las etapas de separación, pero siempre es bueno crear conciencia acerca del reúso, ya que de ahí puedes sacar buen material para hacer trapos de cocina, franelas de limpieza y demás monerías que encontrarás si googleas "qué hacer con ropa vieja". Pero si no tienes vena artesana, no acumules.

Con la caja de "Regalar" harás un ejercicio de separación pensando en prendas que podrían gustarles y servirles a tus familiares, amigos y gente de tu servicio y apoyo a quienes se las ofrecerás, y que muchas veces las tomarán con gran agrado y felicidad. Como también elegirás prendas que donarás directamente a caridad y a las que les unirás las prendas que fueron rechazadas por familiares y amigos. Otra opción es vender las prendas con los famosos "compro usado" o hasta hacer una venta de garaje obteniendo una ligerísima recuperación del gasto. Aunque en lo personal soy más partidario de la ganancia emocional que trae el hacer feliz a alguien, que de la pequeña ganancia económica que se pueda obtener con la venta.

La caja de "Arreglar" la vas a colocar en un lugar visible y que te estorbe cada vez que tengas que salir de casa, para que de esta forma te obligues a llevártela y en serio dedicarte a la tarea de arreglar esas prendas, pues si no corres el riesgo de nunca hacerlo y tener más basura acumulada en casa.

Con el bonche de ropa que separaste por su uso esporádico, ya que son prendas especializadas o de ocasión, lo que vas a hacer es guardarla pero en otro lugar que no sea tu clóset y que no veas con regularidad. Puedes guardarla adentro de maletas, embodegarla en cajas herméticas de plástico, compactarla en bolsas al alto vacío, o ponerlas en portatrajes alejados del polvo en otro clóset o en la esquina más inaccesible del tuyo. Son prendas que usarás en esa ocasión especial, y que después regresarán a ese especio apartado la gran mayoría del tiempo, como también son piezas que con la limpieza que harás con los cambios de estación podrán entrar un tiempo al clóset fijo pues en esa temporada sí las utilizarás. ¿Para qué tener las botas de nieve todo el año en tu zapatera si en tu ciudad sólo nieva un par de meses?

EL MÉTODO P.O.R.T.E.

O peor aún, ¡para qué tenerlas a la vista si nunca nieva y sólo las compraste para un viaje que hiciste a esquiar!

Finalmente, con la caja de "Guardar" en donde metiste lo verdaderamente simbólico y de nostalgia, vas a tener una relación muy similar a la que se tenía con los álbumes fotográficos o con los relicarios. Tendrás los artículos de esa caja muy presentes, guardados en un lugar especial, y a los que de vez en cuando recurrirás para recordar. Por lo que invierte en cajas más bonitas y simbólicas. Yo por ejemplo tengo mi caja de playeras de conciertos decorada con estampas de bandas de rock, o mi cajita de plata donde guardo ese anillo especial que siempre traigo puesto en el corazón aunque no lo use. Y no forzosamente deben estar guardados, puedes tener esas prendas visibles para que te recuerden cosas bonitas todos los días y que sean un catalizador de tu felicidad. En mi caso, tengo las mancuernillas de mi abuelo en el mismo lugar que el resto de mis mancuernas, tengo enmarcada una bata de quirófano que muestra unas huellitas entintadas, y tal vez algún día considere la opción de perdonar a unos Trolls como recordatorio de que la vida sigue y la felicidad se recupera.

Otra forma de guardar los recuerdos sin que nos roben espacio es haciendo una abstracción o simplificación de los mismos. Por ejemplo, con tus *t-shirts* nostálgicas puedes hacerte una cobija que te cubra y apapache cuando te sientas triste, puedes quitarle las trabas a esas botas que tantos recuerdos te traen y hacerte una pulsera, puedes forrar un marco fotográfico con la tela del vestido y ahí colocar el retrato de tu boda, o simplemente recortar pedazos de tela o quitar botones, y guardarlos en el mismo joyero donde guardas tus accesorios de alto valor. Prendas que llevarás toda tu vida contigo, pero que no tienen por qué quitarte espacio en el guardarropa.

Terminadas las cuatro etapas de separación, llega el momento del reacomodo de las piezas que sí pasaron el corte, y de hacer el diagnóstico final de la auditoría de guardarropa. Pero antes, te dejo estas recomendaciones extra para este día tan importante de depuración de prendas y cambio de vida, así como una gráfica simplificada con la ruta que debes de seguir en esta etapa:

- Hazlo en soledad: éste es un proceso íntimo donde la compañía puede ser un sesgo en la toma de decisiones y donde no necesitas el juicio de alguien más. Si lo harás con compañía, que sea de un asesor en imagen física certificado que te servirá de guía y apoyo en el proceso, sobre todo ante la pregunta de si te queda o no, o bien, acompáñate de alguien que sea de toda tu confianza y que sepa de antemano que sólo tomará el rol de ayuda para limpiar y cargar, y de acompañamiento moral para darnos valor cuando no nos atrevamos a tirar algo.
- Usa ropa cómoda: al terminar sentirás que corriste un maratón, por lo que la ropa de ejercicio siempre es la mejor. O usa prendas con las que harías una mudanza o una limpieza profunda de tu casa o coche.
- Tómate un baño intermedio: después de terminar la etapa de separación y antes de iniciar la etapa de reacomodo que veremos a continuación, tómate un baño refrescante y descansa un poco. Vístete con ropa cómoda pero más casual, para que de esta forma te sientas con un ánimo más constructivo, y no con el cansancio, agotamiento y suciedad que nos dejará la etapa de limpieza y separación.
- Hazlo sin prisas: acordaste que ibas a agendar un día entero para esta actividad, por lo que no te programes más compromisos. Si crees que un día no será suficiente, prográmate todo el fin de semana para realizarlo. La prisa es el peor enemigo en la toma de decisiones.
- Pon música: y que sea música feliz que te marque el ritmo de la actividad. Música que normalmente te acompañaría en el gimnasio y con la que te den ganas de bailar y moverte. La música será un gran acompañamiento para hacer este momento un momento feliz.

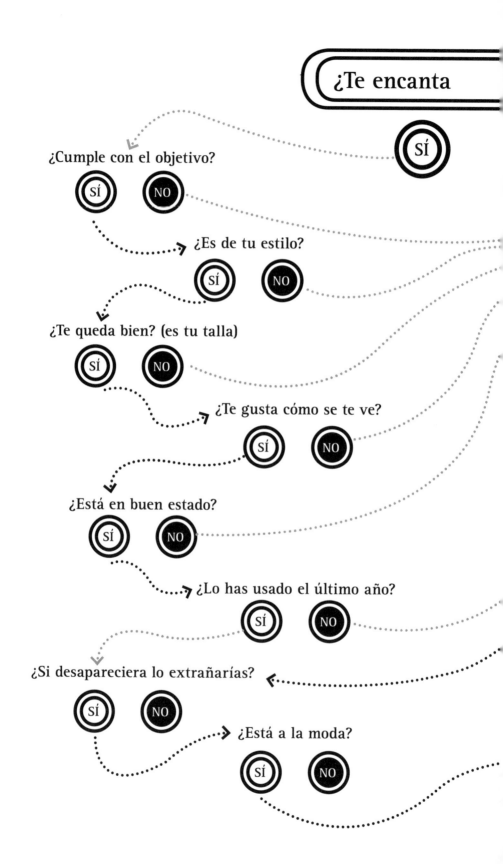

¿Te encanta

SÍ

¿Cumple con el objetivo?

SÍ   NO

¿Es de tu estilo?

SÍ   NO

¿Te queda bien? (es tu talla)

SÍ   NO

¿Te gusta cómo se te ve?

SÍ   NO

¿Está en buen estado?

SÍ   NO

¿Lo has usado el último año?

SÍ   NO

¿Si desapareciera lo extrañarías?

SÍ   NO

¿Está a la moda?

SÍ   NO

esta prenda?

NO

¿Tiene valor sentimental?

SÍ   NO

¿Se puede arreglar?

SÍ   NO

¿Te trae buenos recuerdos?

SÍ   NO

¿Lo guardas para alguna ocasión especial?

SÍ   NO

¿Lo puedes usar en los próximos 12 meses?

SÍ   NO

¡GUÁRDALO!   ¡SÁCALO!

Etapas de reacomodo y diagnóstico final

¡Vaya ligereza! Para este punto ya empiezas a sentirte una persona renovada y con ese ánimo que brinda cualquier desintoxicación, pero aún falta la parte más gratificante de todas, que es la de regresar al nuevo e impoluto clóset todas las prendes a las que les diste el sí.

Si te comportaste con total sinceridad y no te tembló la mano, te encontrarás ante un espacio al que se le liberó capacidad. ¿Cuánta?, yo qué sé, pero si la estadística decía que no se usa 70% de lo que hay en un guardarropa al que no se le ha hecho limpieza, podemos imaginar que ahora te tiene que sobrar espacio, y mucho.

Si no es el caso y sientes que no te alcanza el espacio, ¡pues no sé cómo diablos le hacías antes de la auditoría! Por lo que tu problema ya no es que tengas mucha ropa, sino que tienes un problema de espacio, y lo primero que tendrías que hacer es resolverlo optimizándolo. Existen compañías especializadas en sacarle el mayor provecho a los espacios del guardarropa. Despachos de diseño e interiorismo que hacen magia con espacios reducidos y la lista de necesidades que tú les des. Incluso, cuando son habitaciones sin *walk in closets* (cualquier clóset al que puedas entrar y cambiarte ahí), adecuan no solamente los armarios empotrados para hacerlos plegables, sino que convierten bajocamas y puertas en lugares de guardado, y hasta construyen tapancos y cajones en los lugares donde menos te imaginas. Y sí, hay que invertirle. Es impresionante ver qué poco nivel de inversión hay en un espacio tan sagrado como el que mantiene tu segunda piel, y en el que te arreglas para lograr tus objetivos. Y no sé si sea exagerado decir que un buen clóset es la llave a la felicidad, pero vaya que cuando lo tienes se siente como tal. Por lo tanto ¡inviértele! Y si no quieres gastar en estas compañías especializadas, sabes que vives en la época de los tutoriales de YouTube, de la inspiración en Pinterest y de los encargos a San Google, por lo que basta con teclear

ORGANIZACIÓN DEL GUARDARROPA

"optimizar clóset", "ideas espacio guardarropa", "ampliar armario" y demás combinaciones para que te lleves muy buenas ideas. Aunque ya tengas un espacio sobrado, siempre al ver tu clóset vacío te darás cuenta de cómo el espacio se puede aprovechar mejor: ¿Y si a este espacio en el que sólo atraviesa un tubo en la parte superior le pongo otro a la mitad? ¿Y en la parte inferior le cabrá también una cajonera? ¿Esas dos repisas no pueden convertirse en cuatro? ¿Si a los orificios de esa zapatera les construyo un desnivel no podré guardar dos pares de zapatos en lugar de uno? ¿Este cajón de diminutos calzones no lo puedo dividir en dos y convertirlo también en el de calcetines? El reacomodo de prendas es también un buen momento para darte cuenta de qué espacio te está faltando o qué elemento estás necesitando: "Es que no tengo dónde poner mis cinturones", pues colocarás unos ganchos en una pared lateral que antes estaba limpia. "Es que mis botas me quitan mucho espacio", pues comprarás un rack organizador de botas o unos ganchos múltiples verticales para colgar siete botas en el espacio donde antes había un abrigo de invierno. Amueblar un clóset es como jugar al Tetris, por lo que debes tener un buen pensamiento espacial, y si no lo tienes, contrata a un experto.

Ahora bien, ya que limpiaste e invertiste en tu lugar sagrado, debes acomodar las prendas siguiendo tu ritual de vestimenta y adecuando el lugar a tus hábitos. Si saliéndote de bañar lo primero que haces es secarte y ponerte los calzones, el primer cajón de arriba y el que esté más a la mano es el que debe tener esa ropa interior. Además, deberías tener en una pared cercana un gancho empotrado para colgar tu toalla. Si lo segundo que haces es ponerte los calcetines, el cajón que le sigue es el que los debe tener, y colocar cerca un banco pues probablemente te sientas mientras te los pones. Y así deberías ir recorriendo el espacio conforme te vas colocando las prendas: si después te pones los pantalones o camisa, seguirás en ese orden, y para ello, antes de acomodar la ropa debes decretar: "Éste será mi espacio de camisas, éste será mi espacio de pantalones, éste será mi espacio de trajes, éste será mi espacio para accesorios, etc...", y ésta es la forma en la cual vas a empezar a darle orden a tu vida, pues somos seres de hábitos, además, destinar un espacio específico para cada prenda te obligará a respetar su acomodo siempre en el mismo lugar, para que no te pase el típico "es que no encuentro mi ropa", pues la prenda tiene que estar o en su lugar, o en la ropa sucia, no hay de otra. Una vida estructurada y organizada empieza en el clóset.

Seguramente al hacer tu ejercicio de hábitos y ritual de vestimenta para destinar espacios, nunca se te pasó por la cabeza: "Ahora es turno de ponerme mi *pullover* de cuello de tortuga" o "mi chamarra preferida de conciertos", lo que indica que esas prendas deberán ir en los cajones más bajos e incómodos o en los espacios más inaccesibles de tu clóset, ya que son las prendas a las que les darás menos uso, pero siempre estarán en el mismo lugar.

Una vez que seleccionaste el espacio para cada categoría, ahora debes dividir cada una en bloques o subcategorías según su uso y diseño. O sea, si ya tienes la categoría que se llama "camisas" o "faldas", deberás dividirlas en bloques de camisas formales de vestir, camisas sport, camisas de manga corta... o faldas formales, faldas casuales, faldas largas, medias, cortas... y así sucesivamente seguirás dividiendo en más bloques según especificaciones y hasta en colores, lo que haría que, por ejemplo, en la subcategoría "camisas sport", tuvieras camisas de cuello normal, camisas de cuello *button-down*, camisas lisas, camisas con diseño, etc..., para que al final tu sección de camisas empezara con la camisa blanca de puño francés de mancuernillas, y acabara con una guayabera de color, pasando por la camisa azul lisa de manga larga y por la camisa de franela a cuadros. Todas serán camisas, pero sabes que más a la izquierda serán más formales y a la derecha informales, de modo que si llegara de la lavandería una camisa *button-down* de cuadritos, cual trabajo enciclopédico como si las prendas tuvieran un orden alfabético, sabrás dónde colocarla. Nada más bonito y equilibrado que ver un guardarropa que lleva esa secuencia. Como igual de bonita y equilibrada será tu vida. Que el clóset luzca ordenado es importante no solamente por practicidad y estética, sino a nivel emocional: recuerda que si ordenas tu clóset ordenarás tu vida.

Ahora sí toca el turno de regresar todas las prendas que sobrevivieron, categoría por categoría, a su nuevo, preciso y específico lugar. Aún faltan muchas recomendaciones para su acomodo, doblado y hasta ganchos a utilizar, pero todo esto lo veremos en el apartado dedicado al cuidado de las prendas. De momento, pasemos al punto final que es la realización del diagnóstico.

Ya tienes un nuevo espacio limpio, ligero y ordenado, en el que habitan puras cosas que te encantan, cumplen un objetivo, te quedan y están en buen estado. Ahora viene la pregunta final: ¿Te hace falta algo? Y no estamos hablando de un capricho, por lo que mejor replanteemos la pregunta y digamos: ¿Y ahora qué necesito?

Ya hablaremos de los cimientos que todo guardarropa debe tener y sabremos cuáles son las prendas básicas, como también aprenderemos a comprar y a reconocer lo que mejor nos queda de acuerdo con nuestro cuerpo y color; y por supuesto que ya sabes que la ropa es todo un lenguaje, por lo que debemos vestir según la semiótica del vestuario en coherencia con nuestra esencia, objetivo y necesidades de la audiencia... y en su momento cerraremos el libro hablando de cómo esa esencia se expresa con el estilo. Por lo que todavía te falta lectura para responder con certeza a la pregunta ¿qué necesito? y proceder al *personal shopping* sin necesitar de la ayuda de un *personal shopper*. Por lo pronto, sólo digo que tu auditoría cierra con un diagnóstico que se plasma en una lista de faltantes. Muchos colegas míos le llaman *wishlist* (lista de deseos), pero a mí no me gusta el término porque la palabra *deseos* suena a caprichos. Por eso me gusta la crudeza de la palabra *faltantes*, pues suena a carencia y a verdadera necesidad.

Es más, como en este mundillo de la imagen física nos encantan los neologismos y los anglicismos, propongo que le empecemos a llamar *lacklist*... gremio, aquí les dejo la definición:

> **Lacklist:** | noun | lack.list | \ 'lak-list \
>
> **1.** (Voz ingl.) lista de carencias.
>
> **2.** En la asesoría en imagen física, diagnóstico final de la auditoría de guardarropa y herramienta principal para la realización del *personal shopping*.
>
> **3.** Lista de prendas y artículos relacionados con la apariencia física, vestuario, accesorios y afeites del vestir en general, que se crea mediante la observación y análisis de los artículos faltantes en el guardarropa personal. Enlista únicamente artículos basados en la coherencia de la semiótica del vestuario y se sustenta en la relatividad de la imagen.

¡Cómo la ves!

En el momento que tienes tu *lacklist*, termina tu auditoría y empieza el momento de mantener el guardarropa y no dejarlo decaer. Un detox tan a profundidad solamente deberías realizarlo una vez en tu vida, pues de aquí en adelante sólo será un ciclo de cuidado basado en limpiezas y auditorías menores, en que solamente saldrán pocas prendas que ya no cumplan con las características y entrarán los nuevos aliados que nos empoderarán.

Y como toda inversión se debe de cuidar, entremos ahora al cuidado de las prendas.

LA ROPA SUCIA NO SIEMPRE SE LAVA EN CASA

Me encantaría darte todo un tutorial de cómo lavar, planchar, doblar y colgar ropa porque no sólo en estas actividades está la clave para el cuidado de las prendas, sino que, cuando además personalmente te encargas de ellas, se genera un vínculo de cariño y protección con tu ropa porque nadie mejor que tú la va a cuidar. Sé que mi analogía será exagerada, pero ¿has visto qué "brusco" bañan y arropan a los recién nacidos en el hospital? No estoy diciendo que no estén en manos expertas que han realizado esa actividad de manera mecánica cientos de veces. Estoy diciendo que nunca se comparará con el ritual de amor, cuidado y compenetración de cuando esta actividad la realizan mamá o papá. Pasa lo mismo con la ropa, cuando tú delegas esas funciones aunque sea a manos expertas (que pocas veces lo son), el vínculo y por lo tanto el resultado nunca será igual. Pero como el objetivo de este libro no es lograr maestría en estos temas, centrémonos en los cuidados básicos y en los consejos más importantes relacionados con estas actividades.

Ya invertiste en un guardarropa e invertiste en prendas, ahora tienes que cuidarlas. Pero aunque parezca paradójico, muchas veces hacemos cosas pensando que las estamos cuidando, cuando en realidad les estamos restando vida y calidad. Y una de esas actividades es lavarlas.

¿Qué es lo primero que tenemos que tener en cuenta al lavar nuestra ropa? Pues por supuesto revisar y saber leer las etiquetas de cuidado. Éstas nos van a decir el tipo de lavado, secado, planchado y tratamiento que tenemos que darles, porque el abuso de productos químicos, utilizar procesos que no van de acuerdo con la prenda y en general atentar contra estas recomendaciones son la principal razón por la que le restamos vida a la ropa. Pero ¿qué crees?, no es el principal enemigo. El principal enemigo del cuidado de las prendas es lavarlas en exceso. Por eso la ropa sucia no siempre se lava en casa.

EL MÉTODO P.O.R.T.E.

Vamos a ver cómo leer las etiquetas, pero dejemos muy en claro que una prenda no tiene que lavarse cada vez que se utiliza. Erróneamente pensamos que es un excelente hábito lavar la ropa después de usarla y nos sentimos asquerosos si no lo hacemos, por eso constantemente en las casas están sonando las lavadoras y secadoras, o nos topamos personas tallando, tallando y tallando prendas en un fregadero, pensando que están haciendo un bien cuando en realidad están torturando al objeto de su afecto. Esto, además de ser muy malo con la ecología por el uso de tantos productos químicos y gastadero de agua, hace que con cada ciclo de lavado o con cada tallada tu ropa luzca más descuidada que cuidada; así que empecemos viendo qué prendas tienen que lavarse y cuándo tienen que lavarse.

Las prendas que tienen que lavarse cada vez que se utilizan son las que van en contacto directo con el cuerpo y en zonas de extrema sudoración y olor. Esto por supuesto nos dice que la ropa que forzosamente tiene que lavarse a profundidad cada vez que se utiliza es la ropa íntima y la ropa interior, pero también la que tiene contacto directo con el cuerpo o muy pegada a las zonas por donde más sudas, que en general es en la parte superior de tu cuerpo; entonces pongamos aquí algunos ejemplos y unos supuestos:

Traes puesta una camiseta interior y te pones una camisa, o decides únicamente ponerte una camisa o blusa pegada al cuerpo. Ésta es una prenda de la parte superior que tuvo contacto directo con tu piel, y aunque hayas tenido ropa interior, una camisa tiene contacto muy cercano y de mucho roce con la axila, lugar de extrema sudoración aunque haya sido en segundo grado, por lo que tendrías que lavar la camisa o blusa y obvio la camiseta interior. Y en la parte inferior, pues también obvio lavarás tus calzones, pero imagina que después traías unos pantalones, una falda, unos shorts o cualquier otra prenda que, si bien tuvo contacto con tu piel, en las partes sensibles la tuvo en segundo grado sin producir tantos roces, y en el resto de tus piernas si bien hubo contacto con piel, es altamente probable que no hayas tenido una extrema sudoración, por lo que esa prenda no se tendría que lavar en cada ocasión como sí lo hiciste con las de la parte superior. Ahora bien, cualquier prenda que ya juegue una segunda o tercera capa, no tendrías por qué lavarla después de su uso.

Imagínate que te estás poniendo un traje o traje sastre, traes la camiseta interior y la camisa, por lo que el saco ya sería una tercera capa, igual si vistieras más casual y tuvieras un suéter, éste ya sería segunda o tercera prenda con poco contacto directo, de modo que esas prendas únicamente las vas a mandar a la tintorería o las vas a lavar ante tres situaciones: si hiciste demasiada actividad física y sudaste al grado que los olores llegaron a la segunda o tercera capa, si se manchó, o si se le impregnaron fuertemente olores externos. Por ejemplo, un esmoquin o un vestido en una boda, en donde estuviste bailando y de fiesta, y por lo tanto al día siguiente el saco sí llega a oler a sudor, o el vestido por su arrastre acabó negro de abajo y además se impregnaron de olor a cigarro. Lo mismo que lavarías tus jeans si un automóvil te salpicó lodo o porque te sentaste en la tierra del jardín y jugaste con un perro no muy limpio durante un picnic.

Alvaro, ¡lo que estás diciendo es una asquerosidad!, porque aun así la usaste y te sometiste al polvo, la contaminación y al contacto con superficies y muebles como el asiento del metro o la silla de un restaurante que muchos usan. No te confundas, el no lavar las prendas no está peleado con su limpieza. ¿Qué es lo que tienes que hacer entonces para cuidar la ropa pero mantenerla limpia? Pues limpiarla cada vez que termina el día. Por ejemplo: terminaste de trabajar y llegas a casa y te quitas tu traje o traje sastre, lo correcto es que utilices el mismo gancho en el que estaba colgada la prenda, y esa prenda la vas a dejar colgada toda la noche en esa misma percha pero fuera del armario, no la guardarás en su lugar del clóset, por lo que aquí tendrás unos grandes aliados en los ganchos de pared que puedes colocar en tu vestidor y en los percheros. Incluso, una gran inversión, si es que tienes espacio, es un perchero con forma de persona, estos que están diseñados para replicar la forma de la espalda. Entonces te quitarás tu traje y lo dejarás colgado en solitario, haciendo un proceso similar a como si hubieras estado ocho horas sin moverte, lo que hace que cualquier arruguita se empiece a quitar por sí sola evitando muchas veces el planchado (y digo muchas veces, porque a veces hay arrugas muy marcadas y no se puede).

Al día siguiente (o lo puedes hacer desde que te quitas la prenda si es que puedes dejarla en un lugar aireado), lo que vas a hacer es orearla y que le dé ventilación, por lo que otra opción es haberla dejado colgada toda la noche en los espacios de lavado y donde normalmente tiendes la ropa. Una vez que se oreó toda la noche y antes de guardar ese traje, lo que harás es cepillarlo con un cepillo suave especial para el cuidado de las prendas, o puedes pasarle los famosos rodillos quitapelusas que no sólo quitan esas pelusas, también el polvo, e igualmente le vas a pasar un aerosol desinfectante que no maltrate la ropa (la pandemia nos hizo expertos en este tipo de aerosoles) para matar cualquier rastro de bacterias que pudiera tener. Piensa que el polvo y las bacterias son un gran enemigo para el cuidado de las prendas, y mucha gente lo que hace es: como llega de la calle lo cuelga, contaminando y ensuciando el resto de sus prendas, por eso se tienen que orear y desinfectar.

Una vez que tienes las prendas oreadas y desinfectadas, toca decidir si tienen que pasar por un proceso de planchado o no, pues muchas veces, como con los pantalones de mezclilla o con los sacos, nunca se planchan; o con un suéter que va a ser muy raro que lo tengas que planchar. Por el contrario, el pantalón o la falda de traje, por más que lo dejaste colgado oreándose, tal vez todavía tiene alguna marquita. Y aquí es donde entra el socio más indispensable del cuidado de nuestras prendas: las plancha de vapor de pie.

Esas planchas de vapor además de quitar las arrugas hacen también un efecto de limpieza y desinfectan, por lo que puedes decirle adiós al aerosol desinfectante (aunque no sobra), pues también mata algunas bacterias y quita residuos de polvo, ya que finalmente es agua en su estado de vapor; es una gran recomendación que pases por ella a todas tus prendas las tengas que planchar o no. Después de todo este proceso, puedes regresar la prenda a su lugar. Tal vez todo este proceso diario te resultó engorroso, pero no lo es, no te tiene que quitar más de tres minutos, y es más engorroso y costoso lavar, además de que le restas vida a tus prendas.

Ahora bien, qué pasa si de repente una prenda sí se ensució y se manchó de más: pues sólo la vas a mandar a lavar si tú manualmente no puedes sacar la mancha porque es demasiado grande o se ensució de algo muy penetrante. Si te cayó algo en la ropa o te ensuciaste ligeramente, la recomendación es limpiar a la brevedad antes de que un mal olor se impregne. Para manchas difíciles, ten en casa y en la oficina lápices detergentes que son muy prácticos, consisten en poner una pequeña cantidad del producto y tallar. Tenlos también en tu bolsa, mochila, automóvil y en cualquier lugar donde pienses que se pueden ofrecer. La gran mayoría de las manchas sencillas salen con agua y una toalla. Si no pudiste limpiarla a la brevedad, en casa podrás lavar a mano únicamente esas secciones y no tener que someter toda la prenda a lavado. Un cepillo de dientes de cerdas suaves es un gran apoyo para estas marcas focalizadas, sólo recuerda tallar con gentileza. Y una vez limpia la ropa, empezaría tu ciclo de colgar-orear-desinfectar-planchar-guardar.

Ya que estamos hablando de lavar a mano, siempre será mejor opción para las prendas delicadas, pero sobre todo es una gran opción para lavar de manera focalizada. Si una camisa sólo la usaste un par de horas, podrás lavar a profundidad únicamente la zona de las axilas y después seguir el proceso descrito. Finalmente, los perfumes, las lociones y las colonias deben aplicarse directamente al cuerpo, evita que caiga cualquier producto químico a tu ropa, y no nada más es el perfume, puede ser también el spray para el pelo y aerosoles no diseñados para la ropa en general; los químicos le restan muchísima vida a nuestras prendas. Otro punto que es muy importante y que podría considerarse una regla de oro del cuidado de la ropa es que nunca repitas la misma prenda dos días seguidos. Tienes que dejarlas descansar y respirar.

Entonces, a lavar menos y a cuidar más nuestra ropa. Y como lo prometido es deuda, para acabar el tema del lavado aquí te dejo una rápida guía para que entiendas las etiquetas en el momento que sí lo tengas que hacer.

Simbología de cuidado de prendas

Lavado:

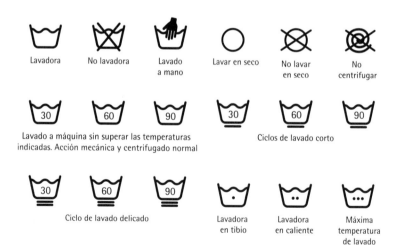

82

Secado:

Secadora   No secadora   Secadora a baja temperatura   Secadora a temperatura media   Secadora a temperatura alta   Colgar para secar

Secado en superficie plana   No Exprimir   Secar a la sombra

Productos:

Puede usar cualquier blanqueador   No usar blanqueador   Sólo blanqueador sin cloro

Planchado:

Planchar   No planchar   A calor bajo   A calor medio   A calor alto   A vapor

Guardar es cuidar

Toca el turno de guardar la ropa. Ya sea porque estás regresando todo después de la auditoría, o es el proceso diario de acomodar la ropa limpia, hay ciertos aspectos a tener en cuenta y el primero es que no toda la ropa se debe colgar. Existe un afán por pensar que la ropa colgada en ganchos se maltrata menos porque no se arruga, y por lo tanto dura más, pero es todo lo contario, pues no se puede luchar contra la fuerza de gravedad y los inevitables estragos del peso. Les pasa a tus párpados, pecho y piel en general con la edad. Les pasa a los árboles con sus ramas, hojas y frutos, y también les pasa a tus prendas, pues mientras más estén colgadas, más se escurrirán, caerán y deformarán, sobre todo cuando las telas son de punto, de lana pesada o de algodón sin estructura como lo son suéteres, polos y *t-shirts*, que más se deformarán y caerán si las cuelgas. Mientras una prenda está colgada, equivale a que la estuviera usando una persona esquelética y que fuera campeona jugando a las estatuas de marfil,[8] pues no se movería por días. A unas prendas esto les haría muy bien y a otras mucho daño. A algunas la gravedad les ayuda porque no se arrugan y mantienen mejor su forma, y a otras les perjudica porque las deforma. Por lo tanto veamos qué prendas son las que debes colgar y cuáles es mejor doblarlas y dejarlas descansar.

Colgar:
- Trajes/Trajes sastre
- Sacos/Blazers
- Vestidos de todo tipo
- Camisas/Blusas
- Pantalones de vestir y casuales

---

[8] También llamado el juego de los encantados, que consiste en no moverse.

- Faldas con estructura y de telas firmes
- Chamarras y abrigos
- Linos y sedas

Doblar

- *T-shirts* y *tank tops*
- Polos
- Suéteres de todo tipo
- *Hoodies* y sudaderas
- Ropa de punto
- Jeans
- *Leggins*
- Faldas cortas vaporosas informales
- Bermudas y shorts
- Ropa deportiva
- Calcetines y ropa interior
- Trajes de baño
- Pijamas y *sweatpants*

Si te das cuenta, las prendas que doblas son más resistentes y a las que no se les quedan marcadas líneas por permanecer mucho tiempo dobladas, son prendas que se arrugan con dificultad o que no lo hacen, o prendas pequeñas como las bermudas o faldas cortas que pueden caber en un cajón sin doblarse a la mitad, como también son prendas que por su naturaleza y estructura no se planchan, por lo que su doblado es sencillo y no hay que hacer mayor recomendación, lo único es procurar hacer los menos dobleces posibles y no colocar mucho peso sobre las prendas cuando se apilan, o poner las más pesadas siempre abajo.

Por el contrario, las prendas que se cuelgan son aquellas que se maltratarían con los dobleces y a las que las líneas se les quedarían marcadas. Prendas que se arrugarían mucho si les ponemos otras encima, y generalmente son prendas que requieren planchado y cuidados especiales. Por eso es mejor imaginar que nuestro esqueleto inmóvil las trae puestas. Pero como hay esqueletos más grandes que otros, de huesos más anchos o delgados, y hasta esqueletos con modificaciones, veamos el tan olvidado pero importante tema de lo que en México le llamamos ganchos, pero lo correcto es decirles perchas.

Buenas perchas para la buena percha

Imagínate qué absurdo sería si a nuestro famélico campeón de inmovilidad cuyo trabajo es cuidar las prendas lo metieras a un exótico rave donde no cabe un alma a rozarse con otras personas inmóviles que cumplen la misma función. Todos quietecitos, pero todos apretados y apachurrados unos con otros. Pues bueno, así es como lucen la gran mayoría de los armarios. Prenda tras prenda colgada embarrada una con otra, en una saturación que hasta parece que necesitas calzador para sacarlas. Y eso no es todo, vemos también de dos a tres prendas por gancho, pantalones de vestir y faldas colgados a la mitad, y el peor pecado de todos... ¡Vemos ganchos de alambre de esos que te regalan en las tintorerías!

Por lo tanto, en cuestión de ganchos y perchas, colguémonos de las siguientes recomendaciones:

- En tus limpiezas y auditorías, te vas a deshacer de todos los ganchos que no compraste y que tuvieron una función temporal y de abaratar costos. Un gancho tiene que ser firme y no deformarse cuando lo manipulas, como lo hacen los ganchos de alambre de las tintorerías y los de plástico de las tiendas. También les dirás adiós a todos los ganchos que estén rotos, vencidos y con cualquier desgaste que pueda maltratar tu ropa. Y hago hincapié en lo fatales que son los ganchos de alambre, pues éstos en particular son los más endebles, al ser tan delgados marcan mucho tu ropa y tienden a oxidarse o despintarse manchando las prendas. Por eso así como llegan, se van.

∓ Vas a invertir en diferentes tipos de perchas, ya que hay diferentes según su uso, pero todos deben ser del mismo diseño y material. Cásate con una marca en específico, pues es la única forma de lograr armonía visual; recuerda que la imagen ambiental también predispone tu estado de ánimo y unos ganchos bonitos y unificados suman a la estética del lugar.

∓ Únicamente tiene que haber una prenda por gancho, pues colocar de más es atentar contra el porqué de colgar la ropa, por lo que tendrás que tener tantas perchas como ropa quieras colgar. Recuerda que los trajes son sólo una prenda aunque se conformen de dos o tres piezas, y hay ganchos especiales para ellos.

∓ Al colgar, cuida que las prendas no estén juntas y que se toquen lo menos posible. Esto va a hacer que no se arruguen, pero además permite la ventilación y previene la humedad.

∓ El contacto tiene que ser tela con tela o madera con tela, así que invertirás en ganchos de madera o en los que vienen forrados de telas como satén o terciopelo. Si por alguna razón presupuestal quisieras optimizar porque son más baratos, adelante, elige unos de plástico grueso. Pero piensa, si le estás invirtiendo a la ropa lo que le inviertes, ¿no podrías dignificarla con unos ganchos forrados o de madera?

∓ Mientras más delgado y anguloso sea el gancho, más se marcará y deformará las prendas, entonces procura que sean anchos y de formas redondeadas, o que la tela de forrado sea lo suficientemente gruesa para no marcar las prendas.

⌒ Todas las prendas deben colgarse en el mismo sentido, no solamente por armonía visual y evitar el TOC que genera ver una camisa para un lado y otra para el otro, sino que muchas perchas de prendas superiores tienen una ligera curvatura para replicar la naturalidad de nuestra espalda, por lo que si colgaras la prenda al revés, la deformarías. Por simple lógica y facilidad, los ganchos están diseñados para colgarse de manera frontal y esa curvatura sobresaldría en su flanco derecho, por lo que acostúmbrate a que las camisas, blusas, sacos, abrigos y demás prendas superiores se colocan con los botones o cierres hacia el lado izquierdo viéndolos de frente.

⌒ Las camisas siempre se cuelgan abotonadas y en ganchos simples, que son los que no tienen ninguna pinza o aplicaciones colgantes o antideslizantes, incluso muchas perchas simples no tienen ni siquiera la base horizontal, pues no vas a colgar nada más que prendas superiores. Las muescas antideslizantes y aplicaciones similares deformarían la caída natural de la tela, por eso deben evitarse en camisas. No dejes suelto el botón superior, ya que tenerlo abotonado es esencial para procurar el cuidado de los cuellos. Sigue esta recomendación y abotona, abrocha o cierra cualquier prenda superior que así lo permita.

⌒ Los pantalones de vestir se cuelgan rectos en ganchos con pinzas o con cierre de presión, respetando las líneas de planchado y sujetados por la parte inferior o dobladillo, para que de esta forma el peso de la parte de la pretina (cintura) los mantenga estirados y planchados. Al ser principalmente de lanas muy delgadas, colgar pantalones de vestir doblados a la mitad en la barra horizontal de los ganchos hará que se marque una línea muy pronunciada a la altura de los muslos. Los pantalones casuales de telas más gruesas como gabardina o pana sí pueden colgarse de esta forma, pues su peso suele ser mucho para los ganchos con pinzas.

⚊ Las faldas se cuelgan también de ganchos con pinzas, pero éstas sujetas por la cintura con las pinzas en los extremos para que queden lo más estiradas posible. Las perchas de falda y pantalón son rectas, y la barra de presión o donde se encuentran las pinzas cuelga directamente del gancho, omitiendo la parte curva superior de los hombros porque no tiene ningún uso.

⚊ Los blazers, sacos, abrigos, chamarras y prendas similares que se caracterizan por tener un peso y un armado que suele incluir hombreras o simplemente cortes de hombro muy definidos se cuelgan en perchas anchas y curveadas, que replican de manera más acentuada la caída de la espalda. Las mejores por su firmeza son las de madera, pero también las hacen de diferentes polímeros, aunque no son tan elegantes y decorativas.

⚊ Para los trajes y trajes sastre se usan los ganchos especiales, que es la fusión entre el gancho de saco que acabamos de ver y el de pinzas o barra de presión de las faldas y pantalones. En este caso, el saco y el pantalón o falda sí conviven dentro del mismo gancho, pues la amplitud, curvatura y diferencias de altura así lo permiten. Por lo que también podrías utilizar estos ganchos para guardar tus sacos y blazers junto a tus pantalones de vestir en la misma percha, y así optimizar espacio.

⚊ Los vestidos y blusas con tirantes se cuelgan de ganchos con aplicaciones antideslizantes, que son esas pequeñas muescas o topes que tienen algunos ganchos a la altura de los hombros y sirven para que de ahí se sujeten los tirantes. Para vestidos strapless, halter y con cualquier otro diseño, así como para prendas femeninas que no tienen soporte en hombros o tienen escotes pronunciados o caídas de telas caprichosas, sirven también los ganchos antideslizantes, pero también el resto de aplicaciones internas que muchos otros ganchos traen.

¿Alguna vez te habías preguntado por qué los ganchos tienen este tipo de aplicaciones o te habías preguntado por qué algunos vestidos o blusas tienen por dentro unas cintas de tela que mucha gente hasta las corta? Pues esos cintillos sirven para colgar las prendas o sujetarlas de esas otras partes de los ganchos que la mayoría de la gente no tiene en cuenta para qué sirven.

Existen ganchos especializados para colgar muchas otras cosas como corbatas (cuélgalas, no las enrosques en cajones y mejor invierte en un corbatero), cinturones, bufandas, pashminas, collares y, como lo comentamos, ¡hasta botas! Tú decides hacerlo si es que te sobra o falta espacio, pues muchas de estas prendas podrían guardarse en cajones, apilarse en repisas o guardarse en cajas y joyeros. Asimismo, cuando hay falta de espacio puedes recurrir a los ganchos optimizadores y extensibles, que son por ejemplo ganchos de pantalón pero con muchos niveles, o ganchos que se descuelgan y caen en vertical permitiendo usar menos volumen de espacio. Úsalos sólo en caso de extrema escasez de metros cuadrados, pues como comentamos desde la primera recomendación, el objetivo es que las prendas respiren y no se toquen entre sí.

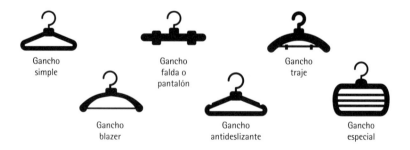

Gancho simple

Gancho falda o pantalón

Gancho traje

Gancho blazer

Gancho antideslizante

Gancho especial

Si buscas "percha" en el diccionario de la Real Academia Española, encontrarás como novena acepción que la palabra *percha* de manera coloquial es la "figura o tipo de una persona, especialmente si es bueno y elegante", y pone como ejemplo para entender su uso la frase: "Con la percha que tiene, le sienta bien cualquier prenda". Yo ese ejemplo ahora lo pondría en plural y en segunda persona: "Con las perchas que tienes, te sienta bien cualquier prenda". Por lo tanto... ¡Buenas perchas para la buena percha!

Y aquí es prudente dar unas últimas recomendaciones sobre el guardado y el cuidado de las prendas:

Para ropa de poco uso como abrigos de temporada, vestidos de noche, esmóquines y demás atuendos que ya habíamos acordado que se guardarían en otro lugar, lo recomendable es tener fundas o portatrajes para evitar que se empolven y conservarlos de mejor manera.

Las bolsas guárdalas dentro de sus fundas. Si al comprarlas no venían con una, guárdalas en cualquier bolsa de tela con jareta. Las bolsas se guardan con relleno para mantener sus formas, y aquí ya encontraste un buen uso para algunas prendas que se habían ido a la bolsa de basura. Úsalas para rellenar tus bolsas mientras no las uses.

Invierte en contenedores especiales para accesorios y complementos como joyeros, sombrereras, corbateros, zapateras y cajas de relojes, lentes, aretes y mancuernillas, y también tenlos categorizados y acomodados con cierto orden y secuencia. Tener tus accesorios ordenados y a la mano te ahorrará mucho tiempo al vestir, pues facilitará su selección.

Guarda tus zapatos con hormas de madera para absorber la humedad y mantener la forma. Para que una horma sirva, debes colocarla en el momento que te quitas el calzado y el mismo sigue caliente. Cuando se enfría el calzado y se contrae, la horma sirve de molde, lo que evita que se le hagan pliegues y arrugas por el constante uso. Pásales una franela húmeda para retirar polvo y suciedad antes de guardarlos, y limpia constantemente las superficies donde los colocas, ya que las suelas siempre estarán sucias. Los tapetes desinfectantes que tan de moda se pusieron con la pandemia ocasionada por el covid-19 pueden ser una buena opción para mantener tu clóset impoluto. Si bien son más comunes para el calzado formal masculino, también hay hormas especiales para calzado femenino, y no limites su uso a los zapatos de vestir. Hay hormas especiales hasta para botas, que te recomiendo que uses sobre todo si son altas y sin estructura. Con hormas y limpiado, pocas veces los tendrás que bolear y tus zapatos lucirán siempre como nuevos.

Recuerda que todo este esfuerzo de limpieza, depuración, organización y cuidado lo estamos haciendo para facilitarnos la vida y tener una relación más armónica con nuestro guardarropa, pues si está correctamente organizado, será más fácil encontrar las prendas y elegir los *outfits* que nos vamos a poner, reduciendo el estrés, ahorrando tiempo, dinero y dándonos más confianza. Pero todo es con el fin obvio de arreglarnos y ponernos esas prendas. Veamos, pues, el ritual de vestir.

Vísteme despacio, que tengo prisa

Este dicho popular se le atribuye a Napoleón. Aunque los españoles se lo adjudican a Carlos III, y el propio Benito Pérez Galdós en sus *Episodios nacionales* le da el crédito a Fernando VII. Dicho de monarcas y emperadores sin importar quién haya sido el vocero. Verbalizaciones de personas importantes y ocupadas, que además tenían que lucir impecables día con día, por lo que su rutina de vestir debió ser bastante cuidada y estudiada. Ahora piensa, ¿cómo es la tuya?

¿Cómo es tu rutina al vestir? ¿Caos, ropa tirada, prisas, prendas desaparecidas, sucias o sin planchar? ¿Indecisiones frente al espejo y un reloj que juega en tu contra?... Pues a partir de hoy, ¡despacio porque tenemos prisa!

ORGANIZACIÓN DEL GUARDARROPA

Veamos recomendaciones para disfrutar el proceso de vestirnos y sacarle aún más provecho al orden de nuestro nuevo y organizado clóset.

El secreto de todo está en saber administrar tus tiempos.

Ya vimos que 17 minutos es lo que dicta la estadística promedio de lo que una persona se tarda en elegir lo que se va a poner. Y si bien comentamos que al organizar nuestro guardarropa ahorraríamos mucho de ese tiempo, la verdad es que no tengo nada en contra de que te tardes esos 17 minutos o más. ¡Al vestirte tárdate lo que quieras! Yo me tardo a veces más de una hora porque lo disfruto. Lo único es que una decisión tan importante no puede convertirse en una decisión urgente. Vestirte y arreglarte debe ser una actividad productiva, y la productividad no es otra cosa más que la correcta administración del tiempo y saber diferenciar entre lo urgente y lo importante.

Si haces de tu importante rutina de vestir algo urgente, donde la acción no da margen al error, es altamente probable que ante cualquier contratiempo surja el indeseado estrés y bajemos la calidad del resultado que deseábamos, haciendo que partamos de casa amargados e infelices. La urgencia es la que hace que arreglándote para un momento importante en el que elegiste ponerte un flamante vestido, detectes de último momento que el brasier se asoma y no tienes otro, o que no te esté saliendo el nudo de la pajarita y estés viendo tutoriales en YouTube cuando tendrías que haber salido hace 10 minutos para la boda. El secreto está en la previsión, la planeación y la organización, para que lo importante no se haga urgente. Esto hará que tengas todo bajo control y lo más importante de todo, ¡qué lo disfrutes! Por lo tanto, las recomendaciones son las siguientes:

Dedícale a la tarea un tiempo específico en agenda y respeta esa cita contigo: ponle un horario de inicio y término para que puedas centrar tu atención en esa actividad, y sepas a qué hora debes empezar y acabar para cubrir con todas las tareas como vestirte, maquillarte, etcétera. Esta actividad en agenda debe ser independiente a otras de tu rutina que normalmente van de la mano, como bañarte o desayunar, por lo que si te despiertas a las 7:00, debes salir de casa a las 8:30 y entrar a trabajar a las 9:00, ¿qué horario le destinarás a vestirte? ¿Te gusta de 7:30 a 8:00? Así que si son las 7:40 y aún no te metes a bañar, o a las 8:10 te sigues peinando, algo hiciste mal. Este horario será parte de los tiempos de tu rutina diaria tan común como el horario en el que te despiertas o comes. Para eventos fuera de rutina, destina el tiempo según la importancia del momento. Si la boda es a las 21:00 y tienes que salir de casa 20:15, destínale a vestirte de 19:00 a 20:00 y escríbelo en tu agenda y ponte alarmas, aunque creas que una hora es mucho tiempo para hacerlo. Más vale terminar antes que arreglarnos con prisas.

Vístete mentalmente desde el día anterior: dentro de tu rutina antes de dormir, revisa tus actividades del día siguiente y piensa en el vestuario correcto para lograr tus objetivos ese día. Si al siguiente día por la mañana tienes una negociación importante en la oficina y por la noche la cena de cumpleaños de una de tus mejores amigas, piensa en qué te vas a poner para las dos ocasiones y arma tu vestuario. De hecho, selecciona las prendas y déjalas ya listas para el día siguiente. Los percheros de piso tipo maniquí con repisas de los que hablábamos son muy útiles, pues puedes dejar en ellos tu ropa separada y seleccionada desde el día anterior, para que así al siguiente día no tengas ya ni que pensar en qué ponerte o seleccionar las prendas, pues ya las tendrás acomodadas en un mismo lugar para el momento de alistarte.

Construye alrededor de una prenda: para momentos más sociales o im-provisados como los planes de fin de semana, elige la pieza central de ese día y luego haz todo tu *outfit* alrededor de ella. Una prenda puede servirte de inspiración para la creación de todo un conjunto. Esta recomendación la retomaremos cuando aprendamos a combinar colores.

Equipa de herramientas tu armario: seguro los reyes y emperadores que mencionamos al inicio de este tema tenían todo un séquito de ayudantes al momento de vestir. Pues igualmente tú puedes rodearte de muchos auxiliares que harán el proceso de vestirte más práctico y sencillo. Desde la instalación de un espejo de piso a techo en el lugar estratégico para que no tengas que estar desplazándote y levantando piernas para ver si los zapatos te quedan bien, hasta el uso de bancos, ganchos de pared, percheros, y hasta herramientas como calzadores y quitapelusas, son los nuevos asistentes de la corte para que no te agarren las prisas.

Construye una guía fotográfica: una vez que hayas creado un *outfit* que te gustó y creas que está bien para lograr ciertos objetivos, tómate una foto en el espejo y abre una carpeta o carpetas en tu teléfono donde vayas archivando esos atuendos. De esta forma, cuando no sepas qué ponerte o tengas dudas, tú serás tu propia inspiración.

Y como ya tocó el momento de depurar y limpiar el terreno, ahora viene el tiempo de construir firmemente sobre el mismo, así que veamos el que para muchas y muchos debería ser deporte olímpico oficial, pues lo practican con disciplina desde pubertos, y que para otros es de las peores torturas ya que no saben ni por dónde empezar. Ya limpiamos, ahora ¡vámonos de *shopping*!

CIMIENTOS DEL GUARDARROPA

Toda construcción tiene una estructura que la soporta, y mientras mejor cimentada esté esa construcción, más sólida será. Lo mismo pasa con la construcción de un guardarropa. Debe basar su solidez en ciertos básicos que sostendrán el resto de los elementos que lo compondrán, por lo que antes de pensar en invertir en fachadas, acabados y decoraciones, hagamos una lista con los cimientos que todo guardarropa debe tener, y que será lo primero que debes comprar o de lo contrario todo lo demás se derrumbará. Con estas prendas podrás hacer magia gracias a su versatilidad, ya que cumplen con tres características básicas: son clásicas, son prácticas y son universales.

Son clásicas: lo clásico será siempre moderno. Y con clásico debes entender todo aquello que no se aparta de las reglas establecidas por la costumbre. Las prendas clásicas juegan a la segura y siempre serán las adecuadas porque rara vez se salen de contexto.

Son prácticas: lo práctico es lo que se comporta con utilidad. Estas prendas te serán útiles en diferentes circunstancias, y su practicidad hará que el único límite para combinarlas y sacarles provecho sea el de tu imaginación.

Son universales: al decir que son universales, nos referimos a que rompen las barreras culturales, regionales y económicas. Son prendas interpretadas de manera similar en cualquier parte del mundo y ante diversos públicos y escenarios.

Ahora bien, no te confundas, no estamos diciendo que éstas sean las únicas prendas que debes tener, estamos hablando de que son los cimientos donde vas a construir todo lo demás, y a las que sin duda les imprimirás tu propio sello personal, como entenderás en el capítulo "Estilo". Son las prendas básicas que rompen de tajo con el grito desesperado de tantas personas que aclaman el tan común: "¡No tengo nada que ponerme!" De hecho, son 15 prendas que toda persona debería tener siempre en su guardarropa a partir de los 15 años, pues de ahí en adelante, sin importar la edad que tengamos y a dónde nos lleve la vida, nos facilitarán el proceso de presentarnos ante los demás y que servirán de base o espina dorsal para el resto de nuestro guardarropa.

Veamos pues cuáles son los 15 esenciales que todo guardarropa debe tener a partir de los 15. Haz el ejercicio de revisar con cuáles cuentas, y los que no, es lo primero que tendrás que escribir en tu *lacklist*.

Disclaimer: a partir de este punto en el libro hablaré de materiales, por lo que en muchas ocasiones mencionaré la palabra *piel*, así como también hablaré de los pelajes y materiales que producen muchos animales que históricamente han sido utilizados para la confección del vestuario, como la lana o la seda. Si como yo eres amante de los animales, puedes poner un entrecomillado mental cada vez que leas la palabra "piel" o cualquier otra palabra que te moleste, para ahorrarnos el trámite de explicar que existen imitaciones sintéticas cada vez que salga el tema. Asimismo, si eres creyente de que puede haber una explotación ética de los recursos animales (como también lo creo) no hace falta que pongas entrecomillado alguno en tu cabeza. Ahora bien, si eres de los que siguen utilizando pieles exóticas de animales sobrexplotados porque piensas que te dan categoría por sus elevados precios, sí debes ponerte algo en la cabeza, y ese algo es un cerebro.

Los 15 después de los 15

① El *little black dress* (LBD) o el traje oscuro de dos piezas:
Útil para ir a donde sea pero de mayor utilidad cuando tienes un evento social o profesional donde debas comunicar cierta seriedad. El pequeño vestido negro (que de hecho no tiene que ser tan pequeño) y el traje clásico oscuro (gris Oxford o azul marino, y si tienes los dos, mejor) también son aliados versátiles que no forzosamente se cierran a la formalidad. Si bien tu LBD con tacones, joyería y maquillaje puede ser ideal para un coctel de negocios, si te lo pones con tenis y una chamarra de mezclilla puede servir para ir a la universidad, o si te lo pones con *tights*, botas y un sombrero, quedas lista para el festival de música. Lo mismo pasa con el traje oscuro: con camisa blanca de mancuernillas, zapato negro de agujeta y corbata, queda ideal para la boda o la entrevista de trabajo, pero con una simple *t-shirt* blanca y tenis sin

97

calcetines lo haces lo más casual y relax para ir a un brunch, o si te lo pones con camisa *button-down* (las de botones al cuello) y mocasines cafés, lo usas prácticamente para lo que quieras. Al saco y los pantalones de ese traje por separado también les podrás dar infinidad de usos, ¿imaginas cuántos *outfits* se te pueden ocurrir con un pantalón gris o azul marino?

2 Los pantalones negros:
Que en el caso de las mujeres también puede ser falda de lápiz. ¿Tienes un funeral? Póntelos con camisa blanca y un suéter negro y listo. ¿Es una cita romántica sensual? Ponte arriba una prenda entallada y escotada y quedarás bien para el entierro (creo que ya me confundí con los ejemplos). Un buen pantalón o falda negros son la pieza más neutra para combinar cualquier cosa. Una vez que ya tengas esta pieza, podrás expandirte a otros colores de falda o pantalón como gris claro, beige, y los ya mencionados gris Oxford y navy. Pero olvídate de los demás colores si aún te falta este aliado ausente de color en tu guardarropa.

3 Tus jeans de batalla:
No me refiero a tus jeans ideales o los que consideras que se te ven mejor, ya que al día de hoy existen tantos cortes, colores y diseños que seguramente tienes unos jeans preferidos que te imaginaste al leer este título. Me refiero a unos jeans con las características que les pusimos a todas las prendas que forman los cimientos de tu guardarropa básico: unos clásicos, prácticos y universales. Hay épocas en que los pantalones de mezclilla se usan más *skinny* o *baggy*, lisos o con diseños, rotos o *sharp*, claros u oscuros, o de cortes más altos o bajos, pero siempre

estará el clásico bluyín (y no es broma, la palabra *bluyín* existe en el diccionario como sinónimo de pantalón vaquero y el autocorrector me lo hizo saber cuando escribí "blue jean"), que será en el tono medio del azul mezclilla (ni claritos ni azul marino), sin deslavados, ni roturas, ni diseños extra. Jeans a la cintura, rectos y que te queden como guante (pegados al cuerpo con comodidad, no te vayas a imaginar un guante de latex o de portero de hockey). Ten pensado dedicarle tooodo un día de *shopping* nada más a esta tarea, pues como ya dijimos, vaya que tendrás opciones al elegir jeans. La tienda departamental será tu mejor aliada, pero no te vayas a rendir hasta encontrar ese par que además de cumplir con los requisitos mencionados, sea cómodo y se te vea de maravilla, ya sea imaginándotelo con camisa y un blazer, con una polo y tenis, o con una gabardina y botas. Por eso serán tus jeans de batalla, pues estarán siempre dispuestos al combate casual sin importar la situación a la que te enfrentes.

4 **La muy muy buena blusa o camisa blanca:**
Y le vas a invertir. Curiosamente, mucha gente o no tiene esta prenda o la tiene de mala calidad. La excusa es que se mancha mucho, se suda o es difícil de lavar, por lo que o se prefieren en colores o se compran en *fast fashion* que duran menos de tres lavadas. Si eres de las personas que piensan así, toma esta prenda hasta como un compromiso para no andarte manchando y empezar a cuidar tus prendas de una vez por todas. Contacta a un buen camisero y hazte una a la medida, en algodón egipcio, popelina inglesa u otra tela con nombre rimbombante que será un deleite al tacto y a la vista de los demás. Si como mujer prefieres blusa que camisa, que ésta sea de seda o materiales naturales y no sintéticos. Esta prenda más que un básico será tu principal

herramienta de poder y pulcritud. Imagínate esa camisa o blusa con tus pantalones negros o falda de lápiz. Ahora imagínala con tus jeans de batalla... ¡en ambos casos funciona! Y si bien cambia la formalidad, el poder y la pulcritud siguen presentes. Una vez que sientas el poder de esta prenda, te seguirás con más y seguro querrás conocer la cercanía que logras con su hermana amable en color azul cielo.

⑤ Las *t-shirts* blanca, negra y gris:
Pareciera que seguimos en el siglo pasado, pues la mayoría de la gente piensa que las *t-shirts* deben ser baratas y no está dispuesta a invertir más que lo que cuestan los paquetes de tres de camisetas interiores de Hanes o Fruit of the Loom. Pero créeme, una buena *t-shirt* se nota, por lo que también inviérteles. Y si los nombres Giorgio Armani, Ralph Lauren o James Perse todavía te asustan para playeras, mínimo contempla los nombres Banana Republic, Massimo Dutti, J. Crew o hasta GAP. Ya sean con el clásico crew neck o con cuello en V, estas camisetas serán tus grandes aliadas de fin de semana al vestir casual. Aunque tampoco tendrás miedo de asistir con ellas a una cena más *nice* de amigos o hasta a una reunión de trabajo, todo el secreto es combinarlas con el saco correcto y el calzado adecuado.

Y para este punto puedes pensar: Alvaro, ¡pero qué aburrido guardarropa me estás armando! Sirva este comentario para no perdernos de que estamos en los cimientos del guardarropa, en lo básico de lo básico, ya tendrás mucho tiempo después para llenar tus cajones de *t-shirts* de diseñador o hasta de bandas de rock vintage, pero mientras no tengas éstas tres, el resto sale sobrando.

6 El blazer a la medida:

O mínimo que te quede como si fuera hecho a la medida. El blazer es la prenda más versátil y hace magia al transformar un *outfit* en otro en segundos: ¿Quieres pasar de pasear a los perros en jeans y *t-shirt* a una comida en un Country Club? ¡Ta taaaan! La magia del blazer. El color más recomendado para tu primer blazer es el navy. De hecho el modelo "naval" es el más recomendado por su versatilidad, y se distingue por sus característicos botones dorados que se verán increíbles ya sea con camisas o con *t-shirts.* Al recomendar que sea a la medida, es porque esta prenda debe seguir a la perfección las líneas de tu talle, caer perfecto sobre tus hombros, y ajustarse a tu cintura con exactitud para gozar la versatilidad que nos da ya sea al vestirlo formal, casual, o hasta en pijama en videoconferencias.

7 El suéter de cashmere:

Suave, ligero y hasta tres veces más caliente que la lana cuando hace frío, pero fresco cuando está templado y la piel necesita respirar. Tener un suéter de lana de cabra de Cachemira además te envuelve en un halo de lujo y refinamiento que se huele a distancia. Al principio el precio te puede asustar, pero su calidad de manufactura y el cuidado que le darás harán que sea una inversión para toda la vida. Además, es la única tela que con el tiempo se hace más suave y por lo tanto más fina, y que por más que la uses, no se deforma o arruga. Prefiere este suéter en un color neutro como el gris o el beige, y con cuello en ligera V para darle más versatilidad al lucir las prendas interiores. Incluso puedes portarlo como única prenda superior. Más vale un buen suéter de cashmere en tu armario, que 10 de lana de *fast fashion.* De hecho, te aseguro que cuando portes tu suéter de cashmere, por mera psicología de la ropa atraerás hacia ti la lana que verdaderamente importa.

8 **El *camel coat*:**
El abrigo más increíble que está de moda desde hace más de 100 años y que aseguro lo seguirá estando. Popularizado en Inglaterra durante las épocas de guerra, donde era más fácil encontrar pelo de camello que lana, este abrigo que inició como ropa utilitaria por su gran calidad y duración dio el salto al mundo como el aliado por excelencia del caballero para cubrir cualquier indumentaria que portara, y de inmediato las mujeres se enamoraron de él también. Hoy, basta con que pongas en Google "camel coat" para que veas en imágenes la cantidad de opciones que tienes para combinar esta prenda que cubre y complementa. Desde el *look* más elegante y clásico, hasta el más chic, bohemio y sofisticado. Si bien hoy la mayoría ya no está fabricada con pelo de camello porque resulta más caro, el color, grosor y corte sigue y seguirá entre nosotros, por lo que no puede faltar en tu armario.

9 **Los zapatos de agujeta y tacones negros:**
El código de autoridad por excelencia. Los famosos *black pumps* (zapatos negros de tacón cerrados) y los zapatos de agujeta en piel negra u Oxford (aunque hay muchos estilos pero ese nombre ya se considera genérico), son tan esenciales como tu ropa interior. De hecho, tal y como tus calzones, es una prenda que casi nadie verá pero te proporciona una gran seguridad. Digo que nadie los verá pues es un calzado muy discreto y que no llama la atención, pero te darán una gran seguridad porque siempre serán correctos y van prácticamente con cualquier indumentaria. Además de ser tu primera opción cuando quieras

comunicar autoridad y poder. Sin embargo, este calzado también puede ser sexy o divertido, todo depende de cómo lo combines. Y si ya me atreví a compararlo con tus calzones, sobra decir que no te pongas los mismos dos días seguidos, que nunca te pongas unos agujereados, y que si te los quitas frente a alguien más, cuides los olores. Y ya que me desvié a la desnudez, estimadas mujeres: además de los *black pumps*, también son un esencial los *nude pumps* (en color "carne"). Si una indumentaria no queda con tus *black* o con tus *nude*, probablemente no quede con nada y tengas que ir descalza.

Sí, ya sé que somos fans de los zapatos y que quieres tener muchos, muchísimos más... ¿pero en serio, debo recordarte nuevamente que estamos en los 15 básicos que no deben faltar?

10 Los mocasines:
Los básicos deben ser los mocasines rígidos de piel o *loafers*. Ya tendrás tiempo para llenarte de *top siders, boat shoes,* flats, ballerinas, suecos y demás. Aunque en el caso de las mujeres, existen unos flats rígidos como los que popularizó Tori Burch que bien pueden hacer las mismas funciones que los mocasines. Así como para los hombres, elegir en esta categoría unos *monk shoes* o zapatos de hebilla también es opción. Ésta será tu elección al vestir cuando quieras verte más casual, pero sin perder la formalidad, por lo que los seleccionarás en el tono de café que más te agrade o en cordobán, que es un color entre vino y guinda que va muy bien en calzado y es extremadamente versátil. De hecho, unos *penny loafers* (llamados así por la tendencia de colocar una moneda en ellos) en este color, deberían ser también un básico de cualquier guardarropa. Ya sea con calcetines o sin ellos, con jeans o con traje, de bermudas o con chinos, los mocasines siempre serán la

opción cuando la situación no amerita agujetas y tacones, pero cuando tampoco sientas que los tenis son bienvenidos.

Aquí quiero hacer un pequeño paréntesis para hablar de los zapatos, principalmente de hombre, aunque también hay de mujer, que son una mezcla entre los tenis o *sneakers* y los zapatos de vestir. Se les empezó a llamar *street shoes, hybrid shoes* y de muchas otras formas, pero en sí son zapatos principalmente de agujeta, pero con suelas anchas de goma y en colores contrastantes. Lo que da como resultado unos zapatos muy cómodos, versátiles y en ocasiones hasta divertidos. Bienvenidos en tu guardarropa, pero como básicos elige primero unos buenos mocasines o monk que unos de esta categoría.

El cinturón de vestir reversible:
Sin importar que vayas a Ferragamo o al rack de marca propia de la tienda departamental, encontrarás cinturones de piel que por un lado son negros y por el otro cafés, con una hebilla que se puede girar o intercambiar. Trata de que sea de hebilla intercambiable pues así podrás jugar con el ancho de la misma si deseas hacerlo más formal (negro con hebilla pequeña) o casual (café con la hebilla pesada) o cualquier punto intermedio. El ancho de este cinturón procura que sea de 4 cm, que es el intermedio entre el formal (3 cm) y el casual (5 cm generalmente) y así puedas usarlo en ambas ocasiones. Cómpralo después de tus mocasines o monks, para que puedas elegir el color de café más acorde. En el caso de las mujeres, el cinturón nunca ha sido un básico sino más bien un accesorio, además, generalmente los cinturones formales femeninos son mucho más delgados, a los 3 cm, y los casuales más anchos que los 5 cm, por lo que puedes hacer caso omiso a esta recomendación, pero mucho ojo a la siguiente, ésa sí es sólo para ti.

12 La bolsa camaleónica:

Sí. Una bolsa tan neutra que tiene la capacidad de adaptarse a cualquier vestuario y situación. Una regla de oro de las bolsas es que mientras más grande más informal y mientras más pequeña más formal. Por lo tanto, para ser camaleónica no es ni pequeña como una clutch ni grande como una tipo tote u hobo, sino la clásica bolsa de mano con asas conocida como *top handle*. Es la bolsa media de 30 o 40 cm que se cuelga en el antebrazo y que pasa de una entrevista de trabajo a una despedida de soltera sin problema alguno. Una amiga mía le dice su "bolsa de señora" (tiene más de 40 años y tres hijos, por lo que el resto de sus bolsas no sé de qué sean), pero es esa bolsa que transmite madurez y que en otro contexto comunica... nada. Es una bolsa y nada más, pues no es un punto focal que llame la atención. ¿Colores? Vete a los neutros: gris, negro, beige, blanco, nude o café, y prefiérela sin ningún tipo de decorado o aplicación, o si tiene alguno, que sea simplemente el emblema de la marca.

Aprovecho para decirles a los hombres que, aunque se mantenga oculta, dentro de tus básicos debes contemplar una buena cartera que se aplique tanto al ambiente social como al profesional, y al formal como al casual. Nunca fallarás con un tarjetero con clip para dinero. Y aunque muchos crean lo contrario, el éxito y poder económico de un hombre es inversamente proporcional al ancho de su cartera, por lo que porta únicamente lo esencial: identificación, tarjetas y el efectivo del día.

13 Los buenos lentes de sol:

Ya aprenderás cuáles son los mejores para la forma de tu rostro, pero yo siempre digo que unos Ray-Ban Wayfarer clásicos en carey deben estar en cualquier guardarropa. ¿Por qué? Porque son un clásico que nunca pasará de moda (llevan vigentes desde los años cincuenta), van con casi todos los tipos de rostro, puedes ponértelos tanto para una boda de día como para un festival de rock, y al ser en carey, pueden combinarse con negro, café o cualquier combinación. Elige los que quieras siempre y cuando les veas esta gran versatilidad.

14 Los relojes formal y casual:

Sí, ya sé. Te estás preguntando quién usa reloj en estas épocas que todos vemos la hora en nuestro teléfono. Pues muy fácil, lo usamos los que sabemos que un reloj es el mejor complemento para cualquier vestuario cuando queremos hacer una declaración de nuestra condición humana. Invierte de acuerdo con tu presupuesto en un reloj formal como pieza de joyería. Y al decir invierte, es dinero que no se pierde y que incluso en muchos modelos con el tiempo se revalúan. Un buen reloj manda un mensaje de éxito y preparación, así como de ser una persona que sabe apreciar lo más valioso que tenemos que es el tiempo. Y no te confundas, no estoy hablando de la corriente ostentación que dan los carísimos relojes de carátula ultra ancha incrustado en piedras preciosas. Estoy hablando del prestigio que dan los valiosísimos relojes sobrios de marcas conocidas por su elegancia e intrincadas maquinarias. Por lo tanto piensa en un reloj formal. Ahora, ten también un reloj casual. Incluso hay muchos con extensibles intercambiables que en uno puedes tener muchos. En esta gama entran también los relojes inteligentes y deportivos biométricos que hablan también de un estilo de vida, y que en ocasiones casuales e informales pueden hasta personalizarse con carátulas.

(15) Los *sneakers* blancos:
Uso el anglicismo *sneaker* porque si les digo tenis, seguro piensas en los de hacer deporte. Estamos hablando de los tenis que las marcas les están diciendo *street* o *urban*. Basta con que busques en internet *street sneakers* o *urban sneakers* y sabrás de los que hablo. Si bien hay de cientos de diseños y colores, empezarás con unos blancos que mantendrás inmaculadamente limpios y que los cuidarás como a cualquier otro calzado. Esa blancura y diseño de calzado harán que puedas estar de tenis en ocasiones en que otros zapatos casuales tal vez desentonarían. Imagínate con tus jeans de batalla, tu *t-shirt* blanca, tu blazer navy y esos tenis, ¡bienvenido al restaurante *trendy* o hasta al viernes casual en la oficina! O visualízate con tu lbd y este calzado, ¿a dónde quieres ir? Los tenis de diseñador en total blancura comunican cuidado y pulcritud. Y los fabrican desde Givenchy, Balenciaga, Gucci y Alexander McQueen, hasta por supuesto Adidas, Nike, New Balance o Puma; elige unos de acuerdo con tu estilo y presupuesto, pero no los veas como unos simples tenis, sino como unos básicos del nuevo guardarropa.

Ahora, tal vez leíste toda esta lista de básicos y no se te antojó ponerte ni comprarte absolutamente nada de lo que mencioné como cimientos. Si esto te pasó, es porque seguramente eres la persona menos básica del mundo y correspondes al pequeño porcentaje de personas de estilo dramático o creativo, en tono muy elevado, que hay en el mundo. Pero si crees que un suéter de cashmire no es tan básico como tu abrigo de pavorreal, o que el zapato de agujeta nada tiene que hacer contra tus plataformas de brillantina, adelante, tus básicos serán tus básicos y todos podemos meter o quitar elementos de nuestra lista de acuerdo con nuestra esencia, objetivos y necesidades de nuestra audiencia. Pues nuca serán igual los básicos de una abogada que de un luchador de lucha libre, o los de una bailarina exótica a los del dictador golpista de una región remota. El chiste es que si vas a comprar un traje sastre, una máscara, unas medias rojas de red o un chaleco táctico camuflado portaarmas, es porque lo necesitas, te queda y te encanta.

Además, el diseño y corte de estas prendas básicas, al elegirlas invariablemente corresponderán a tu estilo, pues de un *little black dress* a otro puede haber un abismo de diferencias. Como también podrás encontrar unos *sneakers* blancos de lo más tradicional a lo más creativo. Y finalmente, una vez que tienes ya tus 15 básicos, empieza la magia del *mix and match* y de empezar a engrosar tu guardarropa con todo lo que utilizarás para expresar tu individualidad y satisfacer tus actividades diarias. A todas estas otras prendas les llamaremos los elementos conceptuales, ya que transforman a los básicos en todo un concepto nuevo. Ejemplos de elementos conceptuales serían unos leggings, unas botas, un sombrero o cualquier elemento que le da mayor versatilidad y dinamismo a tu vestuario.

Mix and match

Mezclar e igualar. Combinar y emparejar. Fusionar y crear. Cuántas traducciones podríamos darle al famoso *mix and match* y todas nos dirían lo mismo: generar algo nuevo a partir de la combinación de elementos. Ya tienes tus 15 básicos y nada más con esta base sólida podrías crear un amplio catálogo de *looks* aplicables a diversas circunstancias. Súmale ahora unas botas por aquí, una chamarra por allá, una mascada amplia, una camisa más festiva o cualquier otro elemento extra de los conceptuales que vayas invitando a tu clóset y las posibilidades se multiplican. Y eso no es todo: cada prenda podrá portarse de manera diferente o sacarse de contexto. Puedes arremangarlas, fajarlas, desabotonarlas, ceñirlas, aflojarlas y personalizarlas de tal forma, que si además le

ORGANIZACIÓN DEL GUARDARROPA

sumas la cantidad de opciones que lograrás con los accesorios, peinados, maquillaje y tu aliño personal en general, ahora sí las opciones son casi infinitas.

Pinterest, Instagram, TikTok, tutoriales en YouTube y el buscador de imágenes de Google son fuentes de eterna inspiración. Todos hemos visto el video de la blogger o el tiktoker que aparecen con una camisa blanca y música de fondo, y que al tronar de sus dedos la camisa se ciñe y faja dentro de una falda de lápiz, mientras el pelo se recoge, y mediante unos lentes y lipstick rojo, se convierte en una sexy ejecutiva empoderada. Pero al siguiente chasquido, la camisa se amarra al frente convirtiéndola en una divertida ombliguera, que combinada con sandalias y sombrero, complementa sus shorts y está lista para la *pool party*.

Sé que lo acabo de caricaturizar, pero no es broma ni burla, mi respeto y agradecimiento a toda esa gente que nos da inspiración con un clic y que me ahorran muchas páginas de este libro, pues nunca acabaría de darte ideas y recomendaciones. Nada más piensa en tus jeans de batalla: arremángalos y ponte una *t-shirt* blanca y tus tenis pulcros. Ahora, déjalos arremangados pero ponte tus mocasines y suéter de cashmere sobre la *t-shirt*. Sigue con ellos arremangados pero ponte tacones o zapato de vestir y el blazer navy con todo y el suéter. Ahora quítate el suéter y deja sólo el blazer sobre la *t-shirt* o una *tank top* entallada con los tacones o zapatos de vestir. Vuélvete a poner los tenis pero déjate el blazer. Quítatelo y ahora ponte la camisa o blusa desfajada. Arremanga ahora la camisa o como mujer desabotónala para mostrar un hombro. Fájala. Ponte los mocasines. Ahora nuevamente el blazer y tacones o zapatos... ¡Y así me podría seguir y eso que no hemos metido ningún accesorio, peinado, maquillaje o prendas extra! Con menos de la mitad de tus básicos hicimos 10 cápsulas aplicables para el picnic de fin de semana, una primera cita (sí: jeans, tacones y una camisa que muestra el hombro puede mandar el mensaje "esto es casual y no le eché muchas ganas, pero también coqueteo y me veo de impacto") o para la presentación de un proyecto en la oficina ante clientes.

Probablemente en el párrafo anterior te saltó la palabra *cápsulas*. Y es que con este término se le conoce a las combinaciones que logramos con nuestros básicos y uno que otro elemento conceptual. El término se usa desde los cuarenta, pero lo divulgó Susie Faux en los setenta con sus tiendas Wardrobe y libro del mismo nombre, en donde expone que un guardarropa debe componerse de pocas prendas que deben intercambiarse para maximizar el número de *outfits* que pueden crearse. A esto se le conocería como armario cápsula (*capsule wardrobe*) y perseguiría el objetivo de tener vestimenta para cada ocasión sin saturarnos de prendas. Si bien Faux lo divulgó, quien lo popularizó fue Donna Karan a mediados de los ochenta, cuando lanzó su colección de siete piezas para la oficina. Pero desafortunadamente en los tiempos actuales (y afortunadamente para los inversionistas de las tiendas de *fast fashion*), el consumismo y las compras compulsivas están a la orden del día por la accesibilidad y aparente precio bajo de las prendas, aunada a la presión de las redes sociales y de la sociedad en general de que al parecer es pecado que te vean dos veces con la misma prenda.

Créanme, en mis redes sociales recibo constantemente comentarios del tipo "esa camisa ya te la había visto" o "¿qué acaso no tienes otro traje?" Y si eso me pasa a mí que soy irrelevante, imagínense la presión que hay sobre artistas, deportistas, influencers, realeza, personajes políticos y figuras públicas en general. Pero lo peor de todo, ¡imagínate la presión que hay sobre ti!, que tiendes a compararte con esas figuras y que muchas veces vives más para Instagram que para el momento. Antes de las redes sociales, tenías dos bodas de círculos sociales diferentes y hasta en ciudades opuestas del mundo, y no te importaba repetir vestido o traje pues nadie se iba a enterar. Hoy, como al parecer si vas a la boda y no subes una historia a tus redes es como si no hubieras ido, o como toda la gente es *paparazzi* ventaneándote en esas historias, la gente evita repetir vestuario o vive con la paranoia de ser retratado y expuesto. Por eso el auge de los negocios de renta de ropa de marca o de una sola puesta. Antes, sólo el hombre en ocasiones rentaba esmoquin o frac y era entendible; hoy, una sorprendente cantidad de personas y en especial mujeres jóvenes rentan vestidos, zapatos, bolsas, lentes, joyería y cualquier prenda visible que te puedas imaginar. Y si no la rentan (y parafraseando a Edward Norton en *Fight Club*, ¿o a Brad Pitt?, da lo mismo y si viste la película lo sabes) pasan su vida comprando ropa que no necesitan, con dinero que no tienen, para impresionar a gente a la que no le importan.

Lo más triste es que la gente oculta esta realidad. Ocultan que rentan ropa y se sienten "inteligentes" por hacerlo. U ocultan que gastan de más y tienen problemas de dinero, sintiéndose "inteligentes" de engañar a los demás con un estilo de vida que no les corresponde. ¿Pero saben lo que es realmente inteligente? Lo que hizo Obama en su gestión, lo que hace Mark Zuckerberg, o lo que hacía Steve Jobs en vida. ¡Son los reyes de LA cápsula! Sí, en singular.

"Steve, ¿qué acaso no tienes otra ropa que ese cuello de tortuga negro, tus Levi's 501 y esos tenis New Balance?" "Mark, esa *t-shirt* gris ya te la pusiste ayer, y anteayer, y el día anterior también..." O, "Señor Obama, ¿otra vez con su camisa blanca y traje y corbata azul marino?", a lo que mi amigo Barak respondería: "¡Sí, otra vez con mi maldito traje azul, pues el día que decidí ponerme uno beige, me pasé una semana entera justificando esa decisión ante sus críticas!"

Estos tres personajes son ejemplos de personas realmente inteligentes que saben que repetir vestuario no es pecado, sino todo lo contrario, es lo más práctico y productivo que pueden hacer. El propio Zuckerberg dice que lo hace porque le permite enfocar su energía a las cosas que verdaderamente importan. Y lo mismo decía Jobs y con humor lo sigue diciendo Obama. A esta tendencia la bauticé como el guardarropa L!sto, por el juego de palabras de que tienes que ser bastante listo para hacerlo, pero porque además despiertas, te pones lo único que hay en tu armario, y ¡listo! Ya quedaste.

Incluso grandes personalidades del mundo de la moda, como la editora de Vogue, Anna Wintour, o el genio de Karl Lagerfeld, optaron por la tendencia L!sto, pues saben que jamás serán juzgados y si lo son, poco importa.

Ahora bien, no te confundas, no estoy diciendo que ya mejor cierres este libro y no te esfuerces pues L!isto y ¡listo! Problema resuelto ese del vestir. Tanto Obama, como Jobs, como Wintour, como Lagerfeld y hasta el mismo Zuckerberg adoptaron esta corriente en la cúspide de sus carreras. Todos tuvieron que esforzarse en la decisión de cómo vestir y en los mensajes que comunicaban para llegar hasta donde llegaron. Y lo siguen haciendo, ¿o acaso has visto que el creador de Facebook se presente en jeans a sus juicios y comparecencias? ¡Obvio no! Pedirle perdón al Senado es cosa seria y el miedo no anda en burro... ni viste de t-shirt gris.

Bueno, estábamos hablando de cápsulas y del mix and match y me desvié un poco... pero ¿sabes qué? Si ya tomé este desvío ahora me meto en otro callejón (espero que con salida, pues muchos se van a sentir atacados) sobre ciertas prendas que a mi parecer no tienen nada de "listas", sino que son bastante inútiles, aunque entiendo perfecto el fenómeno, lo respeto, y en cierta medida hasta lo admiro. De hecho, debo confesarte que evité meterme a este callejón en el capítulo "Psicología de la ropa" para evitar controversias, pero ya no me puedo morder más la lengua y ahí te va. Hablemos sobre marcas de lujo.

Marcas de lujo

Si le preguntaras a uno de esos ostentosos anuncios andantes: si tuvieras todo el dinero del mundo, ¿te seguirías comprando esa ropa de marca plagada de logos? Seguro te respondería que sí. Pero la realidad es que si tuviera todo el dinero del mundo, no necesitaría exhibirlo y por lo tanto nunca pensaría en esas prendas. Yo no veo a Jeff Bezos, Elon Musk o a Bill Gates mostrando marca...

¡Dime de qué presumes y te diré de lo que careces!, dice el dicho; como también hay otro más directo en inglés que dice: "Broke people act rich, rich people act broke".[9]

Percepción, neurociencias, marketing emocional y demás elementos confabulando en tu cerebro para que hagas la acción más inconsciente y estúpida de todas al vestir: gastar una fortuna en una prenda que no lo vale... ¿O sí lo vale?

No quiero contar el caso de la firma de bolsas con planta en China que las vende como francesas hechas a mano, o de la línea de producción zapatera en Rumania que luego los ofrece como zapatos hechos en Italia a precios estratosféricos. Tampoco quiero hablar de cómo los empleados que laboran en estas plantas ganan el mínimo y deben firmar estrictas cláusulas de confidencialidad para no revelar los trucos. Y mucho menos quiero decirte de cómo sus estrategias de mercadeo juegan con una falsa sensación de escasez, mientras en trastienda tienen una bodega llena de un producto que les cuesta 30 dólares hacer y que mucha gente está dispuesta a comprar en tres mil.

¿En qué cabeza cabe pagar un sobreprecio que le deja a sus creadores una utilidad de 100 veces el valor de su costo de producción? ¡En ninguna! ¿En qué corazón...? ¡Uuuuy, en muchos! En todos los corazones que han hecho de la industria de las marcas de lujo uno de los negocios más redituables de los tiempos modernos.

---

[9] La gente en quiebra actúa como rica, la gente rica actúa como en quiebra.

EL MÉTODO P.O.R.T.E.

Empecemos definiendo qué características debe tener una marca para que se considere de lujo. Lo primero es exclusividad: significa que no todos puedan tener acceso a ella ya sea por precio o por escasez. Lo segundo es la calidad, entendiendo que el proceso de hechura es todo un arte al que se le invierten horas y sólo unos pocos artesanos pueden fabricar. Y lo tercero es la experiencia de compra, que casi siempre se traduce en un trato y servicio personalizado que te hace sentir especial.

Imagínate entonces una pieza de alta relojería, de la que sólo se fabrican 10 ejemplares, con intrincadas complicaciones en sus maquinarias ensambladas a mano y fabricadas con metales preciosos, y con la obtención de una membresía para pertenecer a un club exclusivo lleno de experiencias posteriores a su compra. Todo un lujo, ¿no lo crees?

Pero unos Crocs de plástico hechos en molde por una máquina cuyo único diferenciador de los otros Crocs son unas plataformas y un pin que dice Balenciaga, difícil de entender, ¿no lo crees?

Y es que al día de hoy, de todas las características enumeradas, tristemente el precio es el rey. Si bien la aplastante mayoría de las marcas de lujo que hoy conocemos inició con todas las características antes mencionadas, al día de hoy, el único valor agregado que proveen es el valor emocional, siendo éste el más importante de todos con un altísimo precio a pagar. Caro es igual a "lujo" en las marcas actuales.

Y no sólo es el precio, sino que actualmente debe notarse que se está portando una marca de "lujo", por lo que los emblemas y diseños cada vez son más ostentosos y llamativos. Y decíamos que no siempre fue así, pues las casas de moda de lujo empezaron como firmas que lo que más cuidaban era la calidad, y al cuidar la calidad, se hacía un producto exclusivo pues no podían producir mucho y había escasez, elevando el precio. Pero luego vinieron los avances en la producción y cayeron en manos de grandes conglomerados que vieron lo redituable del negocio basado en "produce barato y vende caro", y el resto es historia. Ahora, la experiencia es comprar online o ser mal atendido por un desganado dependiente que se siente el dueño de la marca en un centro comercial o avenida pretenciosa. Y no sólo eso, sino que ahora han surgido muchas marcas nuevas sin la trayectoria de las grandes firmas, que se atreven a venderte unos tenis que parecen Converse viejos de basurero por un precio de 600 dólares... ¡Y los venden!

¿Por qué estoy hablando y al parecer despotricando sobre todo esto? ¿Quién es actualmente el consumidor de las marcas de lujo? Antes, era el consumidor con experiencia y con conocimiento, una persona que buscaba lo mejor de lo mejor, *bon vivants* y sibaritas que se rodeaban de lujos y de los grandes placeres de la vida. Ésos eran los clientes de los Guccis y los Diors de antes, pero al día de hoy, o son consumidores hedonistas ostentosos a los que no les importa derrochar su dinero siempre y cuando la gente se entere de que lo hicieron, y son la minoría, o compradores aspiracionales, con los que realmente hacen negocio las marcas de lujo y a los que normalmente no les alcanzaría para llevar ese tren o estilo de vida, pero ahorran o se endeudan pues aspiran a llegar a cierto estatus que ven en los famosos, como artistas, deportistas, influencers y demás fauna que obtiene mucha riqueza de la noche a la mañana, pensando que entran a su mundo y reconocimiento al portar esas mismas prendas.

Por eso es que las marcas han atentado contra lo que antes las hacía de lujo: la calidad basada en la elegancia y la discreción, y por eso empezaron a poner cada vez más grandes sus emblemas y hacer su ropa más llamativa y a regalarla a los famosos: para presumirla, para ostentarla. Por lo tanto, las marcas de lujo dejaron de ser elegantes y empezaron a ser más dramáticas y hasta agresivas. Agreden a la vista, agreden a la discreción, agreden a la pobreza en el mundo y agreden a toda lógica sobre el valor de las cosas.

Piensa entonces qué imagen proyecta el que porta al día de hoy marcas de lujo. Y ojo, hablo de ciertas marcas de lujo, porque sin duda siguen existiendo muchas marcas que todavía cuidan la calidad, exclusividad y experiencia de compra. Pero el que se convierte en un llamativo emblema andante de los pies a la cabeza, lo que comunica es mal gusto y poca conciencia social, por lo que se le percibe como alguien frívolo, superficial y con poca valía más allá de su dinero. Es tal cual como si con un megáfono fueras por la calle diciendo los ceros de tu cuenta bancaria, o si te pusieras billetes de alta denominación engrapados a la ropa y salieras así a la calle. ¿Qué diría la gente? ¡Pues que qué mal gusto! Por eso Coco Chanel también decía que "algunas personas piensan que el lujo es lo opuesto de la pobreza y no lo es. Es lo contrario de la vulgaridad".

Ahora, no estoy diciendo que sea malo, ¿lo vale o no lo vale? Ya sabes que la imagen es relativa y también sabes sobre el poder psicológico de las prendas, por lo que si en tu contexto ese mal gusto es coherente y hasta paradójicamente se convierte en "buen gusto" o "clase", pues adelante, siempre y cuando ese hedonismo, aspiración y ostentación sea coherente con tu imagen y con lo que haces.

Te decía que no ataco a las marcas de lujo, hasta las admiro, porque para terminar este sermón veamos lo que realmente estamos comprando con ellas: es la emoción. Es el sentimiento lo que te pones y no la prenda. Por eso mencioné hace un rato el valor emocional, ese que en el capítulo "Psicología de la ropa" mencionamos que pone a pelear la identidad objetiva contra la identidad emocional. Deja de ser una bolsa de plastipiel o una bufanda tejida de lana, y se convierte en estatus, prestigio, glamur, pertenencia y envidia, ¡eso es lo que compras! Haces transferencias emocionales del tipo: "Si esta bolsa es muy buena, cara y exclusiva, por lo tanto yo soy bueno, caro y exclusivo" o "Si la gente desea estos productos y yo los tengo, la gente me va a desear a mí". Y entonces la gente lo que está comprando es algo que llene sus vacíos e inseguridades emocionales.

¿He comprado marcas de lujo? Sí. Sí lo he hecho, pues nadie es inmune a su seducción. Y lo he hecho sobre todo para regalar, pues dejo de regalar un cinturón y empiezo a regalar todos los sentimientos descritos. Salgamos pues de esta desviación y este callejón en el que por supuesto no tengo la razón y en el que tú puedes tener la tuya. Sólo ten mucho cuidado si además de mal gusto estás transmitiendo hipocresía, falsedad, ostentación, presunción o carencias emocionales. Y creo que no tengo que explicarte qué es lo que comunicas si además de todo esto la prenda es pirata, ¿verdad?

Pero en fin, basta de desviaciones pues este apartado estaba dedicado a los cimientos del guardarropa y al sinfín de posibilidades que podemos lograr con los elementos básicos mezclados entre ellos y complementados con los elementos conceptuales. Como decíamos, el único límite será tu imaginación y tu capacidad de crear o imitar, ya que el azúcar de imitación también es dulce, y hoy vivimos en la mejor época para encontrar inspiración con un clic y adueñarnos del *mix and match* de los demás.

TU PROPIO *PERSONAL SHOPPER*

Uno de los servicios más frecuentes y comunes de un asesor en imagen física es el servicio de *personal shopper*, consiste en ayudar a personas en el proceso de selección de lugares para ir de compras, elección de prendas y administración de presupuestos. Para realizar este servicio, el asesor en cuestión además de tener los conocimientos propios de su formación profesional, debe saber identificar la esencia y estilo de su cliente, conocer sus objetivos y detectar las necesidades de sus audiencias, así como conocer el presupuesto del cliente y realizarle todos los estudios de morfología y color que aprenderemos en los capítulos siguientes. Debe conocer también los comercios de la ciudad en donde va a realizar las compras, comercios de los que se llevará una comisión sobre la venta, además de los honorarios que le cargó a su cliente. Por lo que quitando el tema de la comisión, al terminar de leer este libro considero que tendrás todos los requisitos necesarios para ser tu propio *personal shopper.*

A mi parecer, el principal beneficio de contar con un *personal shopper* es que ayuda a que el proceso de compra sea más cerebral, pensando de la forma más objetiva para hackear al sistema. ¿Recuerdas el sistema de recompensa del cerebro que nos hacía comprar de más y que vimos en la sección "Por qué compramos" del capítulo "Psicología de la ropa"?

Decíamos que nuestro cerebro es un adicto al placer y que erróneamente nos hacía creer que necesitábamos algo, así como prometimos que le daríamos la vuelta para hackear nosotros a nuestro cerebro y comprar de una manera más inteligente. Pues bueno, ha llegado el momento, veamos el proceso de compra desde esta óptica objetiva que se convierte en el verdadero valor agregado de los *personal shoppers.* Desarrolla esta forma de abordar las compras y conviértete ahora en tu verdadero y objetivo comprador personal.

Lo primero que hay que hacer para ganarle al sistema es romper la tentación que nos produce el sistema de recompensa ante las rebajas, las tendencias y la facilidad de los tiempos actuales de comparar con un clic. Tenemos que vencer a la emoción e involucrar la razón para saber que la compra que haremos realmente hará un cambio sustancial en nuestra vida. Por lo tanto, no vayas de compras a ciegas delegando la responsabilidad a tu intuición, porque si no tienes una estrategia bien definida, terminará por ganar el sistema, ya que el corazón es vulnerable y le encanta lo bonito que se siente comprar. Para tener una estrategia bien definida, tenemos que tener una guía, y esa guía es nuestra *lacklist.*

Irás de compras con tu lista de lo que realmente necesitas y te vas a apegar a ella, comprometiéndote a que está "prohibido" comprar cualquier cosa que se salga de la misma por más que esté en oferta y sientas que es una gran oportunidad. Debes saber que la única oportunidad real que dan las rebajas es la de gastar nuestro dinero. Los inversionistas de la bolsa de valores no van comprando acciones nada más porque estaban baratas. Invierten en ellas después de hacer un análisis y saben ver cuándo hay una oportunidad real o es simplemente una baratija que hasta cara les puede salir. Lo mismo al comprar ropa, no por estar barato quiere decir que lo debas comprar. Ahora bien, no te confundas, las rebajas no son malas, pues si está en la lista de lo que necesitas y además está en oferta: ¡Qué maravilla! Cuando compras porque el artículo te encanta, lo necesitas, lo vas a usar y además está en rebaja, el sistema de recompensa ahora sí se va al nirvana.

Apégate a un presupuesto: debes tener muy en claro tu disposición a invertir en las prendas de esa lista. Al ir de compras sin presupuesto no tendrás un parámetro sobre lo que consideras "caro", "barato" o "justo". Y lo entrecomillo porque el precio de la ropa es muy relativo. Una gabardina beige en Target te cuesta 40 dólares y en Burberry tres mil. Las dos harán la misma función y lograrán el mismo objetivo sabiéndola portar, y si bien la calidad y duración de la prenda no está en discusión, a lo que quiero llegar es que unas carteras podrán soportar una, otras, las dos o ninguna, haciendo que tachen esas prendas de caras, baratas o justas, sin importar qué marca sean. Hecho tu presupuesto, podrás elegir cuáles son los comercios a los que te conviene ir a comprar, así como asignar un promedio presupuestal a cada prenda de tu lista, sabiendo que cada prenda que consigas debajo de ese promedio será un ahorro que podrás invertir en otro artículo o guardarlo para así nunca gastar de más. Un consejo que te doy es que tengas un presupuesto mensual para el rubro "vestir". Esto no quiere decir que forzosamente lo tengas que ejercer, sino que mentalmente sabrás que tienes al año un recurso destinado para esta partida, para que así cuando tengas que hacer la inversión no te duela tanto, pues desde que inicia el año lo tienes contemplado. Ten muy claro siempre tu presupuesto, pues si no es así, comprar tendrá repercusiones emocionales contrarias a las que queremos generar, como pueden ser la culpa y el arrepentimiento.

Numera tu *lacklist* en orden de prioridad: si bien el objetivo es que tengas en tu guardarropa todo lo que verdaderamente necesitas, habrá prendas que tal vez por su poderío o utilidad son más indispensables que las otras. Esta priorización la harás sobre todo cuando consideres que el presupuesto es un limitante. Esta numeración de prioridades te servirá para que cada vez que selecciones una prenda, tu cerebro pueda cuestionarse: con lo que cuesta esta prenda, ¿qué otras cosas podría comprar que fueran prioridad? Y de entrada, ¿esta prenda es prioridad?

Una vez que tienes tu lista de prioridades y presupuesto establecido, podrás ir a la cacería de prendas disparando con mira láser y no con escopeta. Con esto me refiero a que la atención se centrará en buscar una prenda en específico, blindándonos contra el bombardeo de tentaciones que son los escaparates, los maniquíes de acceso y los anaqueles llenos de rebajas y piezas en tendencia o de nueva temporada. De esta forma, si lo que vas a buscar es un blazer azul, todo lo que no entre en esta categoría debe ser invisible para ti, para que una vez que llegues a donde tienes las opciones que sí entran en esa categoría, te centres en el filtro del gusto personal y luego en el del precio. Una vez que sabes que esa prenda realmente la necesitas, te gusta y está dentro de tu presupuesto, pasas ahora al filtro más importante de todos al comprar y que es preguntarnos: ¿Me queda?

Responder a la pregunta ¿Me queda? es pasarla por los cuestionamientos de la relatividad de la imagen: ¿me queda de acuerdo con mi esencia y estilo, objetivos y necesidades de mi audiencia? Y por supuesto someterla a los parámetros de lo que la naturaleza nos dio y que aprenderemos en el capítulo "Reconocimiento 3C": ¿Me queda según mis colores y metrías y morfologías corporales? Siendo el comportamiento más natural de este último cuestionamiento la acción de ver la talla de la prenda. Y sobre tallas quiero abrir un apartado especial.

Ropa a la medida

Si bien las reglas se hicieron para romperse, hay una que te recomiendo respetar. La regla de que toda la ropa de tu clóset debe quedarte como si fuera hecha a la medida. Esto significa a la mesura de tus formas y proporciones con el objetivo de favorecer tu figura, ya que la ropa debe fluir con las líneas de tu cuerpo y estar pegada a él para resaltarlo, para que así luzcas tú con las prendas y no sólo ellas.

No te confundas, no estoy diciendo que la ropa deba ir embarrada al cuerpo ni estoy hablando de presumirlo en un proceso de seducción (que además la gran mayoría de nosotros no podemos ni queremos hacerlo), sino que estamos hablando de que si la ropa no fluye de acuerdo con nuestras formas, inevitablemente nos veremos desaliñados y como si trajéramos puesta la ropa de alguien más.

Éste es uno de los principales errores al vestir si no es que el principal: usar una talla que no corresponde. La ropa demasiado grande te hará ver como una persona sucia, descuidada y torpe (ve a Tontín de Blancanieves cómo lo estereotipan), incapaz (has escuchado alguna vez la frase: "Le quedó grande el traje") y de poca confianza (¿qué te hacen sentir las tribus urbanas tipo cholos o gángster rap que se visten con ropa XXXL?). Incluso si tienes sobrepeso o extrema delgadez, deja de pensar que la ropa holgada te hará lucir mejor porque oculta la carne de más o de menos. ¡Todo lo contrario! La resaltará como aprenderás cuando hablemos de escalas. Y estoy convencido de que los hombres cometemos mucho más el error de vestir con tallas más grandes que las mujeres.

Ahora bien, mujeres (y hombres con la falsa idea de que la ropa *skinny* los hace ver *skinnies* o fuertes), la ropa demasiado entallada nos hace ver poco higiénicos y dinámicos, además de resaltar todas las deficiencias e imperfecciones corporales que pudiéramos tener, sin olvidar también los desagradables efectos cuando se marca nuestra ropa interior y hasta lo que hay debajo de la misma. La gran mayoría de las veces la ropa demasiado entallada genera repulsión más que atracción.

Si leyendo esto pensaste en las tendencias de moda *oversize* o ultra *fit*, debes saber que incluso en estas tendencias la talla sigue jugando un papel fundamental. Y si bien al terminar el libro sabrás qué es lo que mejor te queda y acomoda, debemos dejar en claro tres conceptos fundamentales de la talla al momento de comprar:

1 **No te esclavices a un número:**
Conozco mujeres que son talla S en Chico's y L en Zara. Como también conozco a muchísimos hombres que si les dices que les calculas que son talla 16 y medio, 36 de camisa y 40R en saco, se te quedan viendo con cara de *what?*, pues su cerebro sólo procesa que son talla M.

Las tallas varían de tienda en tienda, incluso dentro de la misma marca, varían de una prenda a otra. Por lo que nunca pienses que eres de una talla exclusiva ni llegues a comprar con la programación mental de que sólo la ropa de equis talla te va a quedar. Peor aún, no te dejes engañar que por ser una talla menor tendrás "mejor" cuerpo. El sueño de la talla 0 es simplemente eso, un sueño y capricho de alguien. ¿Quién inventó que la talla 30-32 que internacionalmente vendría etiquetada como XS se llamaría en algunos lugares talla cero? ¡Quién sabe! Pero si sufres de manera estúpida midiéndote con ese parámetro pensando que sería ideal ser de esa talla, hazte un favor de una vez por todas y deja de ver las tallas, y mejor empieza a ver cómo luce la prenda en tu cuerpo. Es más, si te hace feliz ser talla cero, en este momento decreto que ya lo eres y te doy permiso de cambiarle las etiquetas a todas tus prendas con ese nuevo número estampado. ¡Problema resuelto! Por lo tanto, nunca trates de meterte en una talla menor sólo porque el número dice que es "el tuyo", ni te sientas mal al verte bien en una prenda que trae estampado un número o letra que nunca antes habías comprado. La gente te verá a ti en esas prendas y no la numeración que traen adentro. Sólo a ti te importa y te tiene que dejar de importar.

Ahora bien, no te confundas como si estuviera diciendo que no cuides tu cuerpo y te dejes ir a lo ancho, o que no procures mantener una figura en línea pues finalmente la talla no importa pues es nada más un número. ¡No! ¡La talla sí importa y muchísimo! Por eso desde el inicio dije que hay que respetarla. Lo que no importa es su clasificación y etiquetado. Y por supuesto que hay un estándar internacional que nos sirve como guía y referencia, y que podría perder el tiempo y gastar hojas de este libro poniendo tablas y su conversión según tus medidas. Pero sería inútil. Ya que aun con esas guías, no existirá una total exactitud y precisión en tu talla de manera universal, de modo que la recomendación es bastante sencilla... ¡pruébate la ropa! Sí, ya sé que suena simplista, pero ya que no estás casado con una talla en específico, veamos la segunda recomendación.

Pruébate en bonche:

2 ¡A granel, pues probarse la ropa no cuesta! Llévate al probador la talla que creas que eres por mera referencia, pero llévate también dos arriba y dos abajo de la misma. Por esta razón es que soy más partidario de comprar en tiendas departamentales que en boutiques, pues no solamente tendrán más opciones de tallas, sino también de marcas y estilos de prendas similares. Por ejemplo, ¿quieres encontrar tus jeans ideales?, en una tienda departamental encontrarás al menos una docena de marcas y cada una con una variedad de modelos, a las que si le sumas el rango de tallas que te probarás, ¡imagínate el número de opciones que obtenemos para elegir! Sin duda saldrás con los mejores jeans que has tenido. Además, en las tiendas departamentales los vendedores trabajan por comisión, por lo que suelen ser más serviciales en ayudarnos a encontrar la talla ideal y a hacer los viajes necesarios del vestidor a la tienda, hasta encontrar la prenda que les dejará dinero.

¿Y qué pasa con el *shopping online*? Pues adelante y bienvenido cuando ya sabes la especificación de la prenda o deseas reponerla, o bien, compra online si estás dispuesto a aguantar el ir y venir de devoluciones de prendas hasta dar con la talla ideal, o la disposición a perder tu dinero cuando no hay devoluciones. Por más gráficas de referencia que tienen los sitios para elegir la talla adecuada en la compra online, nunca será exacta para tu cuerpo por lo que nada sustituirá el probártela. Entonces, en la compra digital también tendrás que confiar más en el personaje de nuestra tercera y última recomendación de tallas.

3 **Ten un buen sastre:**
O una buena costurera o cualquier persona que se dedique a arreglar ropa como oficio. No estoy hablando de tener un diseñador o sastre de trajes a la medida. Estoy hablando de tantas personas que han heredado el arte de modificar las prendas de generación en generación. Ese sastre de barrio de toda tu confianza o la señora que hace zurcidos invisibles y arreglos desde su casa. Personas que tienen el ojo clínico más preciso de los cuerpos y que con una barra de gis y alfileres hacen magia. Ese costo extra

hace que cualquier prenda pase de un "Meh..." a un "¡Wow!" Toda prenda puede ganar, incluso quedar como si hubiera sido creada específicamente para ti si se la llevas a estos expertos y sencillamente les consultas: ¿Qué harías tú para que esta prenda me quedara mejor?

Ya que te probaste la prenda y estás en total convencimiento de que la necesitas, te encanta, está en tu presupuesto y te queda, bienvenido ahora sí el caramelito del sistema de recompensa cerebral que es comprar.

Ahora bien, no quiero verme purista y limitativo al negarte el placer de comprar algo de vez en cuando por mero capricho. Si ya sabes que en tu clóset tienes lo que realmente necesitas, y además te sobra el dinero, ¡adelante! Es momento del capricho y no soy nadie para prohibirte tus placeres. Pero sí te voy dar algunos consejos sobre cuestionamientos muy positivos que tenemos que hacernos ante esas compras placenteras e impulsivas, para que esas prendas realmente sumen y puedan sobrevivir a las siguientes limpiezas de guardarropa. Ante caprichos siempre cuestiónate: ¿Me encanta o tengo dudas? Ante la menor duda, déjala. Una compra impulsiva debe hacerse porque realmente te encantó la prenda y llevártela es ahora o nunca. Si hay duda, créeme que es mero *shopping* de ocio y no la vas a usar.

¿No tengo algo similar que haga las mismas funciones? Si tienes una prenda parecida que podrías combinar de la misma forma y portarla en los mismos contextos, no dupliques. O bien, compra consciente de que esa nueva prenda será el remplazo de la otra.

¿Me quiero sumar a la tendencia? Muchas de las compras de capricho son impulsadas por las tendencias de la moda. Que si está de vuelta el *tie dye* o que si Beyoncé salió el otro día con unas botas hasta los muslos. La realidad es que las tendencias así como llegan se van, y la mayoría de las prendas en tendencia son tan visibles que si las repites constantemente, pierden su impacto inicial. Y lo *cool* que te sentiste la primera vez que llegaste con esa *hoodie tie dye*, o cuando te chulearon tus botas azota Jay-Z, sólo se siente las primeras veces, por lo que son prendas que tienden a envejecer muy rápido en tu afecto y como vinieron se van en la siguiente auditoría. Si tu cartera aguanta las tendencias y no andas sacrificando compras básicas de tu lista de necesidades, bienvenido el capricho.

¿Puedo usarla a más de un nivel? Las prendas podrías usarlas en estos cuatro niveles: formal, casual, profesional y social. O lo que es lo mismo, para ir a trabajar o para salir a recrearnos de formas más estructuradas o relajadas. Muy pocas prendas cubrirán los cuatro niveles. Se me ocurre de momento un delgado suéter gris que fácilmente podrías usar en cualquier nivel. Por lo tanto, una compra de capricho que puedas usar en más de un nivel ya será ganancia. Si esa compra nada más te la imaginas en un contexto, ya decidirás tú si el gasto vale realmente la pena.

La última pregunta de compra impulsiva es: ¿Sigue esta prenda la "regla de tres" al comprar? Toda prenda en tu guardarropa debe entrarle al juego del *mix and match*, por lo que si puedes imaginarte esa prenda con al menos tres *outfits* enteros, adelante, tendrá más probabilidades de aguantar en tu clóset. Al comprar tienes que pensar en *outfits*, no en prendas. Pensar en atuendos y no en la solitud de la ropa.

Finalmente, el *shopping* debe hacerse con calma y de manera cómoda, pues el agobio, la incomodidad y la prisa son los peores enemigos. No vayas con hambre, lleva ropa práctica fácil de quitar y poner para facilitar el probarte la ropa, y evita llevar cosas que te hagan cargar de más como abrigos o bolsas grandes. Lleva la ropa interior y el calzado que usarías con las prendas que pretendes comprar, y destina un tiempo muy abierto y libre en agenda para realizar con calma esta labor. No te desgastes si no encuentras la pieza ideal. Recuerda que tú estás juzgando a las prendas y no ellas a ti. Tú tienes la situación de poder y no los vendedores o dependientes, ¡y mucho menos tus acompañantes! De hecho, mi consejo es que vayas de compras en solitario. Estudios demuestran que la compañía al comprar te hace gastar de más por tratar de impresionar o satisfacer a otros en lugar de satisfacerte a ti (Kurt, 2011), además de que tus acompañantes te apresuran o te detienen y pueden afectar tu estado de ánimo. El 80% de las personas dijo que odiaba ir de compras con sus parejas y 45% dijo que lo evitaba a toda costa, pues se aburrían o acababan peleando (Mair, 2018). Compra por ti y para ti, así como limpiaste y auditaste sólo por ti y para ti.

Llegamos al final del capítulo sobre organización de guardarropa correspondiente a la letra O de este método. Y cerramos el capítulo como lo abrimos, recordándote que todo lo que está en tu clóset te debe encantar, debe cumplir con un objetivo, debe quedarte, debe estar en buen estado y lo debes usar. ¡Ordena tu clóset y ordenarás tu vida!, repetimos en varias ocasiones, pues ya sabes que como es adentro será afuera y que en la puerta de tu armario empieza el camino a eso que llamamos éxito y felicidad.

Veamos ahora cómo reconocer lo que la naturaleza nos dio, y que será nuestra materia prima para trabajar el cuerpo ideal. Vámonos con la letra R de este método pero, por favor, que a partir del día de hoy te importe mucho la organización del guardarropa, y una vez más... ¡que te importe mucho el P.O.R.T.E.!

RECONOCIMIENTO 3C:
CUERPO, CARA Y COLOR

"La moda es arquitectura, una cuestión de proporciones."

"El mejor color del mundo es aquel que te favorece."

Coco Chanel (1883-1971)

EL CUERPO IDEAL

"El ombligo es el punto central natural del cuerpo humano. En efecto, si se coloca un hombre boca arriba, con las manos y los pies estirados, situando el centro del compás en su ombligo y trazando una circunferencia, ésta tocaría la punta de ambas manos y los dedos de los pies [...] la figura circular trazada sobre el cuerpo humano nos posibilita el lograr también un cuadrado: si se mide desde la planta de los pies hasta la coronilla, la medida resultante será la misma que se da entre las puntas de los dedos con los brazos extendidos" (Vitruvio, 27 a. C.).

Ad quadratum y *ad circulum*. Métodos empleados por el Imperio romano para diseñar construcciones y que relacionan la geometría con la arquitectura en un sistema de perfectas proporciones. En ellas, se entiende al cuadrado y al círculo como unidades rectoras en repetición para lograr balance y armonía. Estos conceptos fueron compilados por Marco Vitruvio Polión, quien fue arquitecto de Julio César, en su obra *De architectura*, donde ejemplifica múltiples aplicaciones de estos conceptos de diseño a diferentes ramas de la ciencia y el arte, siendo los ejemplos más relevantes y atractivos los que él seguro nunca imaginó que trascenderían hasta el día de hoy: los de las proporciones del cuerpo humano.

Proporciones descritas con precisión matemática como las que cito textualmente al inicio de este apartado, u otras que dicen cosas como: "El rostro, desde la barbilla hasta la parte más alta de la frente, donde están las raíces del pelo, mide una décima parte de la altura total", o: "Desde el esternón hasta las raíces del pelo equivale a una sexta parte de todo el cuerpo", y: "La frente mide igualmente otra tercera parte del rostro".

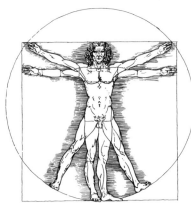

La obra original de Vitruvio no contenía ilustraciones, y si bien es conocido que Petrarca lo implementó hacia el ocaso de la Edad Media, 15 siglos después de su creación, Vitruvio retomó un gran impulso gracias a su redescubrimiento por Leonardo da Vinci, quien se enamoró de estas proporciones matemáticas del cuerpo humano, e hizo el famoso dibujo que ilustra estos conceptos: el Hombre de Vitruvio.

Este redescubrimiento e implementación de la proporción está considerado como uno de los grandes logros del Renacimiento, pues este dibujo no es sólo apreciado como el símbolo de la simetría ideal del cuerpo humano, sino del perfecto diseño y armonía del universo en todo su conjunto.

A donde quiera que volteemos hay ejemplos de armonía y proporción que nos regala la naturaleza. La tienen las flores y las ramas de los árboles, la encuentras en nuestras orejas y manos, y hasta nuestra cadena de ADN o toda la galaxia siguen una regla de oro en cuanto a su estructura y composición, que dota de armonía y balance su existencia.

Como es una regla de oro, se le conoce como la proporción áurea. Una fórmula matemática basada en un número algebraico irracional, y que trata de un patrón basado en el rectángulo circunscrito en sí mismo, repetido en proporciones determinadas hasta el infinito. Quizá el Hombre de Vitruvio sea su representación más famosa, pero desde tiempos inmemorables las civilizaciones las han venido utilizando como inspiración para las artes, la arquitectura y la creación en general, pues si esta fórmula es la que rige los patrones de la naturaleza, resulta que nos rige a nosotros. Por eso a esta proporción dorada también se le conoce como el Número de Dios.

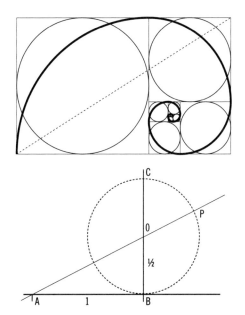

Clávate lo que quieras en estas teorías y secuencias, pues son de esas cosas en la vida que son explicables e inexplicables a la vez, y que hacen que explote nuestro cerebro de asombro, ya que nos hacen reflexionar sobre el origen y sentido de nuestra existencia como parte de un plan maestro superior que alguien diseñó. Pero como yo de matemático, teólogo, astrofísico o metafísico tengo lo que tiene Keith Richards de abstemio, y este libro es sólo sobre imagen física, mejor solamente digamos que el ojo humano tiene preferencia por la armonía sobre el caos. Y al vestir no es la excepción.

Es lógico, cuando en nuestro cerebro se producen disonancias incoherentes, nos esforzamos en generar ideas nuevas para encontrar una explicación y tratar de reducir la tensión cerebral pretendiendo que los elementos en caos encajen entre sí. O dicho de otra forma, cuando vemos a alguien vestido con prendas que no van de acuerdo con su cuerpo o cromometría, 20 000 changos empiezan a gritar y a pelearse en nuestro cerebro tratando de responder a las preguntas: ¿¡Qué está pasando!? y ¿¡cómo fregados se le ocurrió ponerse eso!?, debatiéndonos entre la opción de arrancarnos los ojos o simplemente mirar a otro lado y rechazar la causa de nuestro ruido mental.

Por eso vamos a procurar la proporción, pues lo que deseamos es poner en balance y armonía nuestro cuerpo con esa geometría sagrada a través de la ropa. Buscaremos el orden mediante ese número ideal, y todo lo que vamos a reconocer en este capítulo y que aplicaremos con trucos en el capítulo siguiente estará al servicio de esta palabra que tanto hemos repetido: PROPORCIÓN, PROPORCIÓN y más PROPORCIÓN.

La proporción no es otra cosa más que la relación armónica de correspondencia entre las partes y el todo. Esta relación descansa en la armonía entre las constantes y las magnitudes que se vayan a medir en relación con ese todo. Creo que estamos regresando a ponernos matemáticos y ya no quiero que el cerebro nos vuelva a estallar, por lo que sólo quiero que prestes atención a que proporción no significa exactitud. No vamos a basarnos en la matemática racional y en la relación de los números naturales con sus enteros. No vamos a dividir 10 entre dos para que nos dé la aburrida exactitud del cinco y ser perfectamente equitativos al partir por la mitad. ¡No! Vamos a confiar en ese orden que ya nos dio el universo desde nuestra concepción, y lo que vamos a hacer es utilizar la matemática irracional, para que si dividimos entre dos, mágicamente estemos ordenando todo hacia ese diseño áureo original, que está basado en el número irracional que rige la armonía del diseño universal.

Y es que la naturaleza, aunque nos acercó bastante, no nos hizo tan exactos como el Hombre de Vitruvio. De hecho, Leonardo en su dibujo corrigió algunas proporciones elaboradas por Vitruvio y añadió otras que para él se acercaban más a nuestro diseño ideal. Como que 24 palmas hacen a un hombre, que desde el centro del pecho hasta la punta de los dedos será igual a la longitud de toda la pierna, o que desde la planta del pie hasta debajo de la rodilla, o que desde debajo de la rodilla al comienzo de los genitales serán medidas iguales que corresponden a la cuarta parte del cuerpo.

Éstas son sólo algunas de las medidas ideales, porque luego tendríamos que meternos a explorar las formas ideales de cara y cuerpo, que también se enuncian desde tiempos remotos para lograr el balance y la armonía que dictan los cánones de la proporción. Diseño "ideal", le llamaba Leonardo. Medidas, formas y proporciones "ideales", les seguiremos llamando también en este libro. Pero hay que dejar muy en claro que estamos usando la palabra *ideal* en su acepción más pura: ideal, como lo perteneciente o relativo a una idea. En este caso, a la idea de lograr el balance y la armonía del todo relacionada con cada una de sus partes. La idea de adecuar lo que la naturaleza nos dio, a la sorprendente idea de diseño de la proporción áurea. La idea de lograr una proporción corporal agradable, diferenciando lo suficiente para crear puntos de interés, pero no tanto y que se genere desbalance. Y la idea de que el ojo humano prefiere la armonía sobre el caos. Ese ideal es el que buscamos.

Nunca confundas en este texto la palabra *ideal* como cuando se usa como sinónimo de *mejor, perfecto, bonito, envidiable, preferible*, o cualquier otro adjetivo relacionado con la subjetividad de la belleza. ¡Por favor no te vayas a confundir! Si hablamos de la forma "ideal" de cuerpo, no estamos hablando de la mejor forma de cuerpo o de la más envidiable. O si hablamos de la medida "ideal" de cara o hasta del color "ideal" para ti, no estamos hablando de las medidas perfectas o del color más bonito. Simplemente estamos hablando desde la objetividad de la IDEA de que si nos acercamos al concepto de proporción áurea, nuestro cerebro estará más dispuesto a aceptar lo que se le presenta, y no a rechazarlo.

Por lo tanto, no hablaremos del mejor tipo de cuerpo o la mejor forma de cara, hablaremos del cuerpo y la cara ideales desde la fría idea matemática. Porque si habláramos sobre cuál es el mejor cuerpo o la mejor cara, la conclusión sería muy sencilla: ¡el mejor cuerpo es el que la naturaleza te dio, y la mejor cara es la que ves todos los días frente al espejo! Partamos de la autoaceptación, para después aprender a sacarle mayor provecho a lo que la naturaleza nos dio, pues amar tu ser, es también saber explotar tu parecer.

Y para explotar nuestro parecer y generar una estrategia visual para acercarnos al ideal proporcional, lo primero que tenemos que hacer es reconocer lo que la naturaleza nos dio. Por eso en este capítulo haremos el reconocimiento 3C, abreviatura para recordar la composición de nuestro cuerpo, cara y color, para después adecuarlos a los ideales, siempre recordando que el cuerpo más perfecto es éste que nos tocó para disfrutar esto que llamamos vida. ¡Veamos pues cómo reconocernos!

ANTROPOMETRÍA Y CARAMETRÍA

Con estos nombres se le conoce desde la ciencia de la imagen al estudio de las medidas del cuerpo y de la cara. Recordarás que la proporción áurea lo que busca es diferenciar lo suficiente como para crear puntos de interés, pero no tanto para que se creen desbalances. Esa misma proporción divina también apuesta a un diseño universal que los grandes iniciados en el arte han utilizado como inspiración para la creación de sus grandes obras y hacerlas balanceadas e interesantes. Recuerda que balance no es exactitud de medida. Para la mayoría de las personas, una proporción dividida en dos mitades exactas ofrece muy poco interés y llega a ser aburrida. Un edificio de medidas exactas se convierte en un edificio sin chiste, que difícilmente ganaría un galardón arquitectónico, como también cuando vemos un cuadro creado por líneas exactas partidas por la mitad nuestro cerebro rápidamente lo interpreta y no queda nada más que siga captando el interés de nuestro ojo. ¡Aburrido! Cosa opuesta a los que hacen las grandes obras de arte, que nos permiten darle una lectura constante a las composiciones, deleitándonos con el interés de los detalles y llevando nuestros ojos de un lado a otro. En el extremo opuesto, una proporción donde una parte domina totalmente a la otra robándole la gran mayoría del espacio visual, suele interpretarse como desbalanceada o carente de equilibrio, lo que no provocaría falta de interés sino todo lo contrario, captaría tanto la atención que opacaría al resto y probablemente añadiría disgusto.

La manera de generar puntos focales interesantes sin perder el balance será crear en un todo una parte más pequeña que la otra, pero lo suficientemente grande como para no perder el espacio visual, y dejando la otra parte más grande, pero no tanto que domine y se pierda la armonía. Suena complejo pero no te confundas ni preocupes de más, no pretendemos lograr en nuestra cara y cuerpo lo que los grandes maestros del arte se esfuerzan en lograr con sus obras al buscar la proporción áurea de 2/3 a 1/3 o de 3/5 a 2/5. ¡Nuestro cuerpo ya está prácticamente diseñado para lograr esta mágica proporción! Ya somos interesantes por naturaleza. Sólo tenemos que cuidar no salirnos de ese interés generando desbalances, pues si no también alguna parte de nuestra cara y cuerpo opacaría al resto, y se convertiría en tal punto focal que le restaría atención al conjunto, generando señalamientos y posible rechazo visual.

No es momento de ver cómo lograr el balance; ése será tema del capítulo "Trucos ópticos". En este capítulo es momento de reconocer lo que la naturaleza nos dio, y de entender el ideal a seguir en cuanto a medidas de nuestra cara y cuerpo. Decía que nuestro cuerpo ya está prácticamente diseñado para lograr la proporción áurea, pero la palabra *prácticamente* trae implícita un "casi" o un "más o menos". Y es que 99.99% de las personas no tenemos las medidas ideales de cara y cuerpo. De hecho, esta estadística extiéndela también a los apartados de forma de cara y cuerpo que veremos después. La estadística es real, no estaba usando un lenguaje hiperbólico. Sólo una de cada 40 000 personas cumple con los requisitos de tamaño y forma ideal (Wolf, 1991). Nos acercamos, pero no contamos con las características ideales del Hombre de Vitruvio, por lo que así como vamos a cuidar no generar desbalances, procuraremos también acercarnos lo más posible a la estética de las medidas ideales.

Conozcamos entonces las medidas ideales de cuerpo y cara, y veamos qué tan cerca estamos de ellas, para así generar un diagnóstico que nos ayude en su momento a saber qué adecuaciones debemos hacer para lograr la armonía visual. Descálzate y ponte ropa cómoda lo más entallada al cuerpo, como leggings o ropa de licra en general, o mejor aún, ponte traje de baño, quédate en ropa interior, o usa tu traje de Adán y Eva para medirte mejor, y busca implementos de medición como una cinta métrica, un flexómetro, una regla, una escuadra y hasta un tallímetro para medir de manera más cómoda. Ten a la mano dónde hacer anotaciones y registrar las cuantificaciones, y ahora sí sin más preámbulo, ¡vamos a tomarnos la medida!

Medición del cuerpo

Al día de hoy existen muchos programas que podemos usar los consultores

RECONOCIMIENTO 3C: CUERPO, CARA Y COLOR

en imagen pública y asesores en imagen física para sacar las medidas del cuerpo y presentar un diagnóstico a nuestros clientes, pero hay un cierto encanto de seguir haciendo la toma de medidas de manera artesanal, pues hay mayor cercanía e interacción con el cuerpo. Por lo que si bien tú podrías hacer todo lo que vamos a explicar a continuación sobre una fotografía y sacando las medidas a escala, te recomiendo que lo hagas de manera artesanal, para que a través de estarte moviendo y midiendo puedas apreciar mejor lo que la naturaleza te dio en cuanto a medidas corporales. Lo primero que tienes que hacer es buscar una pared amplia y lisa sobre la que puedas pintar o jugar un poco. Cualquier pared de tu casa puede funcionar, ya que solamente pintarás ligeros puntos de referencia y éstos pueden hacerse con lápiz o cualquier otro utensilio que se pueda borrar. También puedes marcar las referencias con tachuelas o cualquier elemento pequeño que puedas pegar, como las famosas flechas o banderitas de Post-It. A mí en lo particular me gusta mucho hacer las mediciones sobre espejos de cuerpo completo, pues además de marcar las mediciones con plumones lavables, permite verte y establecer una relación más cercana con tu cuerpo durante el proceso.

La primera medición que harás es la más lógica y la que te hicieron desde el día que naciste y te hacían en cada visita al pediatra, así como también es la medida que tomaban de referencia para ver si ya podías subirte a un juego mecánico o que tomabas como parámetro con tus amigos juntando espalda con espalda. Tomarás tu estatura real y exacta al día de hoy.

Y digo real y exacta, pues ¿hace cuánto no mides tu altura? Todos vivimos con una idea aproximada de lo que medimos, pero hace mucho no nos sometemos a un tallímetro médico preciso o hacemos el ejercicio que hacían mamá y papá de ponernos sobre una pared e ir marcando con rayitas nuestra evolución de crecimiento. Así que vamos a hacerlo. Recárgate de espaldas contra la pared y párate de manera erguida pero natural, como la haces con regularidad, de nada te sirve aquí ganarte unos cuantos milímetros como le hacíamos cuando éramos pequeños y hasta de puntitas nos parábamos. Colócate tal cual como lo haces todos los días pero cuida mucho que tu espalda esté totalmente recargada a la pared y que tus tobillos estén juntos, pues estar despegados de la pared o tener las piernas muy separadas sí puede alterar la medición. Coloca una regla, una escuadra o el cásico recurso de un libro en tu cabeza y recárgalo contra la pared. Aquí si tienes un nivelador o regla niveladora (esas que se usan para colgar cuadros derechitos y que tienen una burbuja que indican la rectitud) sería ideal. También te recomiendo que para esta parte pidas ayuda a alguien de confianza para lograr mayor precisión en las mediciones. Y digo de confianza por eso de que andamos ligeros de ropa, y también porque más adelante mediremos otras partes del cuerpo más cercanas a zonas de mayor intimidad.

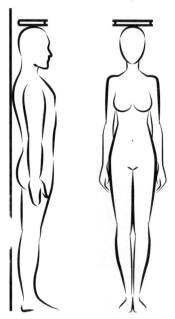

Ya que tienes tu altura real, divide ese número entre dos, lo que nos dará la medida ideal de torso y piernas. Si bien semánticamente la palabra *torso* no incluye a la cabeza, en temas de imagen física hacemos la excepción y contamos como torso toda la parte media superior de nuestro cuerpo. Ya que tienes anotada tu estatura y la medida ideal de torso y piernas, viene el momento de conocer la medida real de los mismos, de modo que te colocarás nuevamente sobre la pared, pero ahora pondrás la regla o el nivelador a la altura exacta del quiebre de la pierna y la cadera y harás ahí la marcación intermedia. Seré más explícito y descriptivo para que entiendas mejor cuál es el punto exacto de separación entre tu torso y piernas: estando de espaldas contra la pared, levantarás la rodilla para que tu muslo quede en escuadra o línea perpendicular a tu cuerpo. Tocarás la parte superior de tu muslo donde se hace el doblez con tu ingle y cadera, y llevada esa altura a la parte exterior de tu cadera que queda pegada a la pared, es el punto que deberás marcar en la misma para obtener tu medida real de torso y piernas.

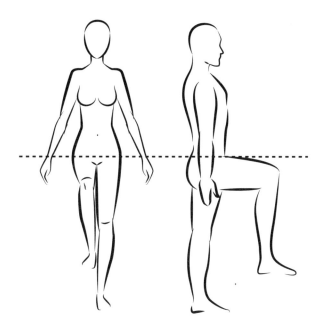

Medirás ahora cuánto hay entre esa marca intermedia y el piso, y entre esa marca y la de tu cabeza. Con la primera obtendrás tu medida real de piernas y con la segunda tu medida real de torso. Ahora compárala con la medida ideal de torso y piernas que sacaste dividiendo tu altura entre dos y saca conclusiones. ¿Hay diferencia de 2 cm o más entre las mediciones ideales y reales?

139

Si la respuesta es sí, perteneces a la aplastante población que no tenemos las piernas y el torso en equilibrio, y deberás diagnosticar según tu caso si tienes las piernas largas y el torso corto, o las piernas cortas y el torso largo, y con cuánta diferencia. Puede darse el caso de que alguna parte esté ligeramente más corta o larga con 2 cm de diferencia, o que exista un desbalance que se considere ya mayor de 6 cm o más.

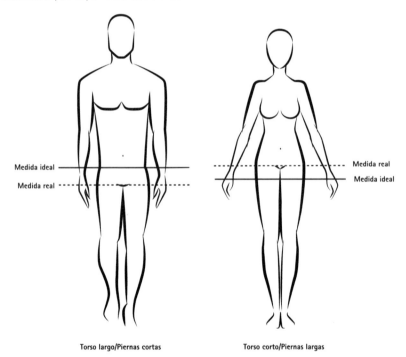

Torso largo/Piernas cortas   Torso corto/Piernas largas

Ya te podrás imaginar que el secreto estará en alargar o acortar la parte que sea necesaria para acercarnos lo más posible a nuestra medida ideal. Pero todavía no terminamos de medir, pues ahora la medida ideal de torso y piernas debe dividirse nuevamente entre dos para obtener la medida ideal de segmento. O lo que es lo mismo, dividir nuestra altura total entre cuatro.

Y es que el cuerpo humano se divide en cuatro secciones que se enumeran de abajo hacia arriba:

1er SEGMENTO: del piso al quiebre de la rodilla o corvas.

2o SEGMENTO: de las corvas al quiebre de la pierna con la cadera.

3er SEGMENTO: del quiebre de la pierna con la cadera a las axilas. A este segmento también se le conoce como talle.

4o SEGMENTO: De las axilas a la parte superior de nuestra cabeza. A este segmento se le conoce también como busto.

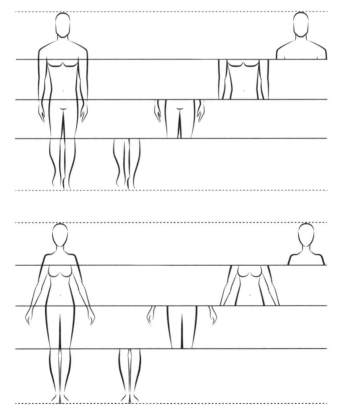

EL MÉTODO P.O.R.T.E.

Dijimos que dividiendo nuestra altura real entre cuatro o nuestra altura ideal de piernas y torso entre dos, obtenemos la medida ideal de segmento. Toca el turno ahora de medirnos de manera segmentada y de comparar nuestros resultados con la realidad. Para ello regresaremos a ponernos de espaldas a la pared, pero ahora con los brazos extendidos de manera horizontal para colocar el punto de referencia de medición exactamente a la altura de nuestras axilas, y así marcar la altura que dividirá al cuarto y tercer segmento, para después colocarnos de perfil pegados a la pared y doblar nuestras rodillas llevando los talones hacia los glúteos, y colocar la regla o instrumento de referencia exactamente en el doblez de nuestras corvas, para marcar en la pared la referencia que separará al primer y segundo segmento. De esta forma en la pared ya deberás tener marcados los puntos de referencia de los cuatro segmentos y podrás medir cada uno de manera real y compararlos con la medida de segmento ideal. Luego hay que detectar las variaciones existentes, y en caso de haber tenido desbalance de torso o piernas, detectar exactamente si en algún segmento en específico se está generando el desbalance o si es en el conjunto de ambos.

Por ejemplo, una persona puede tener el torso corto y las piernas largas, pero dentro del torso, puede ser el talle la parte más pequeña y la que esté generando el desbalance, o bien el talle y el busto pueden ser de medidas similares y generar el desbalance entre los dos. Así con todas las posibles combinaciones entre segmentos que te puedas imaginar. Cada cuerpo será diferente y será extremadamente extraño que no exista ninguna diferencia entre segmentos, y si es el caso, felicidades, Da Vinci te pudo haber contratado como modelo para el Vitruvio, pero aun así deberás hacer conciencia de que ópticamente al vestir no puedes salirte de esas medidas ideales con las que la naturaleza te dotó.

Para este punto ya tienes anotada tu estatura y medidas reales de torso y piernas y de cada uno de los segmentos. Ahora metamos tres variables más de medición corporal que es importante contemplar al momento de producirnos físicamente.

La primera medición es la de tu cuello. Y más que una medición exacta, es sólo considerar si por su altura lo catalogarías como un cuello corto, mediano o largo. El cuello, al ser lo que separa el cuerpo con la cabeza, siempre ha tenido un peso importante en la estética y ha sido motivo de decoración, incluso de alteración. Los collares fueron de los primeros accesorios de la humanidad, y todos hemos visto fotografías de las mujeres padaung de Birmania, que desde niñas les colocan unas argollas de latón en espiral para hacer su cuello exageradamente largo. Y no, no lo hacen porque un cuello largo sea un símbolo de belleza femenina, sino que lo hacen por todo lo contario. Los estudios antropológicos han llegado a la conclusión de que esa práctica inició para afear a las mujeres y evitar que fueran deseadas y esclavizadas por otras tribus. Por lo tanto, ni largo ni corto, la medida del cuello ideal según la proporción de Vitruvio y las posteriores anotaciones de Leonardo Da Vinci equivale a la palma de la mano de manera horizontal, o como yo la bauticé, la medición de ahorque.

Claro que existe toda una medición exacta que usamos los que nos dedicamos a esto de manera profesional, para no tener que solicitarle a nuestros clientes que se ahorquen cada vez que les hacemos mediciones. Lo que hacemos es medir con un vernier o calibrador la distancia entre el final del lóbulo de las orejas y la base del músculo esternocleidomastoideo que descansa en la clavícula. Si quieres hacerlo así, adelante. Los parámetros de medición en adultos son: si la medida es de 6.5 cm o menos, el cuello es corto, de 6.6 a 9 cm es mediano, y de ahí para arriba es largo. Pero como para nuestros fines la exactitud precisa no es tan importante, sino que sólo buscaremos alargar el cuello o acortarlo en caso de no estar en la media, la técnica del ahorque es más que suficiente. Así pues, llevarás cualquiera de tus manos al cuello y procurarás que el dorso de tu mano descanse por completo en las clavículas, o dicho más coloquial, que la base de tu mano del lado donde tienes el meñique se recargue sobre los huesitos que tienes bajo el cuello. Y extenderás la mano de manera firme, con los dedos juntos y con el pulgar levantado, para sólo medir con la distancia que hace tu palma del índice al meñique. Mantendrás la cabeza derecha conservando una postura en la que tu línea de visón sea paralela al piso, sin hacer el cuello para atrás o adelante permitiendo más o menos espacio a la mano.

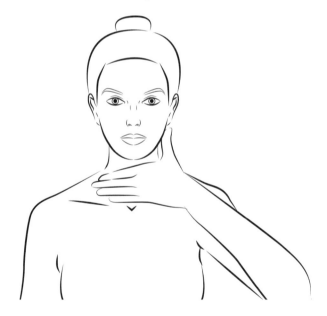

Si te cabe bien la mano o de manera relativamente exacta entre tus clavículas y el mentón, la medida del cuello es medio. Si no cabe la mano completa o tuvieras que batallar o elevar la cabeza para que cupiera, tu cuello es corto, y si cabe la mano completa y sobra espacio al grado de que pudieras bajar marcadamente el mentón, tu cuello es largo. Si de plano no pudiste meter la mano entre el mentón y las clavículas porque tienes mucha papada, las recomendaciones que seguirás son las de cuello corto, ya que sin importar la medida real del cuello, la papada hace el efecto de como si no tuviéramos.

La segunda medición extra a las de los segmentos va relacionada con la complexión física y la estructura ósea. A esta medición le llamamos en el mundo de la imagen física simplemente como escala, y se saca midiendo la circunferencia de la muñeca de la mano que no se usa, pasando la cinta métrica sobre el hueso carpiano que sobresale, dándonos como resultado escalas pequeñas: de 14 cm a menos, medias: de 14.1 a 16 cm, y grandes: de 16.1 cm en adelante.

La última medición es más bien una categorización de tu estatura de acuerdo con la altura promedio de tu sociedad. Y así podríamos catalogarnos dentro de la estatura promedio, alta o baja. Pero esto es extremadamente relativo y también ha sido motivo de complejos y discriminación, sobre todo para las personas que no llegan al promedio y entran en la catalogación de estatura baja. Al grado de que en el lenguaje antropométrico, los consultores en imagen pública, asesores en imagen física y personas de la industria del vestuario en general usamos el eufemismo *petite* para referirnos a quienes entran en esta categoría, cuando en realidad no hay parámetro alguno para concluir que ser de mayor o menor estatura sea definitorio para el éxito o fracaso en la vida en general. Claro que las personas altas tendrán más posibilidades de sobresalir en el basquetbol y las bajas como jockey de carrera de caballos; así como ser alto es una desventaja al viajar en avión y ser bajo al tratar de tomar algo de una estantería elevada. La altura es bastante relativa y podríamos enlistar prejuicios positivos y negativos que se les atribuyen a personas altas y bajas. Sin embargo, a pesar de haber mencionado que no

145

EL MÉTODO P.O.R.T.E.

hay parámetros reales para concluir que la altura sea definitoria para el éxito o fracaso, tristemente sí hay muchos estudios que comprueban que por
desgracia sí hay parámetros mentales, y que la discriminación por altura es
una realidad.

Esta discriminación llamada también alturaismo la sufren personas cuya
altura se encuentra por debajo del rango promedio de la población. Los estudios más ligeros demuestran que es causa de *bullying*, y los más avanzados
indican que el cerebro humano usa la altura como un factor de estatus social
y de aptitud. Incluso hay estudios que han comprobado que los bebés de tan
sólo 10 meses asocian inconscientemente la altura con el potencial de liderazgo, el poder, la fuerza y la inteligencia. Y por supuesto que el prejuicio es
más fuerte cuando se evalúa a hombres que a mujeres.[10]

Sé que es un tema sensible y que se presta mucho a debate e interpreta-
ción, por lo que nada me gustaría más que soltarme con una reflexión sobre
la importancia de romper con los prejuicios que nos limitan personalmente
o que limitan y discriminan a los demás. Pero no es momento ni lugar. Ya
abriremos diálogo sobre el tema de autopercepción y de la importancia de
esforzarnos en cerrar las brechas que abren los prejuicios estéticos. De momento sólo quiero recalcar que si veremos en este libro recomendaciones y
trucos para vernos más altos, no es para seguir abonando al prejuicio de que

---

[10] Si te interesa el tema o conocer los estudios en los que me basé, consulta las fuentes:
A. T. Judge y D. M. Cable (2004). "The Effect of Physical Height on Workplace Success and
Income: Preliminary Test of a Theoretical Model", *Journal of Applied Psychology*. N. Per-
sico, A. Postlewaite y D. Silverman (2004). "The Effect of Adolescent Experience on Labor
Market Outcomes: The Case of Height", *Journal of Political Economy*; R. Blaker, V. Dessing
y V. Herschberg (2013). "The height leadership advantage in men and women: Testing
evolutionary psychology predictions about the perceptions of tall leaders"; G. Stulp, A. P.
Buunk, S. Verhulst y T. V. Pollet (2015). "Human height is positively related to interpersonal
dominance in dyadic interactions"; S. Feldman (1971). "The presentation of shortness in
everyday life—height and heightism in American society: Toward a sociology of stature",
American Sociological Association.

mayor altura es igual a mejor altura, es simplemente para sacarle mayor provecho a esa parte de nuestra naturaleza, y sobre todo para aprender a jugar con las escalas de las prendas, como veremos en el capítulo "Trucos ópticos". Pues igual de desbalanceada y desproporcionada lucirá una persona *petite* que porte accesorios *oversize*, que una persona alta que luzca microaccesorios. Todo será una cuestión de armonía entre nuestra altura y escala, y la escala de lo que nos ponemos encima. Ahora bien, si tu intención es lucir más alto o alta, también veremos cómo. Así como también podremos llevar esas recomendaciones a la inversa si lo que deseamos es vernos más bajos, pues también me he topado con muchos clientes, sobre todo mujeres, que tienen complejo por ser muy altas y lo que desean es sobresalir menos. Sea cual sea tu caso, te digo lo que siempre menciono a mis clientes: ¡Explota lo que tienes! Ser una persona muy alta o baja puede ser el factor que te haga interesante en temas de proporción.

Regresando al tema de catalogarnos por estatura dentro de la media de nuestra sociedad, debes saber que la persona adulta, como media global, mide entre 1.65 a 1.80 m en el caso de los hombres, y entre 1.55 a 1.65 m en mujeres, según la red de colaboración científica NCD-RisC, que lleva este control estadístico a nivel mundial. Si te das cuenta el rango es bastante amplio, por lo que una vez más reitero que la altura es relativa, ya que en México la media es de 1.70 m para los hombres y 1.60 m para mujeres, mientras en los Países Bajos, la altura de los hombres se eleva al promedio de 1.82 m, y en el pequeño país de Timor Oriental, entre Australia e Indonesia, el promedio de altura de la mujer es de 1.51 m; así que el hombre *petit* holandés es muy alto en México, y la mujer alta en Timor es de estatura promedio en México y muy *petite* para los Países Bajos. Por eso para este libro usaremos la media latina, que es la más acorde al público hispanoparlante al que va dirigido este texto, aunque si quieres tener información más precisa de tu país, visita la página de la asociación referida u otra base de datos autorizada de estatura promedio para mayor precisión. Dicho esto, puedes clasificarte como:

Estatura alta: mujer arriba de 1.67 m y hombre arriba de 1.74 m.
Estatura promedio: mujer de 1.60 a 1.67 m y hombre de 1.67 a 1.74 m.
Estatura baja o *petite*: mujer de hasta 1.59 m y hombre de hasta 1.66 m.

Aprovechando que tienes una cinta métrica y antes de pasar al reconocimiento de las medidas de la cara, podrías sacar y anotar otras medidas de tu cuerpo que son interesantes saber, más no fundamentales a la hora del vestir. Estas medidas son las que dictaminan tu talla y se toman en pulgadas por estándar mundial. Las más comunes son las de cintura, pecho, cadera, cuello, espalda, largo y ancho de pantalón, caída de hombro, largo y ancho de manga, sisa y tiro. Pero créeme que no quiero dedicarle hojas e ilustraciones de este libro para enseñarte a medir algo que probablemente nunca utilizarás, pues ya acordamos que te probarás la ropa antes de comprarla, y si te la mandaras a hacer, un profesional del vestuario te tomará las medidas para la confección de la prenda. De modo que si quieres medirte por mera curiosidad, sobran tutoriales en YouTube para aprenderlo. Ahora bien, sí te recomiendo que algún día te pongas en manos de una persona que se dedique a la sastrería o la costura para que te tome las medidas y las guardes, ya que cada vez la compra de ropa por internet va en aumento, y como ya mencionamos las prendas suelen traer especificaciones y tablas de referencia y acabamos midiéndonos de manera artesanal frente a la compu o teléfono con altas probabilidades de fallo. Tener una tablita con nuestras medidas principales será de utilidad en esos momentos.

Bueno, para este punto ya tienes un diagnóstico de las medidas de tu cuerpo, en donde tienes anotada tu estatura y escala clasificadas como alta, media o baja, y grande, media y pequeña. La altura de tu cuello y su clasificación en largo, corto o medio. La relación de longitud entre tus piernas y torso con su conclusión de piernas largas/torso corto, piernas cortas/torso largo o piernas y torso en equilibrio, y la precisión numérica de diferencias entre cada uno de los cuatro segmentos de tu cuerpo.

Pero no guardes los instrumentos de medición: toca el turno de ver las medidas de la cara y conocer sus parámetros ideales. Sólo te pido que te vayas recogiendo el pelo lo más que puedas, o que te lo mojes y relamas para dejar la frente y las orejas despejadas. Y que para esta parte sí te tomes una foto de cara totalmente frontal y sin sonreír, pues con ella vamos a trabajar. O si quieres verte muy pro, consigue un calibrador vernier grande, que es con lo que medimos la cara los consultores en imagen pública y asesores en imagen física, cuando nos encomendamos a nuestras manos y no a los programas de medición digital.

Medición de la cara

"Del mentón hasta la base de la nariz, mide una tercera parte del rostro. La frente, igualmente, mide otra tercera parte del rostro". Éstas son dos de las proporciones descritas por Vitruvio desde principios del siglo I, las cuales fueron tan precisas que Leonardo no les hizo ninguna adecuación, y siguen tan vigentes que prácticamente las citaré de manera textual en este libro.

Nuestro rostro sin duda es el principal punto focal de nuestro cuerpo y en el que descansa nuestra interacción diaria. Estamos diseñados para leer y reconocer rostros, pues después interactuamos con ellos en el mundo, nos relacionamos y satisfacemos nuestras necesidades en común como sociedad. En el rostro tenemos los ojos y la boca, elementos clave para abrir o cerrar canales de comunicación, y en el rostro y sus músculos descansan la transmisión de nuestras emociones y sentimientos, por lo que no creo necesario profundizar en por qué es importante trabajar en lograr un rostro armónico y balanceado. Simplemente hay que decir que mientras más simetría y relación proporcional exista entre los elementos de un rostro, mayor será el nivel de aceptación que éste genere, favoreciendo y facilitando la interacción personal.

Existe una palabra de relativa nueva creación que me encanta. Es un término acuñado por el estilista francés Claude Juillard y que los maquillistas usan mucho para referirse al estudio de las líneas y geometría del rostro con el fin de exaltar la belleza, disimular el desbalance, o incluso alterar las facciones. Esa palabra es *visagismo* y proviene del francés *visage*, que significa "rostro", y el sufijo ismo, usado para formar sustantivos que designan doctrinas y términos científicos. Por lo que el visagismo sería la doctrina o la ciencia del rostro.

Si bien el término se emplea en el ámbito de la estética para diseñar maquillaje y peinado, creo que se pude elevar a todo el estudio de las medias, formas y proporciones del rostro, para explotar y balancear las características físicas personales, lograr el equilibrio de los rasgos faciales y así conseguir objetivos personales relacionados con la aceptación. El concepto englobaría lo que estamos viendo en este apartado de carametría, lo que veremos en el de caramorfología, incluso todo lo que veremos cuando toquemos el tema de color adecuado a la persona enfocándonos en el rostro. En fin, sólo quería dejarlo como un agregado cultural pues reitero que me agrada el término. ¡Veamos ahora sí cómo medirnos la cara!

Te decía que los que nos dedicamos a esto utilizamos como herramienta de medición un calibrador vernier, pero como estamos haciendo este ejercicio de manera individual e independiente y para medirte con este artículo es necesario el apoyo de alguien más y enseñártelo a usar, vamos a confiar en tus grandes o nulas habilidades en el manejo de programas de edición fotográfica para trabajar todo a escala. De hecho, los consultores en imagen pública también trabajamos sobre fotografías y sólo utilizamos el vernier para sacar la medida real en centímetros y encontrar y cuantificar con precisión las diferencias, ya que las mediciones se toman en un plano visual bidimensional y no sobre el volumen real de nuestra cara, o para que lo entiendas mejor, se toman de forma recta con instrumentos de medición rígidos separados del rostro y no con una cinta métrica de tela pegada a la cara.

¿Pero qué crees? Que al día de hoy todos tenemos en nuestro bolsillo un vernier de extrema precisión con las apps de medición de superficie de nuestros teléfonos. De hecho, los iPhone la traen ya cargada y no es necesario ni bajarla, basta con que te des una vuelta por tu tienda de apps y verás la cantidad de aplicaciones de medición de superficies que existen y que usan tu cámara para sacar longitudes.

Dicho esto y habiéndote tomado la foto frontal con el pelo recogido que solicitamos, carga esa foto en el programa de alteración fotográfica de tu preferencia y vamos a trabajar sobre ella. Si bien Photoshop o Ilustrator son los reyes para esta tarea, el ejercicio puedes hacerlo directo desde las apps de medición que mencionamos o hasta en Power Point o Word.

La primera medida que sacaremos es la altura facial que determina el largo de la cara. Para ello trazarás una línea vertical sobre la fotografía que divida tu rostro en dos mitades justo por la mitad y sobre el centro de tu nariz, tomando como punto de referencia de inicio la parte más alta de tu frente donde se junta con el nacimiento del pelo, y terminando en la base del mentón hacia el punto más al sur de tu barbilla en donde en la fotografía se junta con el cuello. En caso de no tener pelo, el punto de referencia superior sería el vértice craneal o coronilla, o sea, donde empieza tu cabeza y por lo tanto tu retrato. A esa línea que trazaste le darás una medida en centímetros en escala de acuerdo con el tamaño de la foto en la que estés trabajando, o mejor aún, le asignarás la medida real de tu rostro que tomaste con la app de medición o el vernier. De hecho, conozco a mucha gente a la que le gusta trabajar sobre impresiones de la fotografía en tamaño carta y hacer todo este trabajo de líneas y mediciones con una regla y lápiz de manera rústica, pero dándole un cierto encanto artístico al proceso. Eres libre, el chiste es que tienes que tener una medida para el largo de tu cara y que el parámetro de medición que elegiste sea el mismo durante todo el proceso.

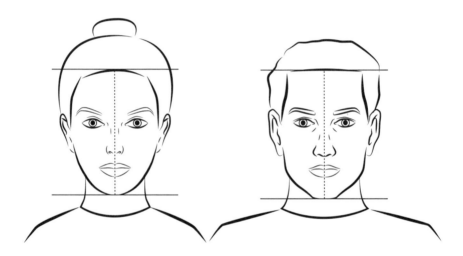

La segunda medida a sacar es la que determina la longitud del rostro a lo ancho, tomando como referencia en la fotografía el extremo de una oreja al otro, uniendo con una línea horizontal los dos puntos más al extremo de las mismas. De igual manera, a esa línea le darás una medida basándote en la misma escala a proporción o real que decidiste usar para todo tu sistema de medición.

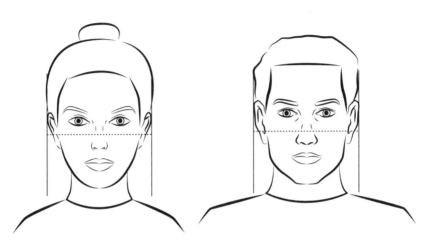

Para este punto tenemos nuestro primer diagnóstico que es saber si tenemos la cara más larga que ancha, o equitativa en su largo y ancho. Será extremadamente complejo que entres en el pequeñísimo porcentaje de la población que tiene el rostro más ancho que largo, y que generalmente se da este efecto por un tamaño prominente de las orejas. La medida ideal del rostro dicta que la cara tiene que ser más larga que ancha, ¿en cuánto?, no hay un parámetro exacto que nos hayan dejado Vitruvio o da Vinci, porque finalmente nuestro rosto nos arrojará las medidas ideales en cuanto saquemos las mediciones por segmento que veremos a continuación, pero varios textos afirman que la proporción ideal de nuestro rostro en relación con su largo y ancho correspondería proporcionalmente a las mismas distancias que tiene un huevo. ¿Y cuáles son éstas? ¡Ni idea!, mejor dejémonos de huevadas y veamos las medidas ideales relacionadas con el largo y ancho de nuestro rosto.

Como cité al inicio de este apartado, Vitruvio decía que: "Del mentón hasta la base de la nariz, mide una tercera parte del rostro. La frente, igualmente, mide otra tercera parte del rostro", lo que nos deja como conclusión que el segmento sobrante donde se encuentra la nariz también debe medir un tercio de nuestra cara. Éstas son las medidas de segmento ideal, por lo que debes dividir el largo de tu altura facial entre tres, y así obtendrás la medida ideal de cada segmento que son:

1er SEGMENTO: de la base de la barbilla a la punta de la nariz. Es importante que la medición la lleves hasta el punto en la fotografía de lo que empieces a llamar "nariz", pues podría darse el caso de que tuvieras la nariz muy respingada, por lo que medirías hasta la base de la misma, o una nariz achatada, donde tendrías que llevar la medición a la punta de ésta. A este segmento, aunque aquí tengamos la barbilla, parte de las mejillas y el bigote, de manera genérica le llamaremos "boca".

2o SEGMENTO: de la punta o base de la nariz al borde inferior de la ceja o foramen supraorbitario, que es el hueso que sientes en la parte superior de tus órbitas oculares. A este segmento de manera genérica le llamaremos "nariz".

3er SEGMENTO: del borde inferior de la ceja a la línea del nacimiento del pelo o final de la cabeza en caso de no tener pelo. A este segmento de manera genérica le llamaremos "frente".

Saca ahora la medida real de cada segmento y ve las variaciones posibles que pudieran existir con la medida ideal y en qué segmento o segmentos se dan las diferencias. Con esta comparación obtendremos una descripción para nuestro diagnóstico del tipo: frente amplia, en balance o corta; nariz larga, en balance o corta, y boca larga, en balance o corta, con todas las combinaciones posibles entre segmento. Recuerda que al decir "nariz" o "boca" estamos hablando de todo el segmento y no específicamente a la parte del cuerpo. El chiste es saber qué segmento tendrás que recortar, mantener o alargar, para acercarte a la medida ideal.

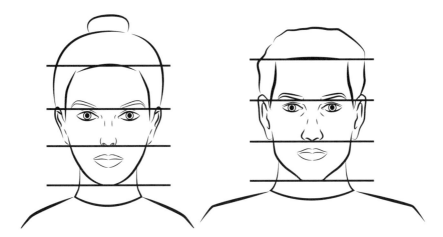

Finalmente, para sacar la medida ideal del ancho de cara, nos vamos a basar en un parámetro de nuestra propia fisonomía: la longitud de ojo. Vamos a medir en la fotografía cualquiera de nuestros dos ojos de extremo a extremo, del rabillo externo al lagrimal. Y esa medida es la que va a determinar el ideal de ancho de cara multiplicada por cinco, pues el ancho de tu cara debe corresponder a la medida de cinco ojos o, lo que es lo mismo a la inversa, el ancho de tu cara dividido en cinco es la medida ideal de la longitud de ojo y de cada segmento. Esto quiere decir que un ojo imaginario debe caberte exactamente en medio de tus ojos, y otros dos más colocados entre cada ojo y las orejas.

¡Manos quietas que sé lo que estás haciendo en este momento! Seguro tomaste como referencia tu dedo índice y pulgar para medir un aproximado de tu ojo, y replicarlo cinco veces en tu cara con resultados desastrosos, pues nada más entre tu ojo y oreja caben como tres en lugar de uno... ¿ya entendiste por qué se hace de manera bidimensional sobre fotografías y no sobre los volúmenes de tu anatomía?

El diagnóstico de ancho de cara en relación con la longitud del ojo nos sirve para dictaminar si hay balance ocular o no, ya que la medida ideal nos dice que los ojos deberán tener la misma medida, estar centrados a la nariz y replicarse cinco veces dentro de nuestra cara. Si las medidas fueran menores o mayores y no se ajustaran al ideal, invariablemente nos clasificaríamos como personas con ojos juntos o separados según sea el caso.

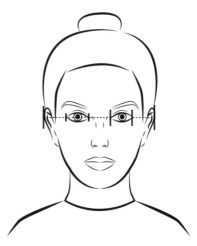

Otras mediciones extra de visagismo que son convenientes que saques son las de ceja y boca ideal. La medida de boca ideal simplemente dictamina que las comisuras de los labios deben corresponder en línea vertical a la circunferencia interna del iris, y que los labios superior e inferior deberían tener el mismo grosor.

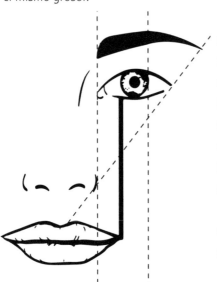

Las medidas ideales de ceja corresponden al inicio, final y arco de la misma. El inicio y final corresponden a la escuadra que hacen el inicio y el final de nuestro ojo, y el arco debe estar a la altura de la circunferencia exterior del iris. Ambas mediciones las entenderás mejor con la ilustración a la izquierda.

Llegamos al final de las mediciones reales e ideales de nuestra cara y cuerpo, y si para estas alturas aún te preguntas para qué estamos haciendo todo esto, te recuerdo una vez más que estamos apenas en una etapa de reconocimiento, ya que una vez que tengamos nuestro diagnóstico final, podremos pasar a todas las recomendaciones de vestuario, accesorios y estética en general para lograr la proporción ideal, pues desde si usamos o no valencianas en el pantalón, si nos viene mejor un corte alto o bajo de jeans, si nos queda mejor un armazón de lentes que otro, o cuál es el tipo de maquillaje, corte de pelo, vello facial, forma de cuello o cualquier implementación física que se te ocurra, estará dictaminado por las medidas y proporciones reales e ideales que acabamos de sacar. Pero no será sólo por la medida, sino también por la forma y hasta el color que más nos favorece. Así que pasemos ahora al tema de formas de cara y cuerpo para seguir abonando a nuestro diagnóstico de reconocimiento 3C.

CARAMORFOLOGÍA Y ANTROPOMORFOLOGÍA

Con estos nombres se le conoce al estudio de las formas de la cara y el cuerpo, y el objetivo es el mismo que con las medidas, generar armonía y balance visual persiguiendo un ideal, sólo que en este caso con lo que jugaremos será con nuestra composición externa de volúmenes y morfología en general.

Es evidente que nuestra especie posee un notorio dimorfismo sexual en el nivel anatómico, por lo que en estos estudios sí hay diferentes ideales a seguir en el cuerpo del hombre y la mujer, mas no así en las formas de la cara que persiguen el mismo parámetro independientemente del sexo. Aunque como veremos, eso está a discusión. Y como ya estábamos muy metidos hace un rato en nuestra cara y sus mediciones, empecemos por analizar las formas del rostro.

Formas de cara

Detectar la forma de cara consiste en encontrar a qué figura geométrica o forma conocida se asemeja el contorno de nuestro rosto visto de manera frontal, por ello seguiremos trabajando sobre la fotografía frontal en la que hicimos las mediciones. Para detectar la forma, tomaremos tres puntos de referencia en ambos extremos de la cara, sobre los que haremos marcajes que después uniremos. Los puntos de referencia son:

Sienes: marcando la altura a la parte media de nuestra frente.

Pómulos bajos: marcando sobre el contorno del rostro a la altura de los lóbulos o parte baja de la oreja.

Quijada: marcando sobre las mandíbulas en línea recta a la altura del borde de nuestro labio inferior.

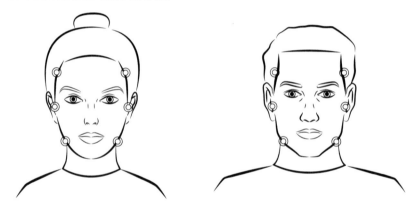

Una vez marcados los puntos toca el turno de unirlos de manera vertical, sin necesidad de juntar ambos lados del rostro por la línea de contorno del nacimiento de nuestro pelo o mentón. Nada más con estos puntos de referencia y el conocimiento previo de las medidas de largo y ancho de nuestra cara nuestro cerebro podrá hacer una representación de hasta siete formas a las que se asemejan esas líneas. Veamos las siete formas de cara empezando por la que se considera la forma ideal, y la cual trataremos de aparentar o replicar con los trucos del siguiente capítulo en caso de que nuestra forma real no se ajuste a esta forma.

Ovalada:

La palabra *óvalo* viene del latín *ovum*, que significa huevo, y si en las medidas decíamos que las proporciones ideales de la cara eran las de un huevo porque era más larga que ancha, resulta que en sus formas también se considera la forma ideal. El óvalo puede ser también una elipse, pero lo que tienen en común óvalos y elipses es que esta forma de cara es más larga que ancha, que la zona más prominente es la de los pómulos, y que va formando una línea curva armónica desde la frente hasta la barbilla. Las líneas se ensanchan y angostan de manera delicada y redondeada, quedando los puntos de sienes y quijada alineados.

Es prudente en esta parte puntualizar algo que tiene que ver más con carametría, pero que omití en ese apartado porque normalmente salta más a la luz al hacer la detección de la formas del rostro, y es el tema de la cara oblonga. Oblonga es cualquier cosa que es más más larga de lo habitual entre las cosas de su mismo género, por lo que una cara oblonga sería una cara que es notoriamente más larga de lo común. Este tipo de rostros se puede encontrar dentro de las caramorfologías que son más largas que anchas, siendo las ovaladas y la que veremos a continuación las más comunes. En caso de contar con esta característica, tu diagnóstico tendría que reportar "cara ovalada oblonga" o "cara rectangular oblonga" según sea el caso.

Rectangular:

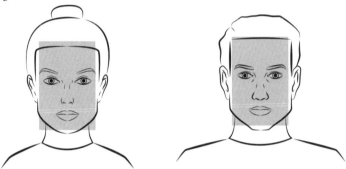

Más larga que ancha y con los puntos de sienes, pómulos y quijada en línea recta. Las formas son angulosas y la línea de nacimiento del pelo suele ser recta y la quijada marcada. Si el objetivo es verse varonil, puede también considerarse la forma de cara ideal masculina, aunque los textos originales de Vitruvio y Da Vinci no lo mencionen. Por este punto decía que el dimorfismo sexual sí puede poner esta apreciación de caramorfología a discusión.

Redonda:

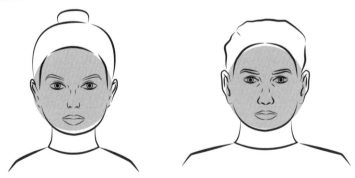

Poca diferencia o igual de largo y ancho, y con los puntos de sienes, pómulos y quijada en línea curva pronunciada. La zona más prominente es la de los pómulos, y va formando una línea curva marcada desde la frente hasta la barbilla. Las líneas de nacimiento del pelo y la quijada suelen ser redondas.

Cuadrada:

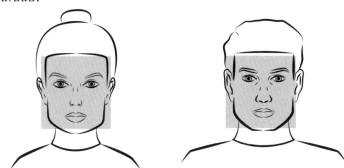

Poca diferencia o igual de largo y ancho, y con los puntos de sienes, pómulos y quijada en línea recta. De formas angulosas y, al igual que en la rectangular, la línea de nacimiento del pelo suele ser recta y la quijada marcada.

Pera: triángulo/trapecio

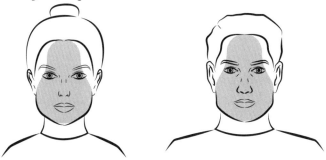

Para seguir con las figuras geométricas, a esta forma de rostro se le conoce como triángulo o trapecio, aunque estas figuras son bastante exageradas para referirnos a la delicadeza que normalmente tiene un rostro, por lo que en el mundo de la imagen física nos referimos cada vez más a ella como pera, pues se asemeja a esta fruta o a una pera de boxeo. Ligeramente más largas que anchas, o con poca diferencia entre largo y ancho, y con la quijada como la zona más prominente. La frente es la zona más estrecha y se va ensanchando

161

mientras va bajando la línea. Muchas veces cuando las líneas son redondeadas y la zona más prominente se atribuye a las mejillas, se prefiere el término
pera, y cuando las líneas son angulosas y la quijada marcada, se utiliza más
el término trapecio; finalmente es irrelevante, pues las recomendaciones para
este tipo de rostro serán las mismas.

Corazón/triángulo invertido:

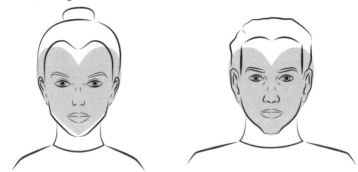

Es el opuesto a la pera, aunque respetando la característica de ser ligeramente más larga que ancha, o con poca diferencia entre largo y ancho. En este
caso la zona más prominente es la de la frente. La caída de las líneas se va
estrechando y puede ser de manera angulosa o curva, pero la zona de barbilla
siempre será estrecha y generalmente puntiaguda. Al ser la frente la parte
más prominente, en ocasiones la línea de pelo puede presentar el pico de
viuda, que es la característica capilar que causa una línea en forma de V, sin
tener que ser una obligación en esta forma de rostro.

Rombo:

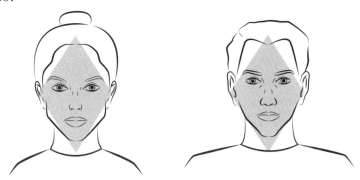

En muchos textos a esta cara también le llaman diamante, aunque rombo es más preciso ya que es un rostro que cuenta con poca diferencia de largo y ancho o es igual, siendo la zona de pómulos la más prominente. Es de líneas angulosas y marcadas, con la frente estrecha, el nacimiento del pelo sobre las sienes y la barbilla alargada.

Éstas son las formas de cara en las que seguramente podrás clasificar la tuya, recuerda que la geometría descrita es clasificatoria y no deben ser líneas exactas que se acoplen a la perfección de estas formas. Es simplemente saber a cuál de estas figuras tu rostro se asemeja más para después saber qué recomendaciones hay que hacer para replicar la forma ideal. Ya veremos cómo hacerlo, pues una vez más, recuerda que este capítulo es de mero reconocimiento, aunque puedes ir reflexionando: ¿Qué tendrías que hacer para convertir un cuadrado en óvalo? Pues alargarlo y ensanchar su parte media o hacer más angostas sus partes superior e inferior, mientras suavizas sus líneas para hacerlas más curvas. Y así le haremos con todas nuestras metrías y morfologías: alargarlas, ensancharlas, distorsionarlas, resaltarlas y disimularlas para acercarnos al ideal. Aún nos falta ver las formas del cuerpo, así que adentrémonos en el mundo de las siluetas corporales.

Formas del cuerpo

Así como para detectar las formas de la cara nos basamos en figuras geométricas que se asemejan al contorno de la misma, para el cuerpo tomaremos puntos de referencia que al unirlos asemejarán letras y un número. Trabajaremos también sobre una fotografía que debes producir, y que consiste en que con la misma ropa entallada o ropa interior que te mediste, te fotografíes de frente y espaldas con los tobillos juntos y los brazos sueltos a un lado del cuerpo ligeramente separados. Para detectar la forma, tomaremos también puntos de referencia en ambos lados del cuerpo sobre los que haremos marcajes que después uniremos. Los puntos de referencia para detectar la antropomorfología son:

Para mujeres:

Hombros: marcando la altura en los extremos de los mismos donde se hace el ángulo de bajada con el brazo. O dicho más coloquial, en la esquina superior del hombro.

Cintura: a la altura superior del ombligo.

Cadera: en los costados a la altura del pubis donde corresponde el quiebre de la pierna que usamos al medirnos por la mitad.

Busto: a los extremos exteriores a la altura de medio seno. Esta medición por razones obvias sólo se marca en la fotografía frontal, y se usará como referencia en lugar de los hombros, sólo en el caso de que los puntos de referencia del busto se encuentren equidistantes a los de los hombros o los superen hacia el exterior.

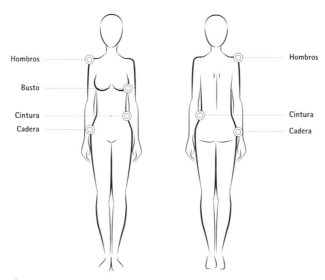

Para hombres:

Hombros: marcando la esquina superior de los hombros.

Cadera: en los costados a la altura del pubis donde corresponde al quiebre de la pierna.

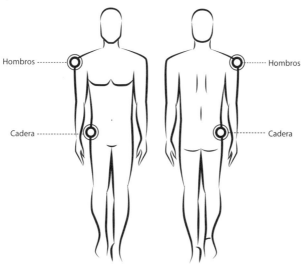

EL MÉTODO P.O.R.T.E.

Una vez marcados los puntos, toca el turno de unirlos de manera vertical y detectar la letra o número al que se asemejan. Otra técnica más artesanal y que usábamos antes de la facilidad de los programas de edición fotográfica es la de los palos de escoba. Consiste en solicitar a la persona que se pare con las piernas juntas y los brazos agarrados hacia el frente, para después recargar dos palos de escoba sobre sus hombros y hacerlos descansar sobre las caderas y así ver si los palos quedan rectos, o si se abren o cierran hacia las caderas, así como detectar si sobra espacio en la cintura como para meter una mano con facilidad o no.

Existen siete formas de silueta femenina y cinco masculinas. Veamos cuáles son, pero antes quisiera compartirte unos estudios interesantes sobre lo que nuestro cuerpo comunica en cuanto a su complexión y composición.

Son los estudios de somatotipos o psicología constitucional, teoría basada en los estereotipos físico-temperamentales de William Sheldon, que asocia los tipos de cuerpos con los tipos de temperamento y que se exponen en su libro *Atlas of Men* (Sheldon, 1954). Estos estudios si bien ya son viejos, son buenos para reflexionar sobre los estereotipos asociados a la constitución física y a los beneficios o problemas de percepción que traen, generando estímulos de comunicación a los que atribuyen características de personalidad por el tipo de cuerpo. Juicios similares ya había hecho Platón en *La república* o se ven en la concepción del alma de Aristóteles. Como también son parecidos a los tipos de pensar, sentir y percibir propuestos por Jung, y hasta en las caricaturas y películas vemos que personifican y estereotipan a las personas muy delgadas como débiles y temerosas, a las gorditas como felices, y a las personas cuadradas y fuertes como personajes duros y malencarados.

Los tres somatotipos de Sheldon son:

ECTOMORFO: corresponde al cuerpo delgado y de apariencia frágil, con extremidades largas y poca grasa almacenada. Se le asignan características

166

de nerviosismo, timidez, seriedad, sensibilidad y diplomacia; considerándolas personas aisladas y meticulosas.

MESOMORFO: corresponde al cuerpo en buen estado físico, atlético y con cierto grado de musculatura. Se le asignan características de confianza, audacia, optimismo, jovialidad, decisión y arrogancia; considerándolas personas dominantes y competitivas.

ENDOMORFO: Corresponde al cuerpo blando, redondo, fuera de forma o con sobrepeso. Se le asignan características de dependencia, tolerancia, cooperación, generosidad, complacencia y pereza; considerándolas personas simpáticas y sociables.

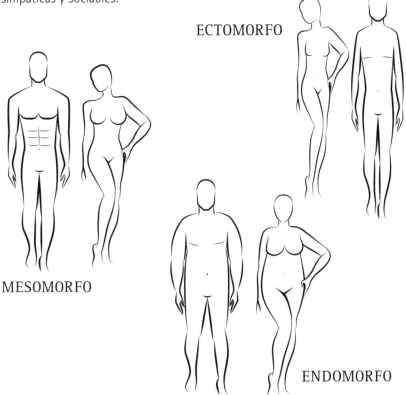

ECTOMORFO

MESOMORFO

ENDOMORFO

EL MÉTODO P.O.R.T.E.

Por supuesto estas descripciones pueden ser alteradas con dietas y ejercicio, pues gran parte de ellas dependen de los músculos y la grasa corporal, por lo que un cuerpo ectomorfo puede desarrollar las características de un mesomorfo atlético en la medida en que sea su voluntad ir al gimnasio, y luego convertirse en endomorfo cuando la buena vida le gane. Sin embargo, la estructura ósea no puede cambiarse y según Sheldon eso afecta a la personalidad, aunque no hay pruebas contundentes que demuestren su teoría. De lo que sí hay muchos estudios y pruebas es de cómo lo expuesto en sus teorías afecta a la percepción de los demás. Por ejemplo, un estudio reveló que además de lo expresado en sus descripciones, los endomorfos suelen ser percibidos como personas lentas y descuidadas. Los mesomorfos como populares y trabajadoras, y los ectomorfos como inteligentes pero miedosas (Ryckman, 1989). ¡Pero recordemos que es percepción y no necesariamente como las personas en realidad son!

De lo que no hay duda y hay muchos estudios es de que estar en buena forma física comunica alta autoestima y amor propio; además de que estar en buen peso se le atribuyen también factores de cuidado personal, higiene, buena salud, energía, dinamismo y entusiasmo. Características ligadas al liderazgo, el optimismo y la consecución de objetivos. Y éste no es un libro para motivarte a cuidar la línea, darte tips de alimentación, llevar un estilo de vida *healthy* o ponerte *fit*, es un libro sobre la percepción de lo que nos ponemos encima, por lo que ya veremos en su momento cómo vernos más delgados o cómo ensanchar y dar efecto de que hay donde no hay; pero sí te dejo estos estudios y hacemos la reflexión de la buena forma física porque la percha donde ponemos la ropa claro que también afecta a la percepción. De modo que por salud y por imagen, cuídate, ejercítate y aliméntate bien.

Veamos ahora sí los tipos de cuerpo empezando por las formas ideales femenina y masculina:

Cuerpo X y 8

Es la forma ideal femenina. Existe equilibrio entre los hombros y las caderas y la cintura está claramente marcada. En la técnica de los palos de escoba, los palos quedarían rectos y un brazo entraría entre ellos y el cuerpo a la altura de la cintura sin crear resistencia. Ambas son la forma ideal que intentaremos replicar con los trucos que aprenderemos. La única diferencia entre un cuerpo X y 8 es que el primero es anguloso y de formas rectas y el segundo es curvilíneo y de formas redondeadas, en especial en busto y caderas. También se le conoce como reloj de arena y no existe esta forma de cuerpo masculino.

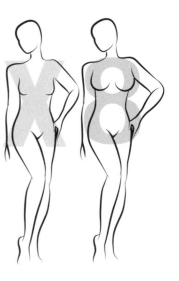

Cuerpo V

Es la forma ideal masculina, de hombros anchos y cadera estrecha. También se conoce como forma de triángulo invertido. Si bien es la forma ideal masculina, este tipo de cuerpo sí existe en la antropomorfología femenina, a veces por estructura física natural, pero muchas veces por practicar ejercicios de alto rendimiento en especialidades que desarrollan la mitad superior del cuerpo, como el nado, la gimnasia o el tenis. Como esta forma de cuerpo sí puede desarrollarse con el ejercicio, es que los hombres sí podemos aspirar a lograr la silueta ideal con base en el gimnasio, situación que no es posible en las mujeres, pues la cintura es más una condición genética que de grasa o muscular.

169

Cuerpo H

Hombros, cintura y cadera en igualdad. Carece de cintura por lo que en la técnica de los palos de escoba éstos quedarían rectos pero sin espacio para meter el brazo o se tendría que batallar para meterlo.

Cuerpo A

También conocido como triangular, se va ensanchando de hombros hacia caderas. Por predisposición genética, las mujeres tienen tendencia a desarrollar este tipo de cuerpo con la edad. En el caso de los hombres, es la silueta menos común, y si bien puede darse por composición física de manera natural, muchas veces se da por sobrepeso u obesidad en hombres que tienden a acumular la grasa hacia la parte baja del cuerpo. Al ser contraria a la silueta ideal masculina, es la que representa mayor reto en los efectos ópticos al trabajar con hombres, pues hay que invertir por completo el triángulo.

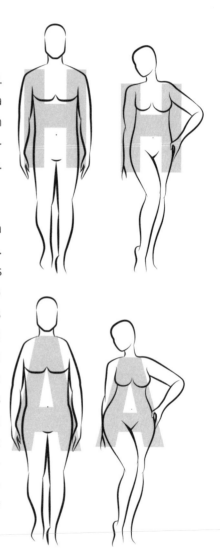

Cuerpo O

La cintura es la parte más prominente, o existe amplitud de volumen en el busto, la cintura, el vientre y las caderas, generando el efecto de que los hombros y parte baja de las caderas son más estrechas. Suele darse principalmente por sobrepeso u obesidad, pero también existe por predisposición genética y en las mujeres por un busto muy amplio y bajo.

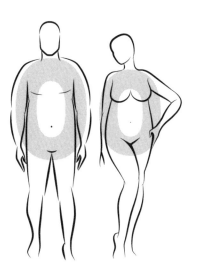

Cuerpo I

Similar al cuerpo H pero con la característica de ser de estatura alta y escala pequeña. La silueta luce delegada y alargada, y en el caso de las mujeres puede o no tener cintura, pero las formas serán angulosas y contará con poco busto y caderas.

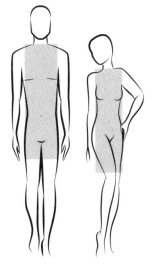

Éstas son las formas del cuerpo y seguro ya sabes en cuál te clasificas. Obvio te quedas con la duda de qué tienes que hacer para conseguir el efecto óptico de la forma ideal, así que sigue leyendo pues sólo nos queda conocer nuestra cromometría para aprender los trucos que nos ayudarán a alcanzar el ideal. De momento y al igual que le hicimos con la forma de la cara, sólo reflexiona

171

qué tendrías que hacer para convertir cualquier silueta femenina en X u 8, o masculina en V. Recuerda que todo se tratará de poner o quitar volumen donde falta o está de más.

Ya cumplimos con las primeras dos C del reconocimiento 3C, sólo falta la tercera. Y como al inicio de este capítulo cité a Coco Chanel cuando dijo que los mejores colores del mundo son aquellos que nos favorecen, veamos cuáles son los mejores colores para ti.

CROMOMETRÍA

Tan bellas que son las palabras y tan interesante y mágica que es la lexicología con sus etimologías y origen de los vocablos, para que llegue un día un bárbaro, las distorsione, atente contra ellas y toda una horda de borregos carentes de cultura se sumen a su avalancha de atentar contra el lenguaje... pero así son las cosas y qué le hacemos.

"Quizás quisiste decir colorimetría". Esto es lo que nos dice Google si buscas la palabra que le da título a esta sección del libro. ¡No, Google, no quise decir colorimetría, quise decir CRO-MO-ME-TRÍ-A! De *croma*, del griego *khroma*, que significa color y originalmente "color de piel", y de *metría*, que significa medir. Eso es lo que quise decir, no me vengas a corregir, ¿o qué sigue? ¿Que cuando busque cronómetro me digas que quise decir "tiempometro" o que cuando tenga fiebre me recomiendes usar un "temperaturómetro" en lugar de un termómetro?... Ojalá y no lleguemos como especie a tales barbarismos.

Táchanos de puristas, de antiguos o de contreras, pero en el Colegio de Imagen Pública seguimos usando el término original de cromometría para referirnos a la ciencia que estudia la medida del color para después aplicarlo a la persona. Y ojo, dije "término original" y no "correcto", pues al día de hoy es más común el barbarismo colorimetría que el ahora tristemente arcaísmo que aquí vamos a repetir. Pero me dejo de semántica que estás aquí para aprender sobre el color y no de lenguaje. Dile como quieras, pero el chiste es que sepas que hay colores que te van, y otros que deberían irse de tu guardarropa.

El color ha sido una fuente de fascinación y estudio en muchas disciplinas y todas llegan a la misma conclusión, desde las propiedades del color de Aristóteles, los fundamentos de la teoría lumínica del color de Isaac Newton, y la teoría de los colores de Goethe (1810), hasta los estudios más contemporáneos de psicología del color de Eva Heller o Adam Alter, concluyen que las categorías y dimensiones del color se asocian con las respuestas emocionales de quienes los perciben, dándoles a los colores un valor simbólico que produce reacciones conductuales en las personas. Y si bien algunos colores tienen diferentes interpretaciones y significados en diversas culturas, de lo que no hay duda es de que el color influye de manera asombrosa en el estado de ánimo.

Por ejemplo, los investigadores han descubierto que colores particulares producen reacciones fisiológicas específicas, dando como resultado experiencias emocionales similares. Específicamente, los colores con longitudes de onda más largas se sienten más estimulantes o cálidos, mientras que los colores con longitudes de onda más cortas se sienten relajantes o fríos. Por eso el rojo siempre se ha asociado con la excitación y la pasión, ya que la sensibilidad visual a la sangre, al fuego y al enrojecimiento de la piel se ha interpretado como una señal de agresión, ira, vergüenza o excitación sexual, arraigando esas asociaciones creadas culturalmente entre colores, emociones y comportamiento, al grado de que está científicamente comprobado que ver a una mujer vestida de rojo o tener rojo cerca de ella aumenta la atracción de los varones heterosexuales hacia ellas (Pazda *et al.*, 2012). Por el contrario, sobre el azul, que se asocia con la calma y la tranquilidad de la contemplación del cielo y el mar, los estudios demuestran que quien lo porta es percibido como más tranquilo y estable, logrando un trato de mayor respeto y autoridad hacia su persona. Y así podríamos seguir ejemplificando y entenderíamos por qué se eligió el color de la limpieza y la pureza para los vestidos de novia, o el de la ausencia y el vacío para los momentos de luto.

Sin embargo, conocer sobre psicología del color y sus afectaciones en el estado de ánimo no es el objetivo de este capítulo. El estudio del color en la persona tiene un doble enfoque, por un lado el recién expresado de cómo los colores influyen a nivel percepción predisponiéndonos emocionalmente, y por el otro el ligado meramente a la armonía cromática basada en la sabiduría natural del color que hace que las cosas resalten y llamen la atención, o se fundan con el entorno y disimulen su presencia.

Todo en la naturaleza que tenga un color tiene una razón de ser: una flor resalta para atraer a los insectos y así facilitar la polinización, una fruta nos dice su grado de maduración, y un animal se camufla para protegerse, o sobresale para aparearse o mostrar su condición de peligro. Nosotros como especie también tuvimos una razón de ser con nuestro colorido, y hablo en pasado pues la realidad es que nuestra pigmentación ya trae milenios de evolución innecesaria en la mayoría de nosotros. Ya no le sacamos ventaja a nuestras tonalidades para pasar largas jornadas cazando en la sabana africana o atravesando el ártico. Nuestras actividades evolucionaron pero nuestros colores permanecieron y se transmitieron generación tras generación. Luego vino el deseo de vestir para expresarnos, la pigmentación de la ropa y la moda, lo que nos trajo un sinfín de posibilidades cromáticas al vestir y un nuevo reto: el de lograr armonía y seguir brillando, y no que nuestras ropas y colores nos roben la luz. Y es que cuando utilizas los colores adecuados brillas tú, no ellos. El secreto está en la armonía cromática. ¡La naturaleza es la mejor diseñadora!

Seguro alguna vez te ha pasado que te sientes fenomenal, pero te pones cierta prenda y luces demacrado o con desgane, o por el contrario, hay prendas que sabes que cuando te las pones realzan tu vitalidad, y te hacen ver con mayor salud, energía y optimismo. Pues ése es el color actuando en tu contra o a tu favor. Pasa lo mismo cuando te encanta cómo se le ve a otra persona un color, pero cuando te presta esa prenda o compras una en color similar, nada más no encuentras comodidad en el aspecto que obtienes con ese tono. La próxima vez que te pase eso, analiza la coloración de piel, ojos y pelo de esa persona a la que se le ve bien, y compárala con la tuya; te aseguro que detectarás que cromáticamente son opuestos.

En resumen, habrá colores que se funden e integran a nosotros de manera armónica y natural, haciéndonos brillar con ellos como si fueran parte de una piel o plumaje otorgado por la naturaleza, y otros que nos roban la energía y atención por el choque y desarmonía que generan, pues no lucen naturales a nuestra composición genética y no logran integrase, obteniendo como resultado un pleito de color en el que siempre saldrá perdiendo nuestra estética y armonía visual. Para saber qué colores son nuestros aliados y cuáles los ladrones de vida, tenemos que ponernos un poco científicos y comprender que el color tiene tres características o dimensiones fundamentales en su composición: el tinte, el valor y el croma.

Veremos uno por uno, pero antes quiero dejar algo muy en claro: no hay colores prohibidos. Podrás usar el color que quieras, sólo tendrás que detectar qué características del mismo son las que mejor van con tu naturaleza, y sobre todo, en dónde deseas lucir ese color. El efecto de hacernos resaltar o de hundirnos solamente funciona cuando el color está cerca del rostro o de la piel expuesta; por lo que aplastantemente las recomendaciones serán para colores que lucimos en la parte superior de nuestro cuerpo cercano a la cara o en la misma, ya sea en prendas o en maquillaje y color de tintes.

Aunque también aplicaría a un traje de baño y lencería o ropa interior, pues el contraste con la piel sería directo. Y sobre que puedes usar cualquier color siempre y cuando sepas si compartes características, me refiero a que los seres humanos tendemos a categorizar todos los colores en los pocos que sabemos nombrar, o sea, no somos la guía Pantone para saber diferenciar entre el color 252 y el 2623, por lo que usualmente a los dos les diremos "morado". El problema es decir cosas como: "A mí no me queda el morado", cuando probablemente el que no te queda es el 2623 y sí te queda el 252 (veamos qué tan curioso eres y si los googleas para entender mi punto). Dejado esto en claro, expliquemos ahora sí las tres características psicofísicas del color.

Características del color

El tinte

También llamada temperatura del color, es una subcatalogación dentro del tono o matiz del mismo. El tono o matiz es una de las propiedades básicas del color en su estado puro sin mezcla de blanco o negro, y que se caracteriza por qué tan similares o diferentes son los colores a los estímulos del rojo, amarillo y azul, en la síntesis sustractiva del color, que es la que analiza el color en su estado de pigmento, dentro de la teoría del modelo tradicional de coloración también conocida como RYB, por las siglas de estos colores en inglés; o a los colores rojo, verde y azul, en la síntesis aditiva del color, que es la que analiza las mezclas y obtención de colores en su estado de luz, también conocida como RGB.

Entendido qué es el tono o matiz, hay que saber que el rojo, el amarillo y el azul se encuentran en relación de triada en la rueda de color del modelo tradicional que los analiza como pigmento. Así como el rojo, el verde y el azul, también lo estarán en la rueda del estado de luz. Esto quiere decir que están uniformemente espaciados en la rueda de color, proporcionando

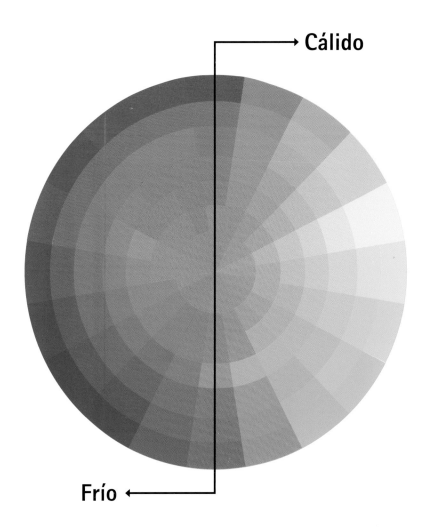

Cálido

Frío

El tinte

El valor

Brillantes

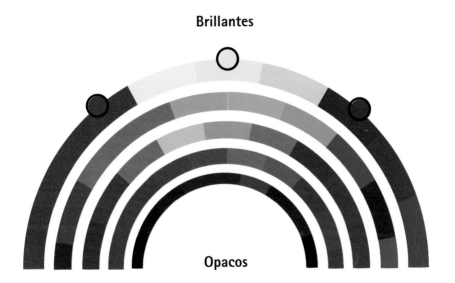

Opacos

El croma

Primavera

Verano

Invierno

Otoño

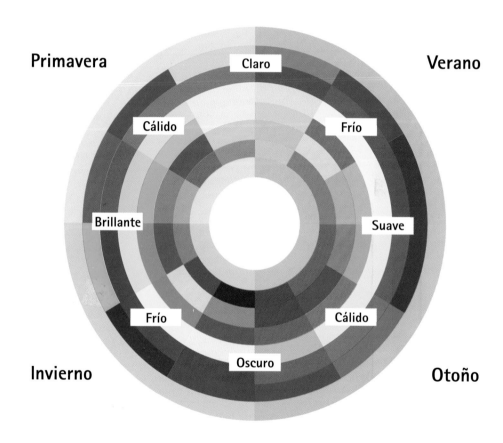

Reconocimiento subestacional

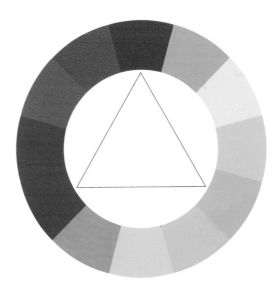

Rueda cromática RGB

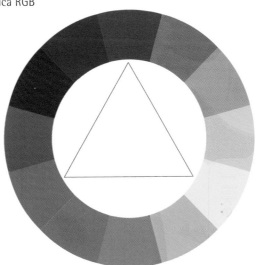

Rueda cromática RYB

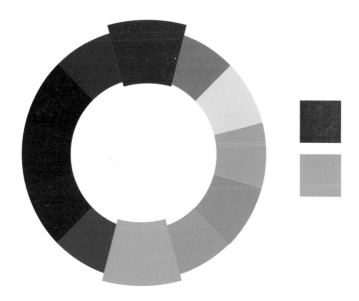

Combinación de colores complementarios

Combinación monocromática

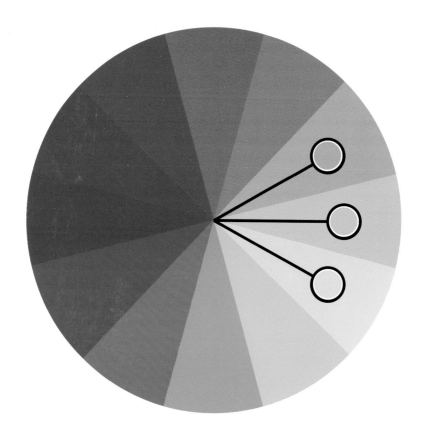

Combinación análoga

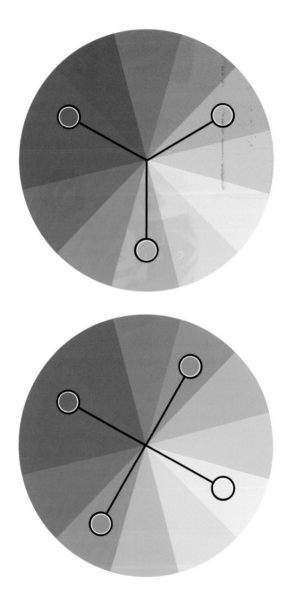

Combinación en triada o tétrada

un esquema de alto contraste entre ellos. Te explico todo esto para que puedas entender el tinte, pues se presta a confusión si no conoces las dos ruedas de color que hay, ya que si bien el color en la ropa lo vamos a usar en su estado de pigmento, la teoría a utilizar en el tinte es la de su concepción en estado de luz inventada en 1666 por Isaac Newton, o lo que es lo mismo, la rueda RGB.

En toda rueda de color hay colores que se consideran complementarios, y son los que se encuentran en extremos opuestos del círculo. En la rueda aditiva RGB, opuesto al color azul se encuentra el amarillo, y ya que sabes esto, ahora sí podemos definir que el tinte será la cantidad de azul o de amarillo que un color contenga, o que se acerque más a su extremo en la rueda de color, característica que permitirá clasificarlos en colores cálidos cuando tienen más cercanía o mezcla con el amarillo, o fríos, cuando se dé ese efecto hacia el azul.

Y para tener mayor referencia para detectar el tinte y diferenciar los colores fríos de los cálidos, partiremos la rueda en dos a través de otros dos colores complementarios: el rojo y el cian. Categorizando a los colores que corren hacia la derecha del rojo en dirección al cian como cálidos y hacia la izquierda como fríos, o a la derecha del cian como fríos y a su izquierda como cálidos según lo quieras ver. De esta forma, ejemplos de colores cálidos serían el naranja o el verde, y de fríos el morado o el fucsia. Para mejor referencia, puedes ver en la página 1 del pliego a color de este libro una rueda de color dividida para que entiendas todo lo que acabamos de explicar.

Ojo, esto no quiere decir que todos los verdes vayan a ser colores cálidos, pues aquí entra ahora sí la rueda de color RGB o de síntesis sustractiva que analiza los colores en su estado de pigmento, por ejemplo, sabes que el verde en esa teoría se genera por la mezcla de azul y amarillo, ¿por lo tanto sería cálido o frío? La respuesta es sencilla, si tiene más cantidad de azul sería más frío, como en el caso del verde musgo, verde militar o verde bandera,[11] pero si tiene más cantidad de amarillo, sería cálido como en un verde limón o un verde Chartreuse.[12] Como un fuscia también puede ser cálido si es que predomina el rojo.

Entonces, detectar la temperatura o tinte del color es algo que puede sonar complejo por la mezcla de ambas teorías del color y las interpretaciones que se le puede dar a la cantidad de amarillo o azul en los mismos; de hecho encontrarás colores que considerarás neutros porque se asemejan a ambos o a ninguno de los dos, como también habrá neutralidad de tinte en la ausencia de color como en el blanco, el negro y cualquier gris que te puedas imaginar... aunque, ¿qué crees? ¡Que muchas teorías dicen que dentro de los grises y las ausencias también hay cálidos y fríos!

Finalmente es percepción y por eso han existido controversias de este tema de temperaturas desde que Goethe lo propuso en el siglo XVIII. Goethe refería que la mejor forma para detectar la temperatura del color era "sentirlo" y tratar de asociar como espectador el color con la emoción de frialdad o calidez que te provocaba. Sé que es subjetivo, pero hay mucha razón en esto de "sentir" el color, pues si te imaginas perdido en un bosque lluvioso de noche durante el invierno o atravesando altamar por donde se perciben las auroras boreales, todos los colores que imaginarás caerán en la escala de fríos, pero si te imaginas en un bosque de día durante un picnic de primavera o en una fiesta en la playa con el sol a todo lo que da con sombrillas y pelotas inflables, los colores que "sientes" en tu cabeza serán cálidos. Hay asociaciones, ¿o por qué crees que en las llaves de agua el rojo indica que es caliente y

---

[11] Así se le conoce en México, de donde es el autor, al verde de su bandera, que es similar al verde esmeralda.

[12] Tipo de verde-amarillo que toma su nombre por el licor producido por los monjes franceses del monasterio del mismo nombre.

el azul que es agua fría? Analiza el color, usa guías de referencia como la que encontrarás en la página 1 del pliego a color de este libro, pero sobre todo, ¡siente el color!

El valor

También llamada luminosidad, luminancia o simplemente claridad, es una propiedad de los colores que los categoriza de acuerdo con la cantidad de luz que tienen en su estado natural, o de blanco y negro en su estado de pigmento. Pero dejémoslo en la simpleza de que si un color tiene mayor cantidad de negro, el color será de valor oscuro, siendo el negro total el color de menor valor, y si tiene mayor cantidad de blanco, entonces su valor será claro, siendo el blanco total el color de mayor valor. No te confundas con las expresiones de "mayor valor" o "menor valor", en la acepción que luego le damos a la palabra *valor* en su condición de valía por utilidad, aprecio, riqueza, coraje o moralidad. Es simplemente la palabra con la que la cromometría designó a esta característica, por lo que mejor dejémoslo tan sencillo como colores claros y oscuros, existiendo también colores intermedios, a los que les daremos una clasificación de neutralidad. Ejemplos de colores oscuros serían el azul marino o el verde botella, y de claros el rosa pastel o el amarillo canario. Pero la verdad es que me siento como en *Plaza Sésamo*[13] explicándote algo que es tan obvio; prefiero enfocarme en un tema de sensibilidad semántica.

Así como decíamos que a los colores claros se les considera de mayor valor y a los oscuros como de menor valor, esa confusión y estigma de las palabras que inevitablemente hace nuestro cerebro al considerar algo

---

[13] Así se conoce en varias partes de Latinoamérica al programa infantil educativo *Sesame Street*, también conocido como *Barrio Sésamo*, *Calle Sésamo* o simplemente *Sésamo*. Y confieso que como autor tener que hacer esta aclaración también se me hace bastante Plaza Sésamo...

como más valioso o menos valioso se extiende un poco más, pues también cuando más oscuro es el color se considera que es más débil, por el simple hecho de que objetivamente su luminosidad es más débil. Finalmente, estos conceptos los vamos a traspasar a características del cuerpo humano, de modo que a nadie le agradaría escuchar que sus ojos o piel son menos valiosos o que su coloración es más débil. De hecho, me ha tocado que muchas personas consideren incluso peyorativo utilizar el término oscuro para referirse a estas características, situación que puedo llegar a entender, aunque no comparto, ya que no considero ofensa alguna al referirnos a unos ojos, piel o pelo como oscuros. A fin de cuentas es lenguaje y siempre se ha tratado de adecuar lo mejor a cada situación. Por esta razón es que en el mundo de la cromometría humana se ha adoptado la clasificación de claro y profundo para referirse al valor, en lugar de claro y oscuro. Dejo a continuación un ejemplo y en la página 2 del pliego a color encontrarás otro, para explicar este concepto que podría parecer obviedad.

claro   **oscuro**

El croma

Llamada también saturación, es la intensidad de un tono específico. Se basa en la pureza del color según su mezcla y combinación con otros colores. Los colores puros o con poca mezcla, serán de croma brillante y se caracterizan por ser fuertes, vivos e intensos. Y los colores producto de mezclas serán de croma opaco, y mientras más mezclados, más débiles y descoloridos serán. Ejemplos de colores brillantes encontraremos en los primarios rojo, verde, azul y amarillo, y de colores opacos podríamos mencionar el marrón, el olivo o el shedrón o color ladrillo. Sin saturación, un color se convierte en un tono de gris. Y al igual que puntualizamos en el valor, en temas de croma a nadie le gustaría que le dijeran que su pelo, piel u ojos son opacos, pues la gente lo relacionaría con mala salud o un mal cuidado de los mismos. Por eso se usa el eufemismo "suave" para referirnos a los colores que tienen mayor mezcla de color dentro de la cromometría humana. Dejo en la página 3 del pliego a color de este libro este concepto con ejemplos para su mejor comprensión.

Conociendo las tres características, podrás someter cualquier color a análisis mediante su tinte, valor y croma. Haz el ejercicio, voltea a ver cualquier color que te rodee y piensa si es más frío o cálido, más claro u oscuro, y más brillante o suave. Yo por ejemplo, mientras escribo esto, estoy sentado en un sillón de piel color arena que sería frío, claro y suave, tengo frente a mí la portada naranja de un libro que sería cálido, claro y brillante, pero también hay una cobija que podría describir como naranjosa-café tipo barro, por lo que sería un color cálido, profundo y suave. Y habrá colores en los que tal vez se te dificulte encontrar las tres características del color porque alguna sea neutra, pero seguramente encuentras dos o al menos una característica que te ayude a clasificarlo. En mi caso, por la ventana veo una jacaranda con su clásica flor color lavanda, que podría decir que como principales características tiene un color que es suave y claro, y también hay un picho, esta ave que parece cuervo, cuyo plumaje negro y azul profundo catalogaría primero como oscuro y después como brillante.

En serio te invito a hacer la prueba de empezar a ver los colores que te rodean bajo esta óptica, pues así desarrollarás el ojo clínico, que es lo más importante a la hora de elegir los colores que mejor te quedarán, pues aunque podrías, difícilmente irás por la vida siempre con una guía de color en la bolsa o la cartera, o tendrás colgado en tu clóset el muestrario de telas de los colores que más te favorecen. También te invito a que busques en internet sitios y apps con ruedas de color interactivas, donde te puedes ir moviendo hacia el amarillo o el azul para detectar cálidos y fríos; acercándote o separándote del centro para hacerlos más claros y oscuros, o colocándote en referencias de mayor o menor pureza para hacerlos más brillantes u opacos. La gran mayoría de páginas de diseño como la de Adobe o Canva tienen una, así como los sitios dedicados al color como Pantone o hasta las tiendas de pinturas. Juega con ellas, es una gran forma de familiarizarte con el color para luego detectarlo en ti.

Si bien puedes contratar a un asesor que te diagnostique cuáles son tus colores, a continuación te revelaré el secreto para que puedas hacerlo tú sin la necesidad de tener que invertir dinero; sólo necesitarás invertir toda tu voluntad y atención a los conceptos que a continuación explicaré. Aunque te recomiendo ampliamente vivir una experiencia profesional de cromometría con drapeado de telas (así se le conoce a la técnica en la que un profesional te va poniendo telas cerca del rostro), pues aparte de ser altamente explicativa, te entregarán muestrarios personalizados, además de ser un apapacho a la belleza que todos nos merecemos, pues es como rasurarnos o hacernos un facial con mascarillas, también podemos hacerlo en casa, pero nada se compara con lo delicioso que es ponernos en manos expertas y los resultados que obtenemos también son diferentes.

Ahora bien, aquí viene la clave principal del color aplicado a la persona: la naturaleza nos ha dotado de colores en ojos, pelo y piel. Dichos colores también poseen tinte, valor y croma. Entonces, podrás tener ojos, piel y pelo más fríos o cálidos, más claros o profundos, y más brillantes o suaves. Y como ya dijimos que la naturaleza es la mejor diseñadora, si al arreglarnos escogemos colores que no están en armonía con los colores que esa diseñadora nos dio, el resultado será una mala apariencia producto de la desarmonía cromática, dado que nos veremos como personas cansadas, se nos acentuarán las arrugas y las ojeras, y en general nos veremos enfermizos y cetrinos. Si por el contrario, le hacemos caso a la diseñadora naturaleza y escogemos con conocimiento de causa los colores, entonces el resultado será muy positivo, pues luciremos como personas frescas, saludables, joviales y llenas de energía. El secreto para lograrlo está en igualar y poner en armonía el tinte, valor y croma de los colores a usar, con el tinte, valor y croma de los colores que la naturaleza nos dio en ojos, pelo y piel.

Para diagnosticarnos, desde hace muchos años existe una catalogación muy descriptiva basada en las cuatro estaciones del año. Esta catalogación la expuso por primera vez Carole Jackson en su libro *Color Me Beautiful* (1981) y se ha revisado en múltiples ocasiones con pocas adecuaciones y observaciones, pues está muy bien lograda. Sí, me he topado con libros que con el afán de innovar le cambian los nombres o agregan nuevas clasificaciones a la ya conocida teoría estacional, pero como soy un convencido de que no hay que arreglar lo que no está descompuesto, repasemos las teorías originales con las actualizaciones que con los años se han hecho en el Colegio de Imagen Pública, pues lo menciono con orgullo, no hay institución académica que más haya aportado a la ciencia del color aplicado a la persona en los últimos tiempos, y que más expertos y especialistas egrese al año sabiendo manejar con destreza estas teorías que nosotros. Toca el turno de que aprendas estas teorías de manera autodidacta y de que reconozcas la última C de este capítulo, dedicado a sacarle provecho a lo que la naturaleza nos dio.

Reconocimiento estacional

Primavera, verano, otoño e invierno. Cuatro estaciones con características muy estereotipadas que el cine, las series y las caricaturas nos han ayudado a asociar con ciertos colores. Y digo estereotipadas por estas formas de entretenimiento ya que son muy pocas las personas que viven en regiones donde

EL MÉTODO P.O.R.T.E.

las estaciones sean tan marcadas y que luzcan como Bambi en primavera o en invierno, cuando no puede caminar en el hielo. Yo, por ejemplo, vivo en la Ciudad de México, donde no nos enteramos de los cambios de estaciones y no tenemos ropa según la temporada, simplemente tenemos ropa que usamos indiscriminadamente durante todo el año. Pero aun así, tenemos claro en la mente cómo son los paisajes otoñales, gracias a esos paseos románticos con hojas cobrizas que nos plasman cinematográficamente por Central Park de New York, o la aridez y poco contraste de los colores claros del verano en westerns como *The Good, the Bad and the Ugly* o series como *Breaking Bad*.

Me gustaron estas descripciones. Imagínate que los colores de primavera son como los que pintan en Disney cuando todo es bonito con *Bambi* y *Blancanieves*. Los del verano, los que nos ponen en las narcoseries cuando tienen que intercambiar dinero y mercancías o en los parajes donde se dan los duelos en las películas de vaqueros. Los colores del otoño son como nos lo plasman en las películas románticas cuando hay atardeceres y abrazos tiernos debajo de los árboles, o también como nos lo pinta Disney en *Pocahontas* y en sus especiales de Halloween. Y el invierno es como *Frozen* o cualquier película o especial de Navidad. Como también nos imaginaríamos que en primavera y verano hay más luz y duran más los días, y que en otoño e invierno se vive más de noche porque los días se acortan.

Siguiendo estos estereotipos, ¿qué características de color de las aprendidas le asignarías a cada estación?

Pues los colores de **primavera** serían: cálidos, claros y brillantes.

Los de **verano** serían: fríos, claros y suaves.

Los de **otoño** serían: cálidos, profundos y suaves.

Y los de **invierno** serían: fríos, profundos y brillantes.

Seguramente te saltó como a mucha gente que los colores del verano sean fríos, cuando en esa estación hace mucho calor. Sí, no te confundas, recuerda que estamos hablando de esos colores secos, beige, grisáceos y arenosos de los westerns o *Breaking Bad*. Colores de paisaje estepario y no de la colorida fiesta en la playa. Si fueran colores de una playa, los colores de verano serían los de una playa desértica, con mucha arena blanca, pocas palmeras con cocos caídos, y un mar azul claro que se funde con un cielo similar.

Considerando cada una de las estaciones, verás que entre ellas comparten algunas características, por lo que también compartirían colores. Por ejemplo: primavera comparte con verano los colores claros, con otoño los cálidos y con invierno los brillantes. Así como verano y otoño comparten los suaves, y otoño e invierno los profundos. Las características podemos visualizarlas mejor en la gráfica de la página 4 del pliego a color.

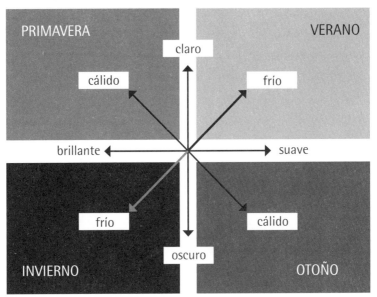

Una vez que conocemos las características cromáticas de cada estación, toca el turno de detectar las tuyas. Consigue un buen espejo, ponte donde haya buena iluminación, de preferencia natural, o recurre a un anillo de luz con esa tonalidad. Ponte una *t-shirt* completamente blanca o envuélvete en una sábana para evitar distractores de color. Y muy importante, hazlo con la cara lavada, y si tienes el pelo pintado de un color que no sea similar a tu color natural, recógetelo o ponte una gorra de baño, pues no lo vamos a considerar porque no queremos que distraiga.

Como lo he dicho en otros capítulos, al día de hoy hay mucha tecnología, sitios y apps que te detectan la cromometría sobre una fotografía o llenando formularios. Si quieres recurrir a ellas adelante, todo suma y hasta te darán muestrarios de color, pero créeme que después de haber recurrido a muchas y hasta diseñar las propias, nada sustituye a la observación directa y al trabajo artesanal bajo luz natural.

Seguro desde tu primera observación en el espejo, o mientras leías las descripciones de las estaciones, ya te diste una idea de más o menos en qué estación entrarías tú por los colores que toda la vida has visto en tu piel, ojos y pelo. Pero aclaremos cualquier indicio de duda yéndonos parte por parte y característica por característica.

Te recomiendo ir llenado una matriz de datos cromáticos como la que expongo a continuación, pues así será más fácil sacar las conclusiones y hacer el diagnóstico de color. Es más, si tu libro es físico, adelante, ráyalo, para eso es. Sólo espero que en tus manos tengas un ejemplar nuevo y que nadie te lo haya ganado.

ELEMENTO	TINTE	VALOR	CROMA
PIEL			
OJOS			
PELO			
RESULTADO			

Tinte:

PIEL. La forma de reconocer si nuestra piel es fría o cálida es detectar sus bajotonos. Esto quiere decir analizar los colores que se ven por debajo de nuestra piel donde llegan a percibirse las venas. Si bien estamos analizando los colores a través de nuestra cara, para la detección del tinte de tu piel, analiza varias partes de tu cuerpo, sobre todo las zonas donde la piel suele ser más traslúcida, estar más pegada al hueso o no estar tan expuesta al sol. Las muñecas, los empeines, el costado superior de nuestras costillas y el cuello suelen ser buenos puntos de referencia. La piel fría tendrá un bajotono rosa con ausencia de amarillo y las venas suelen verse azules. Y la piel cálida tiene un bajo tono amarillo o dorado y las venas con tendencia a verse verdes. También, otra forma de saberlo es viendo qué pasa con tu piel cuando tomas el sol. Si lo aguantas y agarras un tono bronceado que puede durarte mucho tiempo, tu piel es cálida; si por el contrario, tu piel es muy sensible y te tienes que cuidar mucho porque te ardes con facilidad y la piel se te pone roja, seguramente es fría. Y si sigues teniendo dudas, ponte joyería dorada o plateada cerca del rostro o unas telas de estos colores y pregúntate: ¿Mi piel se ve más saludable con dorado o con plateado? Si brillas tú con el dorado, tu piel es cálida, pero si luces más radiante con el plateado, es fría.

OJOS. Si analizas de cerca tus ojos y los de la gran mayoría de las personas, podrás ver unas pequeñas líneas a manera de filamentos que recorren tu iris de la pupila hacia afuera. A estas líneas que parecen ríos se les conocen como vetas, y serán fundamentales para conocer el tinte de tus ojos. Cuando las vetas son amarillas o doradas, los ojos son cálidos, y cuando las vetas son blancas, grisáceas o negras, son fríos. Y si no puedes percibir las vetas porque los ojos lucen de un solo color intenso ya sea muy oscuro o claro, los ojos son fríos. También por lo general los ojos que tienden a los colores cafés y miel, al tener mayor base de amarillo, se les considera cálidos, y los que se acercan más al color azul y al negro, se les considera fríos. En el caso de los verdes, generalmente toman esa coloración por la mezcla de azul y amarillo en el iris; detecta qué color prevalece más y sabrás si los consideras fríos o cálidos. Pero el análisis de vetas siempre es el mejor aliado para detectar el tinte ocular.

PELO. Para detectar el tinte capilar nos basaremos en los reflejos del pelo, y el mejor lugar para detectarlos es la raíz. Separa tu pelo en dos mitades que dejen ver una raya del cuero cabelludo y mira los reflejos que se hacen con la luz solar. Si los reflejos son dorados y puedes hacer la analogía de que brillan como el oro, el pelo es cálido, pero si los reflejos son grisáceos o acero y puedes hacer la analogía de que brillan como la plata, será frío. Las tonalidades en cafés castaños, chocolates, dorados, rubios miel y rojizos como cobre, caoba y bronce se consideran cálidos. Y los colores negros, platinados, canos, y cafés y rubios cenizos, beige o champaña se consideran fríos.

Recuerda ir llenando tu matriz de datos cromáticos, y si alguna de tus características no supiste etiquetarla como cálida o fría, ten presente que tanto en tinte, valor y croma, también puedes irte por la elección de "neutro", si consideras que estás en el ecuador de las opciones, como es muy común que pase con el valor como veremos a continuación.

VALOR:

PIEL, OJOS Y PELO. Como en el valor no hay mayor complicación, veamos los tres elementos juntos bajo la óptica de si son más claros u oscuros/profundos. Recuerda que el valor es la cantidad de blanco o negro que tiene un color, por lo que esta observación es sencilla y saltan muy rápido las conclusiones de si tu piel es más blanca o morena, tus ojos más claros o profundos, y tu pelo más claro u oscuro. Pero si tu pelo es de un castaño que no consideras ni claro ni oscuro, tus ojos de un verde olivo con detalles claros y oscuros, y tu piel color canela de un mestizaje que no concluyes si se parece más al blanco o al negro, diagnosticas el valor como neutro, aunque seguro alguna de las tres partes del cuerpo sí podrás evaluar de un lado u otro del rango de luminosidad.

CROMA:

PIEL. Para detectar si una piel es más brillante o suave, nos vamos a basar en la cantidad de tonos y detalles visuales que encontramos en ella. Por detalles visuales nos referimos a elementos que puedan captar nuestra atención y podamos cuantificar en una observación general sin tener que hacer un escrutinio con lupa. Los detalles visuales serían esos atractivos que observaríamos al leer la piel, como pecas, lunares, manchas, coloraciones, cicatrices y demás elementos que muchas veces de manera injusta les llaman "imperfecciones". Entendido esto, mientras la piel sea más uniforme, lisa, monotonal y sin detalles visuales o muy pocos, será más brillante. Y si la piel tiene más detalles, variaciones tonales y elementos visibles como pecas, paño, ojeras, lunares, arrugas y demás, se considerará más suave.

OJOS. Al igual que con la piel, nos vamos a basar en la cantidad de tonos y detalles visuales que encontramos en ellos. Cuando los ojos sean de un solo color y sin vetas aparentes o muy marcadas negras o blancas, los ojos serán brillantes. De hecho, cuando los ojos son muy brillantes el efecto que produce la mirada suele intimidar o encandilar, como cuando ves unos ojos tan negros o tan azules sin variaciones de color y sin detalles que deslumbran. Por el contrario, mientras el iris tenga mayor mezcla de color, vetas doradas o multicolores, tonos difuminados, turbiedades y manchas o salpicaduras, los ojos se catalogarán como suaves y el efecto que producirán al mirarlos es de mayor afabilidad.

PELO. Para detectar el croma capilar no nos vamos a basar únicamente en el color, sino que nos fijaremos también en la textura y cantidad del pelo. Como sabemos que el croma se basa en la uniformidad o variaciones para considerar la brillantez o suavidad, si tu pelo es de un solo color, lacio, y de textura delgada y sin volúmenes, se considerará brillante. Pero si en tu pelo encuentras variedad de colores y tonalidades, y la textura es de mayor volumen y abundancia porque es rizado, quebradizo o con demás formas que le dan mayor dinamismo, se considerará suave.

Para este punto ya tienes que tener llena toda tu matriz de datos cromáticos, ahora toca el turno de sacar conclusiones. Para ello, ve qué característica de tinte, valor y croma es la que más se repite y anota el resultado. Por ejemplo, si en la columna de valor en piel tienes neutro, pero en ojos y pelo oscuro, la conclusión es que tu valor cromométrico es oscuro/profundo. Y lo mismo harías con el tinte y el croma, para así al final tener en cada una de las columnas un resultado que corresponde a tus tres características de color.

Lo primero que vamos a hacer para sacar conclusiones es ver a cuál de las cuatro estaciones perteneces, pero como no todas las personas primavera, verano, otoño o invierno somos iguales, vamos a aterrizarlo en segundo grado a una subestación que especifique dentro de las tres características que tiene esa estación, cuál es la que corresponde o es más visible a tu tipo físico, pudiendo catalogarte así en 12 estaciones cromáticas, en lugar de sólo en cuatro, pues existen diferencias cromáticas dentro de cada estación que dan todavía más certeza en la elección del color.

Para la primera detección de estación, es tan básico como ver el resultado de tus características y detectar al menos dos que se compartan con una estación, pero si ya tienes la selección de las tres que encajan perfecto en una estación, qué mejor. Si sientes que tienes muchos elementos en juego y quieres irte con calma, la forma más fácil de detectar la estación es basándonos únicamente en tus resultados de tinte y valor. Si ves que tus resultados son que eres una persona cálida y clara, serás primavera. Cálida y profunda, otoño. Fría y clara, verano. Y fría y profunda, invierno. Si el valor fuera neutro porque no supiste catalogarte en claro u oscuro y sólo tienes detectado el tinte, usa entonces el croma como referencia: si fueras una persona cálida y brillante, serías primavera. Cálida y suave, otoño. Fría y brillante, invierno. Y fría y suave, verano.

Una vez que ya sabes cuál es tu estación, toca el turno de saber cuál es tu subestación, por lo que deberás elegir dentro de las tres características que tiene tu estación, cuál es la que más te define, representa o es más notoria. Por ejemplo, si fueras otoño, ¿qué tiene más peso o describe mejor tu físico? ¿Lo cálido, lo oscuro o lo suave? O si fueras invierno, ¿lo frío, lo oscuro o lo brillante? En este último ejemplo podrías ser invierno porque tu pelo es frío, oscuro y brillante; tus ojos fríos, claros y brillantes, y tu piel neutra, muy clara y brillante, de modo que llegaste a la conclusión de que eras invierno por las características de frío y brillante. Pero si te das cuenta, lo oscuro de la estación tiene muy poco peso, y de hecho, compartes también características de primavera, como la claridad y la brillantez, así que podrías usar sus colores siempre y cuando no sean cálidos. Ahora bien, revisa nuevamente el ejemplo de este supuesto que seas invierno y verás que la clasificación de brillante se repitió en las tres categorías de ojos, piel y pelo, por lo que ésa sería tu característica principal subestacional: brillante. Siendo tu estación cromática la de invierno brillante.

Y así con las 12 combinaciones posibles que a continuación enlisto, tratando de hacer un ejercicio de síntesis extrema estereotipando cuál sería la principal característica en una persona:

① **Primavera cálida:** personas de pieles claras pero muy ricas y balancedas en color.

② **Primavera clara:** personas rubias doradas incluso de cejas y pestañas.

③ **Primavera brillante:** personas claras doradas pero con alto contraste en color de pelo y ojos. Los ojos son claros y muy brillantes como gemas.

④ **Verano frío:** personas claras de ojos grisáceos y azulados y pelo cano o cenizo claro.

⑤ **Verano claro:** personas muy rubias platinadas incluso de cejas y pestañas.

⑥ **Verano suave:** personas blancas pero con muchas pecas y pelo rubio o castaño cenizo.

⑦ **Otoño cálido:** personas bronceadas o cobrizas, ricas y balanceadas en colores cafés y dorados.

⑧ **Otoño profundo:** personas muy morenas de ojos y pelo en cafés muy oscuros.

⑨ **Otoño suave:** personas castañas de muy poco contraste, pero con mezcla de la misma variación de tonos tierra y de naturaleza en ojos y pelo.

⑩ **Invierno frío:** personas de piel clara tirando a pálida, pero con mucho contraste con ojos y pelo muy negros u oscuros.

⑪ **Invierno profundo:** personas de piel, ojos y pelo muy oscuros, en un solo tono tirando a negro.

⑫ **Invierno brillante:** personas de piel clara pero con pelo muy oscuro y ojos llamativos en colores intensos.

El mejor color es aquel que te queda, decía Chanel, y estamos a punto de entrar al capítulo de trucos, por lo que claro que veremos muchos trucos relacionados con el color, sus mezclas y lo que comunican. Para saber qué colores te quedan no hay truco, y si lo hay, ya lo revelamos: el secreto está en poner en armonía el tinte, valor y croma de los colores a utilizar cerca del rostro, con el tinte, valor y croma de los colores que la naturaleza te dio en piel, ojos y pelo. Así que juega y atrévete con los colores que tienen las características de tu estación, o mejor aún, selecciona el color con mira láser si quieres irte a la especificidad de tu subestación.

    ¡Un tip extra que casi olvido! En color, imita a los famosos (a las verdaderas luminarias) y a los personajes de ficción de series y películas. Los famosos tienen asesores y vestuaristas profesionales, por lo que cada vez que van a una entrega de premios o se presentan en una gala o alfombra roja, van vestidos y maquillados en colores que un experto les eligió. Y para las películas y series de televisión, los departamentos de vestuario y caracterización también hacen un muy buen trabajo eligiendo los colores, maquillajes, tintes y demás elementos cromáticos que les van bien a sus personajes. Vaya, hasta en las películas y series animadas los dibujos muestran cromometrías en armonía. Si consideras que por sus colores te pareces a un famoso o compartes su cromometría, busca fotos de ellos en galas o caracterizados en personaje, imítalos, y ve haciendo tu propia paleta de color. De hecho, esta recomendación también llévala para formas de cara y cuerpo, pues si todos tus amigos te dicen que te pareces a cierta celebridad, es porque seguro compartes no sólo sus colores, sino que también compartirás las medidas y formas de su cara y cuerpo, entonces puedes ver también qué corte y peinados les quedan e imítalos.

    Para acabar el tema de color, en la página 4 del pliego a color del libro te dejo un muestrario general de las cuatro estaciones, llevándolo al punto fino subestacional. Te deseo que a partir del día de hoy el color sea un gran aliado para iluminarte a ti y deslumbrar a los demás.

Llegamos al punto donde tenemos detectados todos los elementos de nuestro reconocimiento 3C. A manera de resumen y conclusión, te dejo al final de este capítulo una hoja de diagnóstico donde podrás vaciar todos los resultados obtenidos en tus mediciones e interpretaciones de cara, cuerpo y color. Recuerda que tu cuerpo es perfecto tal y como es y que la mejor anatomía es la que la naturaleza te dio. Sé que en este capítulo por más que explicamos que la palabra *ideal* se refiere a la idea de la proporción aurea y al equilibro y balance visual, a veces puede generar expectativas o decepciones por no acercarnos a esa idea en nuestra realidad. Pero no te confundas. No por tener cuerpo X, 8 o V quiere decir que tengas "buen cuerpo", o porque te quepan cinco ojos exactos dentro de tu cara ovalada quiere decir que seas más guapa o guapo. Simplemente se refiere a que tendrás que hacer menos adecuaciones para lograr un balance y nada más, ya que la belleza es relativa. Además, alguien puede tener cuerpo 8 pero padecer sobrepeso y tener grandes desproporciones entre los segmentos de su cuerpo, y otra persona ser H pero estar súper fit y con unas pompas impresionantes. Como también alguien puede tener la cara ovalada y con las medidas perfectas, pero padecer estrabismo y tener la piel muy maltratada, y otra tener la cara redonda y los ojos muy separados, y aparecer en portadas de revista como modelo. Pero no estoy diciendo que una persona vaya a ser mejor que la otra o más o menos bella. Una vez más, la belleza es relativa, y todos tenemos que considerarnos y considerar a los demás como entes de belleza.

Además, quiero puntualizar que la proporción aurea lo que hace es preservar la armonía visual y deleitar mediante la estética. Pero soy un convencido de que también en el caos hay belleza. La imperfección también atrae y genera puntos de interés. Por ejemplo, en la relatividad y subjetividad de la

belleza, no sé si consideres como lo pusimos a discusión que la cara masculina ovalada sea más atractiva a la rectangular, extremadamente marcada
y angulosa en la quijada... ¡no lo sé, ambas lo pueden ser aunque la teoría mi-
lenaria dicte otra cosa! Como también, unas piernas interminables pueden ser
lo que más atraiga de la figura de una mujer, o unas facciones exóticas fuera
de proporción pueden hacer a alguien extremadamente irresistible. Todos tenemos nuestros "defectos" que ante los ojos de alguien más son virtudes,
y que también tendrían que serlo para nosotros.

Yo por ejemplo no tengo labio superior (por esa razón me empecé a
dejar la barba y así disimular el espacio sobrante) y además tengo una ligera
parálisis facial que me limita a sonreír únicamente para un lado y extendien-
do mucho la boca. En mi infancia y adolescencia me perturbaba mucho esta
situación, pues recibía constantes comentarios sobre lo "defectuosa" que era
esa parte de mi cuerpo, y recibía burlas sin mala intención por parte de mis
amigos y compañeros del colegio. Pero me la acabé creyendo, y por un tiempo
me limité de hacer lo que más me gusta que es sonreír. Hasta recuerdo que
cuando salió la primera película de *Batman* de Tim Burton, durante un tiempo
me apodaron Guasón porque según esto sonreía igual que el Joker de Jack
Nicholson... ¡Y sí! Si buscas fotos de ese actor, te darás cuenta de que tampoco tiene labio superior y eso no le ha impedido ganar tres Oscares y estar
nominado a quién sabe cuántos, en fin, creo que ya te agarré de psicólogo
para hablar de los traumas de mi infancia... sin embargo, un día en mi adolescencia llegó una mujer y me dijo que le gustaba, y que lo que más le gustaba
de mí era mi boca y mi sonrisa torcida... ¡no lo podía creer! Afortunadamente
ese patrón se repitió varias veces en mi vida hasta que yo también me la acabé creyendo, y ahora mi boca me encanta y no haría nada para disimular su
"imperfección". Ojalá desde más pequeño me lo hubieran dicho y, sobre todo,
que lo hubiera yo detectado o decretado. Ojalá nos dediquemos a decirles

más a las personas lo bellamente imperfectas que son, y no lo aburridamente idealizadas que nos gustaría que fueran.

Ya hemos quedado reconocidos en lo que la naturaleza nos dotó, y estamos conscientes de que podemos perseguir una idea de proporción enfundada en la palabra *ideal*. Creo que ya no hace falta recalcar una vez más que ideal no es sinónimo de mejor, pues dejamos muy en claro que el mejor físico es el que tienes en este momento.

"De la moda lo que te acomoda", reza la frase popular que es tan sabia y antigua que no sabemos a quién atribuirla, pero te apuesto a que alguna vez la has escuchado o dicho en tu vida. Ahora te apuesto a que la próxima vez que la digas la dirás con un enfoque diferente y mucho más objetivo. De la moda lo que te acomoda, según tu tipo de cuerpo, cara y color. De la moda lo que te acomoda, después de haber hecho un reconocimiento 3C. Y no sólo eso, de la moda lo que te acomoda, según la relatividad de la imagen (esencia, objetivos y necesidades de tus audiencias), y el poder comunicativo de la psicología de la ropa. De la moda lo que te acomoda, y con cada página de este método se han ido acomodando cada vez más las cosas. Ya veremos también cómo acomodar la moda a nuestro estilo. A continuación veremos todos los trucos para acomodar lo que hemos visto y reconocido en este capítulo y los previos. Vámonos con la letra T de este método, pero recuerda, de la moda lo que te acomoda es más de lo que normalmente se cree, que todo se acomode siempre a tu favor con el poder de la imagen física, y por cuarta vez en este texto te reitero... ¡que te importe mucho el P.O.R.T.E.!

DIAGNÓSTICO DE RECONOCIMIENTO 3C

Antropometría y antropomorfología:

Estatura real: _____

Clasificación de estatura: Alta ( ) Promedio ( ) Petite ( )

Medida ideal de torso y piernas: _____

Medida real de torso: _____

Medida real de piernas: _____

Conclusión: _____

_____

Medida ideal de segmento: _____

Medida real de 1er segmento: _____

Medida real de 2o segmento: _____

Medida real de 3er segmento (talle): _____

Medida real de 4o segmento (busto): _____

Conclusión: _____

_____

Cuello: Largo ( ) Mediano ( ) Corto ( )

Escala: Grande ( ) Media ( ) Pequeña ( )

Forma de cuerpo: _____

Somatotipo: Ectomorfo ( ) Mesomorfo ( ) Endomorfo ( )

Carametría y caramorfología:

Largo: _____

Ancho: _____

Longitud de ojo: _____

Medida ideal de segmento: _____

Medida real 1er segmento (boca): _____

Medida real 2o segmento (nariz): _____

Medida real 3er segmento (frente): _____

Conclusiones: _____

_____

Ojos: Juntos (   ) En balance (   ) Separados (   )

Conclusión boca: _____

Conclusión ceja: _____

Forma de cara: _____

Cromometría:

Estación: _____

TRUCOS ÓPTICOS

"Adornarse... ¡Qué ciencia!"

Coco Chanel (1883-1971)

¡QUÉ ILUSOS!

"**Y** sin embargo, se mueve". Se supone que fueron las últimas palabras pronunciadas por Galileo Galilei a sus ilusos inquisidores después de haber sido condenado a cadena perpetua por herejía tras publicar su *Dialogo sopra i due massimi sistemi del mondo* (*Diálogos sobre los dos máximos sistemas del mundo*, 1632), en donde con sarcasmo rompía el paradigma existente sobre el movimiento de la Tierra y confirmaba la visión heliocéntrica del mundo expuesta por los griegos y por Copérnico. Y les digo ilusos a sus inquisidores, porque vivían en un engaño. Eran engañados por el sol que "subía y bajaba" a diario, como nos sigue engañando todos los días cuando disfrutamos de un amanecer o un atardecer.

La palabra *iluso* viene del latín *illusus* (engañado), formado por la palabra *lusus* (jugado), participio del verbo *ludere* (jugar). Las ilusiones son juegos de engaño dirigidos a nuestro inocente e iluso cerebro. Una ilusión es cualquier representación sin verdadera realidad, sugerida por la imaginación y causada por un engaño de los sentidos. Y cuando ese sentido es el de la vista, estamos hablando de ilusiones ópticas.

EL MÉTODO P.O.R.T.E.

Entender estos fenómenos en la creación de nuestra imagen física es importante para jugar su juego, ya que al comprender las limitaciones del cerebro humano relacionadas con el sentido de la vista, tenemos la posibilidad de distorsionar la realidad en lo relativo a la forma, el color, la dimensión y la perspectiva de lo observado. Con esto es con lo que han jugado los grandes artistas de todos los tiempos para crear belleza y deleitar el ojo humano. El *David* de Miguel Ángel es considerada la obra escultórica más bella de todos los tiempos y la representación más magnífica del cuerpo humano, por lo que podríamos pensar que sus proporciones son perfectas y respetan al pie de la letra los textos de Vitruvio y da Vinci. Y no es así, pero paradójicamente sí lo es también. La realidad es que sus proporciones no corresponden a las de la figura humana ya que su cabeza, manos y torso son grotescamente más grandes de los parámetros ideales... ¡pero no lo notas! Miguel Ángel se convirtió en ilusionista e hizo un truco para que lo vieras como un cuerpo perfecto, jugando con la ubicación original donde estaría la escultura y el punto de vista del espectador, para que así con la distancia y ángulos de observación, disfrutaras de las perfectas proporciones de su obra. Esto es lo mismo que vamos a hacer nosotros, trucos que rompan con las proporciones reales para aparentar las proporciones ideales.

La palabra *truco* es perfecta para representar el juego de ilusiones porque viene de trucar, que significa: disponer o preparar algo con ardides o trampas que produzcan un efecto deseado. Un truco según la RAE es:

1. m. Cada una de las mañas o habilidades que se adquieren en el ejercicio de un arte, oficio o profesión.
2. m. Ardid o trampa que se utiliza para el logro de un fin.
3. m. Ardid o artificio para producir determinados efectos en el ilusionismo.

TRUCOS ÓPTICOS

Entonces, hagámonos mañosos y desarrollemos la habilidad de engañar al ojo para lograr armonía, balance y equilibrio en el arte de la imagen física. En el bien vestir no tiene nada de malo ser tramposos, ¡qué bueno que los grandes artistas lo hayan sido para deleitarnos y crear belleza! Convirtámonos en artistas del porte y logremos armonía al vestir.

Todo esto sonó a magia pero en realidad es ciencia. Dentro de la ciencia de las ilusiones ópticas se puede profundizar tanto, que por eso ha sido materia de estudio desde la antigua Grecia y sigue siendo motivo de amplios tratados de investigación científica. Por eso es que tenemos que delimitar qué ilusiones son las que nos funcionan, pues si te gusta el tema, podrás profundizar sobre ellas al grado que tu voluntad lo desee y lograr ilusiones tan personalizadas que ningún libro podría explicar. Y de los trucos que hablaremos en este capítulo, son de los que se logran con las ilusiones cognitivas distorsionantes.

Desde el capítulo anterior, al hablar de proporción mencionamos que el ojo humano tiene preferencia por la armonía sobre el caos, y que la proporción aurea respeta ciertas medidas ideales que el ojo humano interpreta como balanceadas dentro de la naturaleza. Por lo que cualquier desviación encontrada al comparar las medidas ideales con nuestras medidas reales, y que arrojaron conceptos como: tronco corto, talle largo, piernas cortas, frente larga, cuello corto, cara oblonga, ojo separados, cuerpo A y cualquier variación que en tu diagnóstico hayas detectado, deberá compensarse a través de las líneas, colores y escalas en el vestuario, los accesorios y elementos de estilismo en general, para crear armonía visual y mejorar la apariencia personal. Para esto sirven las ilusiones cognitivas distorsionantes.

Las ilusiones cognitivas surgen porque nuestro cerebro saca supuestos sobre el mundo, tratando de encontrarle un sentido a lo que no lo tiene, o trata de completar mentalmente lo que falta en algo por mera inferencia. Por ejemplo, si yo me paro detrás de un muro de concreto donde sólo es visible la mitad de mi cuerpo, tu cerebro da por hecho que por debajo están mis piernas y que no soy un extraño torso volador. Pero si empiezo a caminar hacia un lado y gradualmente mi cuerpo va descendiendo haciéndose más pequeño a cada paso, tu cerebro interpretará que estoy bajando unas escaleras aunque esto no sea cierto. Truco viejo, simple y muy menso, pero tan divertido que todos lo hemos hecho alguna vez. Y hay muchos tipos de ilusiones cognitivas, como las ambiguas, las paradójicas, las de ficción, y las que serán motivo de nuestro análisis, las ilusiones distorsionantes.

Las ilusiones cognitivas distorsionantes, en ocasiones conocidas también como ilusiones geométricas-ópticas, se caracterizan por generar distorsiones de tamaño, longitud, posición o curvatura, que es lo que queremos lograr con nuestro cuerpo. Por ejemplo, si nuestras piernas son cortas, queremos generar el efecto de aumentar su longitud. Si se tienen muchas caderas y generan desbalance, desearemos encogerlas y disimular su tamaño. Si los ojos estuvieran muy juntos, usaremos las cejas y el maquillaje para alterar su posición y separarlos, y si no se cuenta con cintura, usaremos estas ilusiones para aparentar una curvatura en esa parte del cuerpo. Para ello usaremos principalmente tres cosas: líneas, escalas y colores.

Ejemplos veremos muchos, pero uno de los más ilustrativos para ver cómo afectan las líneas, escalas y colores, y que puede servirnos de introducción y a su vez de síntesis de todo lo que aquí veremos, es la ilusión de la pared de cafetería:

En esta ilusión, todas las líneas que ves son paralelas, rectas y tienen la misma longitud, así como todos los cuadrados cuentan con la misma área. Sin embargo, el contraste de colores, la distribución de las líneas y la colocación en escala de los cuadrados (nunca mejor dicha la palabra *escala*, del latín *scala* = escalera), hacen que veamos líneas inclinadas, cuadrados de diferentes tamaños, efectos tridimensionales, curvaturas, y en general una fiesta de movimiento y dinamismo ante nuestros ojos.

Veamos concepto por concepto explicando y ejemplificando cómo los colores, las líneas y escalas afectan en nuestra percepción, pero sobre todo, veamos cómo jugar con ellos al momento de producirnos físicamente. Antes quiero hacer un compromiso contigo y pedirte un favor. El favor es más bien la petición de apelar a la sensatez de que será imposible dar, y sobre todo ejemplificar, todas las recomendaciones habidas y por haber para cada anatomía. Todos somos diferentes, únicos e irrepetibles, por lo que así como tú tienes este libro en las manos, también lo tendrán miles (millones le gustaría a mi editor) de lectores que, como tú, desean encontrar el consejo más aterrizado para su tipo de cara y cuerpo. Por eso el servicio estrella de un asesor en imagen física es el manual de diseño de imagen personal, que trae todas las recomendaciones aterrizadas de manera personalizada. Así, el compromiso es que esta sección tendrás que leerla como estratega y como estudiante, y no desde la comodidad de quien compra un libro de tips y recomendaciones. Me refiero a que tendrás que leer con el esmero de entender la ciencia, para después producir la apariencia. Producir tu apariencia, obviamente, pues por eso estás leyendo este libro, pero también podrás ayudar a producir la de los demás. Ya que verás que con todo el conocimiento adquirido en este libro te cambiará tu óptica de ver el mundo y la manera en que la gente se relaciona con su ropa. Si bien no darás consejos donde nadie te los pide, sí podrás hacer un análisis más objetivo cuando alguien te pregunte: ¿Cómo me veo?, o ¿qué tal me queda este *outfit*? Y por supuesto podrás comprarles ropa con mayor certeza a tus seres queridos, como hacer una mejor elección cuando quieras regalarle ropa a alguien.

Quién sabe, chance hasta te entra el deseo de certificarte profesionalmente y dedicarte a esto; pero si no, mínimo lo víboras que somos tendrá fundamento cuando digamos cosas del tipo: "Cómo se le ocurre ponerse eso...", como también nuestros halagos serán más honestos cuando piropeemos a alguien y le digamos: "¡Qué bien te ves!"

Pero retomemos el enfoque principal que es aplicarlo a nuestro físico, y veamos los trucos de color, líneas y escala.

TRUCOS DE COLOR

Empezamos con los trucos de color, que son los más sencillos de entender y se basan en un concepto básico: los colores claros atraen y los oscuros retraen. Por eso en la cultura popular se dice "el color negro adelgaza" y "quien de amarillo se viste, en su belleza confía". A este fenómeno, en el mismo texto que lo llevó a juicio, Galileo Galilei le llamó irradiación óptica.

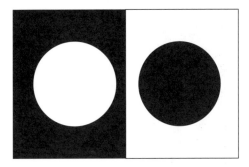

Si te fijas en esta imagen, entenderás eso de que los colores claros atraen y los oscuros retraen. Nuestro cerebro tendrá más tendencia a mirar primero el círculo blanco y después el rectángulo blanco posterior al círculo negro. Como también, mientras el círculo blanco parece una pelota que sale de lo negro, el círculo negro parece un túnel o un agujero que se mete a lo blanco. Y el tamaño también se altera, el círculo blanco tiende a verse ligeramente más grande, o si regresas a ver la ilusión de la pared de cafetería, verás que los cuadrados blancos parecen de mayor tamaño. La irradiación se da por la dispersión de la luz dentro del ojo, haciendo el efecto de ampliar en la retina la imagen de un área de luz, lo que genera la ilusión de que un área iluminada del campo visual se ve más grande que un área oscura de tamaño idéntico.

La conclusión es obvia: usa colores claros en las partes del cuerpo que quieras acentuar y atraer la atención, y colores oscuros sobre aquellas partes que quieras disimular y distraer la atención.

Y claro que lo primero que se nos viene a la cabeza es el uso del blanco y el negro, que serían los colores que más atraen y distraen por naturaleza, pero dentro de tu paleta de colores, encontrarás muchísimos tonos con variaciones de valor que podrás usar para este efecto. Por lo que hasta para escoger el azul de tus jeans debes pensar si deseas atraer la atención o no al segmento inferior de tu cuerpo, para así saber si los jeans oscuros o claros serán una

mejor elección. Es más, no sólo tendrías que fijarte en el color de los jeans,
sino que hasta el deslavado de los mismos afectaría. Por ejemplo, si desearas
atraer la atención hacia tus glúteos o
muslos para que éstos se vean más prominentes, un deslavado en esas zonas
sería tu mejor opción. Pero si el objetivo
es angostar y disimular esas partes para
no atraer la atención a ellas, usa un azul
muy profundo sin deslavar y por supuesto los negros serían la mejor opción.

Y así sería para todo lo demás. Si
un cuerpo es A, usarías colores oscuros abajo y claros arriba, o si deseas verte
con mayor sobriedad, vestirás con colores oscuros, pero si deseas ser el centro de atención, optarás por colores claros y brillantes.

Una vez entendido el concepto de irradiación, podemos empezar a hablar de contrastes, pues nuestro ojo está acostumbrado a la constancia de
color, que es la responsable de que un objeto que nos es familiar nos parezca
del mismo color, sin importar la cantidad de luz que se refleje en él en diferentes circunstancias del día. Para ti un árbol conocido siempre será verde sin
importar si es de día o de noche, y tus tenis rojos sabrás que son de ese color,
sin importar que estés en la claridad del parque o la oscuridad del bar. Lo curioso es que así como cuando cambia la iluminación cambia la manera en la
que percibes el color, si cambian los colores que rodean a algo, la luminosidad
del objeto aparecerá más brillante u opaca en nuestro cerebro, a pesar de que
el objeto en sí no cambió ni lo hizo su luminosidad. Lo único que cambió fue
el acercamiento de otro color, pero el ojo compensará el contraste según el

tono del nuevo objeto circundante, afectando la coloración natural del objeto inicial. A todo esto se le conoce como la ley del contraste simultáneo de los colores.

No hace falta que me lo digas, sé que sonó muy confuso y seguro entendiste la mitad. Me pasa igual siempre que trato de explicarlo con palabras, pero cuando muestro una imagen que genera el efecto se entiende perfecto. Mejor te dejo una ilustración que explica el contraste y la afectación de color:

El rectángulo central es del mismo color, pero en la composición superior se da un alto contraste, lo que hace que se vean dos elementos con protagonismo, dividiendo el punto focal entre los dos colores y haciendo que el color claro resalte más. Mientras que en el recuadro inferior, el bajo contraste hace que todo se funda en un solo elemento, compartiendo la atención y haciendo que nada resalte en general.

Un ejemplo muy sorprendente sobre la ley de contraste simultaneo, y que demuestra cómo hasta el más ligero cambio afecta la coloración aparente de un objeto, se puede apreciar en la ilusión de Cornsweet. Te dejo dos versiones de la misma:

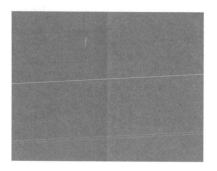 

¿Qué es lo sorprendente?, te preguntarás. Pues lo sorprendente es que en ambas ilusiones el color de los dos elementos geométricos es el mismo y no cambia. Si no me crees, coloca tu dedo en medio de la línea que los separa y compruébalo.

Por eso hicimos tanto hincapié en el tema de cromometría sobre que tenemos que igualar nuestras características de color corporales a las de los colores a utilizar. Deseamos lograr continuidad de color en los colores cercanos al rostro para fundirnos con ellos y no pelear la atención, para así resaltar con ellos en una armonía de conjunto. Ahora bien, con el resto de los elementos de nuestra ropa, claro que podemos jugar con el contraste y es la diversión de combinar colores o el recato en no hacerlo. Pero de lo que tenemos que estar muy conscientes es cómo lograr combinaciones armónicas de color, y saber lo que éstas comunican cuando nos perciben los demás. Ahora veamos el arte de combinar colores.

Antes de entrar en materia, recordarás que hablamos sobre el efecto que producen los colores en los demás cuando expliqué el efecto de atracción del rojo o el poder tranquilizador del azul en el capítulo "Reconocimiento 3C", mientras hablábamos de psicología del color. En este apartado en el que aprenderemos a combinar colores, quiero dejarte también un par de consejos extra sobre lo que los colores comunican. Y ahora sí y sin mayor preámbulo, veamos cómo combinar, para que no te pase eso de que tu habitación estaba limpia hasta que tuviste que combinar los zapatos.

El principal truco de combinar colores es pensar en yuxtaposición, o sea, pensar en el color que estará inmediatamente a un lado del otro en las prendas a utilizar, para después pensar en cuántos colores deseamos combinar y el efecto que con ello vamos a lograr. La recomendación es seleccionar una sola prenda y con base en ella construir toda la combinación yuxtapuesta. La prenda a elegir para iniciar será la "estelar" del día y de ahí te seguirás con la más próxima y así sucesivamente. Tal vez sabes que ese día tienes que ponerte tu traje navy, o simplemente te latió ponerte tu camisa o blusón lila, o los tenis verdes que te acabas de comprar y quieres estrenar. Después piensa, como lo vimos desde las primeras páginas de este libro: ¿Qué quieres comunicar?

Habrá días que quieras comunicar seriedad, balance y tranquilidad, y por el contrario otros que quieras comunicar jovialidad, diversión y alta energía. Para lograr lo primero, no pensarás en hacer muchas combinaciones y contrastes de color, así que elegirás una combinación monocromática o análoga (no te apresures, ya las explicaré), o bien, elegirás solamente un sutil elemento, como puede ser una corbata o mascada, en combinación complementaria de alto contraste para así comunicar poder. Además, pensarás en usar como base colores neutros o con valores más oscuros y cromas más suaves. Por el contario, para lograr lo segundo, pensarás en mayor juego de combinaciones y contrastes, y elegirás combinaciones complementarias, en triada o en tétrada. Como pensarás también en colores de valor más claro y croma más brillante.

Antes de explicarlo a profundidad y para que lo entiendas más coloquial: si te vistes de un solo color o combinaciones de colores similares, estarás diciendo "soy una persona sobria"; si te pones acentos de color dirás "voltéame a ver un poco", y si combinas muchos colores contrastantes dirás "¡voltéame a ver, soy diferente!" Y ya que elegimos nuestra prenda estelar y sabemos qué es lo que queremos comunicar, pensaremos en nuestra siguiente prenda y empezaremos a combinar.

Para entender las combinaciones que existen debemos regresar a nuestros círculos cromáticos o ruedas de color. No importa si usas la de pigmento RYB o la de luz RYB. Te recomiendo que para esta parte abras cualquier rueda de color de las páginas o programas de diseño, pues podrás jugar nuevamente sobre ella mientras vamos explicando los conceptos y entenderás mejor las combinaciones, y experimentar con la infinidad de tonos que existen y con los colores de tu elección. Las combinaciones que hay son:

Combinación en colores complementarios:

Combinación de dos colores que se encuentran en lados opuestos de la rueda de color. Esta combinación proporciona un efecto de alto contraste y por lo tanto, alto impacto. Cuando estos colores se colocan en yuxtaposición, pelearán entre ellos luciendo más brillantes y prominentes, por lo que su relación es contradictoria, pues se atraen y repelen a la vez. El efecto es muy llamativo, capta la atención y en dosis pequeñas comunica poder. La rueda de color para comprobarlo la encontrarás en en la página 6 del pliego a color.

Por supuesto la combinación más complementaria es la de blanco y negro, pero al ser colores neutros no es tan llamativa, aunque sí autoritaria y poderosa. Las combinaciones complementarias son muy dramáticas, y lo serán cada vez más, mientras los colores estén más juntos o yuxtapuestos, pues si están separados, no pelearán tanto y se complementarán con mayor armonía, perdiendo el dinamismo y el poder mientras más alejados están y haciéndose hasta accesibles y juveniles.

Por lo tanto, a ese traje navy le vendría muy bien una corbata o mascada guinda si lo que quieres comunicar es poder, y a la camisa lila una corbata verde si quieres comunicar sofisticación. Y aprovecha el blusón lila para estrenar esos tenis verdes y lucirás jovial.

Combinación monocromática:

Combinación de un solo tono, o diferentes tonos de un color base variando su valor y croma. Proporciona un efecto sutil y conservador, y aporta tranquilidad, balance y serenidad. Es la combinación más versátil y fácil de aplicar para lograr un aspecto armonioso. Para lograr versatilidad y no lucir aburridos, se puede jugar con las texturas y patrones. Encontrarás un ejemplo en la página 6 del pliego a color.

Esta combinación será aún más sobria si se da en colores neutros (blanco, escala de grises y negro), seguirá siéndolo en colores suaves, y se irá perdiendo la sobriedad mientras más brillantes sean los colores, de modo que una combinación monocromática roja o amarilla será todo menos sobria. Si de sobriedad se trata, al traje navy le vendría muy bien una corbata azul rey, y el blusón lila transmitirá tranquilidad si lo combinas con unos leggings de un color similar; pero ojo, si tus tenis verdes los combinas con pantalones verdes y camisa y saco en los mismos tonos, lucirás tan exagerado y enigmático como el Acertijo de Batman o tan mágico como el duende de los Lucky Charms.

Combinación análoga:

Combinación basada en tres colores adyacentes en la rueda de color. Aquí elegirás un color, y luego seleccionarás para combinarlo uno o los dos colores que están a sus extremos. Esta combinación de colores es la más armónica y jovial, pero hay que saber que si se abusa de ella puede ser abrumadora. Para equilibrar un esquema de color análogo, lo recomendable es que una vez elegido el color dominante, los otros se utilicen como acentos. Esta modalidad la encontrarás en la página 7 del pliego a color.

En esta combinación tomamos como referencia tres colores, pero dos de ellos comúnmente los englobamos en el mismo nombre: por ejemplo, los "verdes" o los "azules". Pero siempre habrá otro color en la tercia que hace la transición, en ese ejemplo de verdes y azules sería el aqua para ambos, para los azules sería el morado y para los verdes el amarillo. Si eliges una combinación análoga en dos colores y no es el de transición, la combinación será menos versátil y jovial, y se parecerá más a las combinaciones monocromáticas. En esta combinación, al traje navy le vendría bien una corbata verde, al blusón lila unos shorts morados y unas pulseras y banda rosa para el pelo, y los tenis verdes con unos blue jeans y una polo amarilla sería una combinación muy fresca.

Combinación en triada o tétrada:

Combinación basada en tres o cuatro colores uniformemente espaciados y equidistantes en la rueda de color. Esto proporciona un esquema de color de alto contraste, pero no tanto como la combinación de colores complementarios, lo que la hace más creativa que dramática. Esta combinación crea paletas de colores atrevidas y vibrantes. La encontrarás en la página 8 del pliego a color.

Si nos basamos en el esquema de tétrada, la combinación será aún más atrevida, enérgica y creativa, y cuantos más colores tengas, más difícil será equilibrarlos, por lo que funcionará mejor si dejas que un color sea el dominante y usas los otros como acentos. Yo por ejemplo uso mucho mi traje navy con una camisa verde muy clarita de cuello y puños blancos, que combino con corbata, pañuelo y mancuernillas en rojo. Combinación arriesgada pero que me funciona muy bien. Como el blusón lila podría ponerse con unos pantalones azul cielo, y llevarlo al límite usando los nuevos tenis con accesorios también en verde, con otros en azul y morado. Combinaciones más complejas pero que con gracia funcionan muy bien si el objetivo es captar la atención.

Las combinaciones son infinitas y el color es poderoso, por ello al portarlo no solamente vamos a pensar en nuestra cromometría, sino en la armonía de la combinación de color; lo que comunica el color por separado y en su combinación total. Y tal vez no hablamos de manera específica de otro tipo de colores como los marrones y beiges, los metálicos o los fosforescentes, pero sí dijimos que mientras más brillantes sean más llamarán la atención, y mientras más suaves, más discretos. Ya podrás imaginar la accesibilidad y poca atracción de los cafés, lo atrevido y seductor de los metálicos, y lo divertido y vibrante de los fosforescentes. Y si algún día no sabes lo que comunica el color, sólo siéntelo... sí. Los colores nos "vibran" y nos generan una percepción sensorial que traen consigo un contenido emocional. Recuerda lo que dijo Goethe sobre sentir la temperatura del color cuando explicamos el tinte, igualmente hay que sentir todas las características de color. Así estamos diseñados y traemos una especie de software integrado que desde nuestro nacimiento nos ayuda a sentir el color y a actuar respecto a él, de tal forma que si un color te transmite a ti algo, tenlo por seguro que también se los transmitirá a los demás.

Y ya que toqué nuevamente el tema de lo que comunican los colores, si bien nos hemos centrado en lo que los colores producen en los demás, un dato final muy interesante es el que la profesora Carolyn Mair denominó como *dopamine dressing* (vestuario de dopamina), en el que expone la noción de que vestir ciertos colores afecta también nuestro estado de ánimo, levantándolo o apaciguándolo, y predisponiéndonos a actuar de manera más calmada y reservada, o enérgica y feliz (Mair, 2018). En sus estudios, explica que los colores claros son los que más se vinculan con la liberación de dopamina, el neurotransmisor más relacionado con el sistema de recompensa del cerebro y del que ya hemos hablado. Por lo tanto, si bien este capítulo es de trucos para lograr las proporciones ideales y hablamos también del efecto que produce el color en los demás, debemos regresar un poco la mente al capítulo "Psicología de la ropa" y pensar que también es un truco saber que los colores juegan un papel fundamental en nuestro propio estado de ánimo. Así que vístete de claro para ser más abierto, accesible y explosivo; y vístete de oscuro para actuar más cerrado, autoritario y reservado.

Y no me meto a decirte cuáles son las consideradas combinaciones prohibidas de color, pues soy un convencido de que tal cosa no existe. Todas las combinaciones son bienvenidas y permitidas, lo único es que aquí estamos buscando balance y armonía, pero como ya lo dije una vez: en el caos también hay belleza. Y mucha gente de la moda siente que tiene la autoridad de prohibir combinaciones, como el negro con los marrones, porque no generan impacto o lucen insustanciales, pero... ¿por qué suponen que queremos generar siempre un impacto? Y además, ya me imagino si estas personas no se impactarán si los persigue un doberman o un rottweiler, un oso negro, y hasta los leopardos, quienes tienen esa coloración. Por lo tanto, juega a la segura con los trucos aquí aprendidos, pero no tiene nada de malo de vez en cuando arriesgarnos y experimentar.

Pues ya nos pintamos de colores, vayamos ahora con los trucos de líneas.

TRUCOS DE LÍNEAS

Las líneas verticales alargan y adelgazan y las horizontales ensanchan y engordan. Es el tip más básico de ilusiones de imagen física que alguien te dará y, si bien en algo tiene razón, el fenómeno de las líneas es mucho más complejo y no solamente se refiere a estampados. De hecho, a veces es todo lo contrario, las horizontales alargan y las verticales ensanchan. Como también lo harán las curvas y las diagonales... Pero ya tendremos tiempo de explicarlo, de momento ilustremos la parte de razón en que las verticales alargan y las horizontales ensanchan:

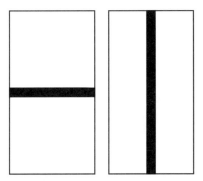

¿Qué rectángulo es más ancho y cuál más largo? En efecto, miden igual. Pero para nuestro cerebro el de la izquierda es el ancho y el de la derecha el largo. Y en esto se basa la regla de las horizontales y verticales al vestir.

Una cosa muy interesante de las líneas es que éstas no forzosamente deben existir para que en nuestro cerebro existan. Por lo que al hablar de líneas no solamente estamos hablando de estampados con patrones a rayas, sino de cualquier cosa de tu vestimenta que haga un efecto visual lineal. Por ejemplo: si usas un color en la parte del torso y uno diferente en piernas, el cambio de color se considerará una línea horizontal, y si además metes un color de zapato en contraste, sumarías una horizontal más. Por el contrario, vestir todo de un solo color o tonalidad, o simplemente usar el mismo color de zapatos y pantalón, hará un efecto vertical. Un strapless, un cinturón ancho, una minifalda, un *crop top*, las valencianas de un pantalón y unas botas por fuera, equivaldrían a horizontales. Mientras que un cuello halter, una bufanda colgada sin anudar, un saco abierto, una falda larga recta, una corbata y una continuidad de prendas, se consideran verticales. Hasta en los cortes de pelo y peinados sucede, un fleco recto muy estructurado tipo Cleopatra es una horizontal, pero el pelo largo suelto a un lado del rostro sería una vertical. Y por supuesto que las rayas de un estampado cuentan, pero en una parte ínfima de lo que es la regla de horizontales y verticales.

Incluso debes saber que nuestro cerebro completa con supuestas líneas imaginarias lo que para él hay debajo de la ropa, siguiendo la ley del cierre de la psicología de la Gestalt, que dice que si un contorno no está completamente cerrado o aparenta existencia, la mente tiende a cerrarlo o a crearlo, como sucede con el famoso triángulo de Kanizsa, donde vemos un brillante triángulo equilátero invertido donde no lo hay:

En este fenómeno se basa el logotipo del Colegio de Imagen Pública, haciendo referencia a que nuestra ciencia se basa en sacar conclusiones con base en la percepción:

Pero no me pierdo, estábamos en que nuestro cerebro crea líneas, por lo que unas hombreras hacen que nuestro cerebro piense que en nuestra espalda hay una línea continua más alta, y nos hace lucir como personas más poderosas, o que debajo de unos pantalones rectos amplios también hay unas amplias piernas.

La colocación de las líneas es fundamental, por lo que quítate de la cabeza que SIEMPRE las líneas horizontales ensanchan y las verticales alargan. Es un caaasi siempre, porque muchas veces cortando con una horizontal, alargas. Sí, mientras acortas una parte, alargas la sobrante. Es una cuestión de enfoques, tú puedes imaginar que a un pastel le estás cortando una rebanadita, o bien que le estás quitando un cachito para obtener una rebanadota. Siguiendo esta analogía, piensa que tienes que dividir un panqué entre dos. Si lo cortas exactamente por la mitad, estarías logrando equidad, pero si te pasas más para un lado, una parte saldrá ganando al obtener más y la otra perdiendo, al obtener menos. Este ejemplo, además de darte hambre, te acaba de explicar cómo lograr la medida ideal de torso y piernas usando una línea horizontal, ya sea para alargar o acortar alguna de estas partes. Es más, expliquémoslo mejor ilustrándolo con unos cuerpos un poco apanquesados:

 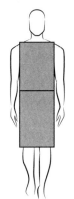 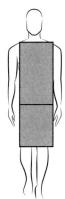

Observa cómo en la figura de la izquierda las piernas se hacen más largas mientras que en la de la derecha lo que se alarga es el torso. Llévalo entonces a donde tu creatividad quiera para obtener un corte horizontal a la altura deseada del cuerpo. Desde la recomendación más obvia que será la altura a la que te fajes, hasta las más pensadas como usar un saco bolero[14] de color sobre un *jumpsuit* negro, o una sudadera muy larga que caiga hasta el inicio de los muslos. El simple hecho de fajarnos o no, hace este tipo de cortes, o hasta amarrarnos un suéter en la cintura más arriba o más abajo divide nuestro cuerpo.

Con este juego de alargar con horizontales incluso se puede estilizar toda la figura, pues mientras más lejos del centro se coloque una horizontal y el resto permanezca en un solo color o conjunto, el efecto será más pronunciado. Es un efecto muy complejo de lograr con la indumentaria masculina, pero muy sencillo en las mujeres con el diseño adecuado de un vestido en su combinación de colores, o cortes de cintura extra alta, extra baja, imperio y canesú. Observa en la siguiente ilustración cómo mientras más lejos del centro se coloquen las líneas, más estilizan.

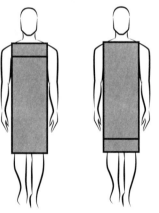

Esta última recomendación veámosla en vertical y entenderás por qué éstas también pueden ensanchar. Pues así como las líneas horizontales mientras más lejos se coloquen del centro, más estilizan, opuestamente las líneas verticales, mientras más alejadas del centro se coloquen, más ensanchan. Es decir, una corbata estiliza pero unos tirantes ensanchan, como también ensanchan los decorados en vertical al final de las

---

[14] Saco abierto o chaquetilla corta de manga larga, cuyo corte termina debajo del busto. También llamada torera y zouave.

blusas o en las camisas tipo guayaberas, mientras que las camisas con la línea de botones marcada estilizan por cortar exactamente a la mitad con una línea. Analiza este efecto en las siguientes ilustraciones:

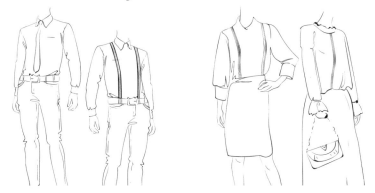

Por lo tanto, usarás las líneas verticales y horizontales a conciencia, para alargar y angostar o ensanchar y acortar las partes de tu cara y cuerpo que así lo requieran. Sabiendo que estas líneas se logran con más recursos que con estampados, y que no siempre la vertical alarga y la horizontal acorta.

Ahora bien, las líneas diagonales crean puntos de fuga hacia la dirección que se coloquen, por lo que serán muy versátiles y útiles para lograr efectos de alargar, acortar, separar, juntar y desviar la atención ocular hacia donde las líneas se dirijan. Imagínate que las diagonales son como flechas que hacen que tus ojos se disparen en una u otra dirección. La mejor forma de entenderlo es con la famosa ilusión de Müller-Lyer:

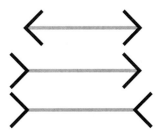

En esta ilusión, tres líneas idénticas se convierten en nuestro cerebro en una línea corta, una mediana y una larga; nada más por las referencias de lectura que generan las fugas de las diagonales. Y también las diagonales sirven de referencia comparativa entre objetos del mismo tamaño, que hacen que éstos luzcan más grandes o pequeños de acuerdo con la distancia a la que quedan en relación con la diagonal, pues nuestra mente calcula los tamaños de un objeto basándose en su entorno. Esto segundo es complicado de explicar con palabras, pero fácil de ver y entender con la ilusión de Ponzo:

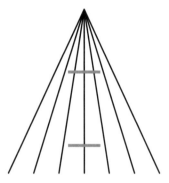

Como podrás medir, las líneas claras paralelas son idénticas en tamaño, pero la referencia con las diagonales altera su longitud en nuestro cerebro.

¿Quieres que mezclemos el efecto de fuga y el de referencia en una sola ilusión óptica y volver un poco loco a tu cerebro?

¿O qué tal esta otra, conocida como la ilusión de Zöllner?

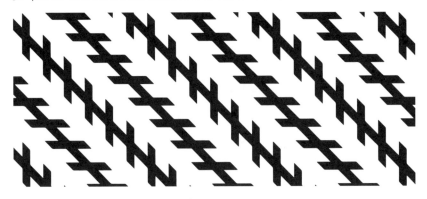

Y eso que no has bebido... (espero).

Conociendo ahora el efecto de las líneas diagonales, ¡imagina la multiplicidad de aplicaciones que podemos darles! Nada más si hablamos de cuellos de camisas, el cuello italiano al ser más abierto ensanchará el rostro y acortará el cuello, mientras que el inglés los alargará. O el cuello en V de una camiseta, mientras
más pronunciado y abierto sea, más alargará el cuello, ensanchará los hombros y
atraerá la atención hacia el escote. ¿Quieres separar los ojos? Maquillate tipo *cat-
eye*[15] y haz que la ceja rebase hacia afuera el rabillo del ojo. ¿Quieres juntarlos?
Delinéate con fuga hacia los lagrimales y junta más las cejas. ¿Quieres lucir con
mejor trasero en esos jeans? Pues si interpretaste que "mejor trasero" es tener
más, procura que las bolsas traseras sean visibles y que estén lo más separadas
e inclinadas en triángulo para lograr un efecto hacia afuera, pero si interpretaste
que "mejor trasero" es tener menos, omite las bolsas, que éstas no se noten, o
procura que estén juntas y sus líneas sean rectas o triangulen hacia adentro.

---

[15] Tipo de maquillaje ocular usado desde el antiguo Egipto, que consiste en delinear la parte superior del ojo extendiéndose más allá de la distancia del rabillo para simular el efecto
alargado de los ojos del gato. Muy popular en la estética pin-up y emblemático en figuras
como la cantante Amy Winehouse.

Como sé que esto del "mejor trasero" te interesó desde que vimos el deslavado de jeans en el tema del color, te dejo aquí una ilustración que ejemplifica cómo lucir con más, pues para menos ya habíamos acordado que lo mejor opción serán los jeans oscuros y ahora con bolsas poco visibles:

Y por supuesto las diagonales también serán nuestras grandes aliadas, con las horizontales y verticales, en el momento de querer convertir cualquier forma de cuerpo en la silueta ideal. Imagina que tienes una mujer cuerpo V o A y quieres transformarla en X, pues a la primera tendrías que ampliarle las caderas mientras que a la segunda estrechárselas, por lo que una falda tableada o volada puede ayudar con sus diagonales muchísimo a la primera, pero sería un atentado contra la segunda, a la que le vendría mejor una falda oscura de corte lápiz. Así lucirían estas diagonales que acabo de describir:

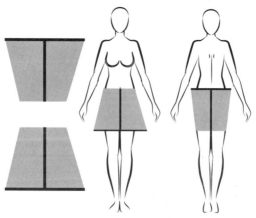

Las diagonales también tienen el efecto de transformar las líneas rectas en curvas o las líneas curvas pronunciarlas aún más, por eso unas pestañas largas siempre han hecho ojos más grandes y expresivos, como lo demuestran las ilusiones de Hering que a continuación te dejo, y que me darán pie para hablar de líneas curvas:

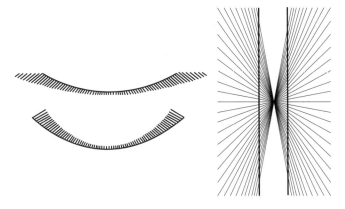

Sobre las líneas curvas sólo hay que saber dos cosas: lo primero es que aportan volumen y lo segundo es que son gentiles.

Empiezo con lo de gentileza. Nuestra mente está diseñada para decodificar la carencia de ángulos, filos y bordes, como cosas poco peligrosas y por lo tanto amables y seguras; es decir, las líneas curvas se ven más orientadas hacia la gente y por eso el uso de la palabra gentil. Las líneas curvas comunican accesibilidad y serán interpretadas como suaves y femeninas, sin entender esto como que sean exclusivas para mujeres, sino que simplemente suavizan y acercan. Por el contrario, las líneas rectas y angulosas se decodifican en nuestro cerebro como más riesgosas y peligrosas, por eso tienden a cerrar más los canales de comunicación y se relacionan con la autoridad, la frialdad, el mando y el distanciamiento. Por ello debes tener presente no sólo lo que las líneas logran en su efecto de alargar o ensanchar, sino también en los sentimientos que transmiten. Una ceja depilada en línea curva, será más romántica y amable que el dramatismo y seducción que aporta una ceja muy marcada y angulosa; como también el delineado de la barba o terminado de un corte masculino, si las líneas son más rectas y marcadas, comunicarán mayor virilidad y agresividad, y si son curveadas, mayor encanto y accesibilidad. Pasa lo mismo con las prendas, no por algo los trajes y trajes sastres tienen formas tan lineales en su estructura, pues los utilizamos para comunicar autoridad; por el contrario, un suéter amplio o un chal, en donde la propia caída de la tela hace que carezcan de forma y estructura, las convierte en prendas de extrema accesibilidad.

Y sobre que las líneas curvas aportan más volumen, no es solamente porque abarcan más, sino que la curvatura aportará mayor espacio y hará lucir más voluminosa la parte donde queda su lado cóncavo. Esto se puede usar para alargar zonas a las que además se les quieren agregar volumen, o simplemente para aumentar o disminuir el volumen de una zona. Por ejemplo, una línea de escote curva en un traje de baño, además de ser más gentil y menos "agresiva" que un escote en V, resta volumen al pecho por lo que sería recomendable para bustos muy prominentes a los que no hay necesidad de aumentarles volumen. Al contrario, un traje de baño strapless en forma de corazón, generará curvas convexas hacia las *boobs*, lo que favorecerá para mujeres de pecho pequeño que deseen aumentar visualmente el volumen. Para entender mejor el efecto de volumen de las líneas curvas, ilustrémoslo con un supuesto vestido:

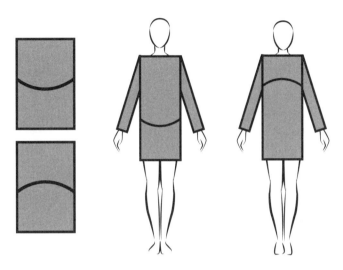

Observa el dibujo y ve no solamente cómo la línea alarga, sino que genera volumen hacia las partes convexas dando un efecto de "panza" ya sea colgada o elevada. Es más, imagina que esa línea del vestido es la que hiciera un abdomen prominente de hombre o mujer, ya sea por ser la clásica panza abultada de buen cervecero o una panza de embarazo en su estado avanzando. O simplemente, panza normal... Da igual. Sólo quiero que reflexiones sobre qué panza se vería más estética y menos pesada. La de la derecha, ¿verdad? Por lo tanto, hombres de abdomen prominente, dejen de fajarse por debajo de la panza como si fueran talla 30 y cómprense pantalones de acuerdo con su cintura real, ya que lo único que logran es un efecto de curva que hace que luzcan mucho más panzones de lo que realmente son. Y mujeres embarazadas, confíen en la ropa de maternidad que por lo general se diseña para lucir panzas elevadas y no caídas, y cuando las dejen de usar, cédanselas a los caballeros antes mencionados ☺.

TRUCOS DE ESCALA

La palabra *escala* ya la habíamos utilizado cuando vimos en antropometría la medida del hueso de la muñeca, pero tenemos que entenderla ahora en su acepción de que la escala es la graduación empleada para medir una magnitud y su posterior relación entre tamaños y volúmenes. Así pues, al jugar con las escalas, estaremos jugando con el tamaño y volumen de las prendas, los accesorios, sus texturas, estampados y demás elementos que les podamos dar categoría de tamaño, en relación con las escalas y tamaños de nuestro cuerpo.

La ilusión que te dejo para entender cómo afectan las escalas es la ilusión de Ebbinghaus, en la que te pregunto, de los círculos de en medio, ¿cuál es más grande?

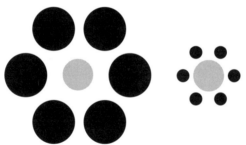

Ya para estas alturas del libro no hace falta responderte que ambos son de igual tamaño, pero aun así tu cerebro no lo creerá, y hasta vas a sacar una regla o similar para comprobarlo. La conclusión de este ejemplo es fácil: si a algo lo rodeas con cosas grandes, ese algo se verá más pequeño, pero si lo rodeas con cosas pequeñas, se verá más grande. Por lo que si a una mujer *petite* le pones una bolsa *oversize*, se verá más *petite*, y si a un hombre alto, con sobrepeso y cuerpo O, le pones una *skinny tie*,[16] se verá mucho más vo-

---

[16] Corbata muy delgada de menos de dos pulgadas de ancho.

luminoso. Por eso nunca hay que caer en el error de pensar que si eres una persona pequeña, lucirás con más altura si te pones unos zapatos grandes de plataforma... ¡al contrario! Como también hay personas con sobrepeso o mucho volumen en ciertas partes del cuerpo, que piensan que con prendas holgadas y amplias disimularán ese volumen, cuando por el contrario, sólo lo estarán aumentando.

Es el mismo fenómeno lunar que enunció Tolomeo para explicar por qué la luna a veces se ve más grande y en otras ocasiones más pequeña: porque el horizonte o las montañas sirven de referencia comparativa. ¡Todo lo que te pongas debe ir en referencia a ti porque el ojo comparará! El truco para jugarle a la segura es que todo debe corresponder a tu escala y estatura. Ahora bien, si quieres que algo luzca más grande o pequeño a propósito, usar un comparativo menor o mayor será la solución.

Mencionamos la palabra *referencia*. Una referencia es la relación, dependencia o semejanza de algo respecto de otra cosa, y sirve de base o apoyo para una comparación. En el caso que nos atañe, las comparaciones serán de tamaño y forma. Nuestro cerebro es curioso al calcular escalas comparativas, pues se crea una referencia de lo que miden las cosas, y se cierra al concepto natural de que pueden existir variaciones engañándose a sí mismo. Por eso en el cine utilizan constantemente ilusiones de escala para sus efectos especiales, y hasta cuando el Chapulín Colorado[17] se tomaba sus pastillas de chiquitolina, jugaban con esto, pues es más fácil construir una silla gigante para lograr el efecto de que el personaje empequeñeció, que hacer diminuta a una

---

[17] Personaje mexicano muy popular en Latinoamérica, interpretado por Roberto Gómez Bolaños en su programa Chespirito. Trata de un "astuto" antihéroe enfundado en un traje rojo de saltamontes, y uno de sus superpoderes era tomar unas pastillas que lo hacían pequeño.

persona. Pensamos que nuestro cerebro podría ser un poco más inteligente y detectar la realidad de que es posible que existan sillas más grandes y pequeñas de lo común, pero no lo es. Por eso sucede lo descrito anteriormente con la bolsa *oversize* y la mujer: "Si así de enorme se ve la bolsa, ya me imagino el tamaño de la mujer". Cuando mi cerebro debería detectar que la enormidad está en la bolsa y no la pequeñez en la persona. Este efecto de reducir el tamaño mental sucedería con personas de cualquier altura, pero si resulta que como en el ejemplo la mujer ya de por sí era pequeña... ¡pues seguro en esa bolsa guarda sus pastillas de chiquitolina!, dice nuestro cerebro.

Si bien la escala la tenemos ya entendida con el tamaño de los accesorios, debemos saber que en general se da con el volumen y formas de todo lo que nos ponemos y usamos para decorarnos. Por lo que el cerebro comparará formas y tamaños de telas, peinados, maquillajes, tocados, y cualquier elemento externo a nuestra anatomía que se pueda medir o comparar.

¿Tamaño de maquillaje?, tal vez te saltó eso, pero sí. Por ejemplo, una ceja muy amplia hará que una frente luzca más pequeña y viceversa, como una boca delineada por fuera o unos ojos con sombra, hará que éstos luzcan más grandes.

¡Pausa!... A ver, Alvaro, ya no entendí o creo que con este último ejemplo me hice bolas... Sí, te pudo haber pasado. Si no te creó confusión, vuelve a leer y detectarás dónde está la aparente contradicción: por un lado decimos que en escala nuestro cerebro compara y altera las cosas de tamaño en sentido inverso, como lo vimos con el ejemplo de la bolsa grande que hace que la persona luzca más pequeña, o ahora con el ejemplo de la ceja y la frente; pero por el otro lado, mencionamos que un maquillaje amplio en ojos y boca, no hace que la boca y los ojos se vean más pequeños, sino más grandes... ¿por qué pasa esto?

Y aquí viene algo muy interesante de la escala relacionada con las formas, y es que cuando los tamaños, volúmenes y formas de las cosas siguen los tamaños, volúmenes y formas de las cosas con las que se les compara, las segundas tienden a crecer o a pronunciar sus formas. El delineado de boca sigue la línea natural de los labios, por lo que si se marca con una amplia línea por fuera del contorno de los mismos, generará el efecto de ser una boca mucho más grande de lo que realmente es. Pero si se delinea por dentro con un color natural, reducirá su tamaño. Y lo mismo con los ojos: el delineador, las sombras y el rímel o máscara siguen las líneas, volúmenes, formas y sombras de los ojos de manera natural, por lo que decorarlos tiende a crecerlos. Eso mismo sucede con todas las partes de nuestro cuerpo, por eso cuando hablamos de líneas curvas dijimos que el escote corazón aumenta el tamaño del pecho, pues no sólo son las líneas curvas, sino también este efecto comparativo de escalas, puesto que la línea del escote sigue la redondez natural del pecho femenino. Y ya que estamos con este ejemplo de escote, sumémosle ahora trucos de colores como colores claros en el pecho para atraer la atención y oscuros en el abdomen para distraer, o trucos de líneas horizontales o diagonales para ensanchar, y algún patrón, textura o aplicación a la tela en la zona del pecho para aumentar volumen... ¡y ya creciste *boobs* donde no había! Es más, te dejo una ilustración de cómo sería un vestido con estas descripciones:

Sirva este ejemplo para reflexionar sobre que los trucos no son independientes, sino que se pueden y deben sumar para amplificar el efecto deseado. Pero regresemos al tema de escala que es el que nos compete en este momento; nos quedamos en que si se siguen las formas, aumenta el tamaño, y si no, disminuyen.

Entonces... ¿en escala siempre tengo que seguir las formas naturales de la anatomía?... ¡No! Ahora, no te me vayas a confundir. Recuerda que todo es relativo al efecto que quieras lograr. Por eso la recomendación es que si tienes mucho sobrepeso, no uses prendas amplias con caídas y texturas voluminosas, pues seguirían las formas y volúmenes del efecto que queremos evitar, haciendo que te veas aún más grande. Por eso también te comparto la regla de oro para elegir tu mejor armazón de lentes: busca armazones que se antepongan a la forma de tu cara y evita aquellos que la repliquen. Ya que si tu cara es redonda y te pones unos lentes redonditos tipo los de John Lennon, sólo lograrás que tu cara luzca más redonda, por lo que armazones rectangulares de líneas rectas ayudarán mucho a tu cara. Pero si tu cara es tan larga como la de Lennon (un día hazle estudios de carametría y verás lo oblongo que era) entenderás por qué a él se le veían tan bien.

Entonces la regla puede sonar paradójica pero sencilla, si el objetivo es aumentar tamaño, sigue las formas naturales o compara contra elementos pequeños, pero si el objetivo es disminuir o disimular, pon en oposición las formas, no compares, o compara contra elementos grandes y vistosos. Y la regla más práctica de todas que casi siempre es la que aplicarás y tendrás que seguir: iguala la escala de los elementos que uses a tu escala personal. Una bebita debería tener un moño muy pequeñito en la cabeza para que se le vea bien, pero la botarga de Minnie Mouse en Disney debe llevar ese exagerado moño enorme para que sobresalga en esa orejona cabezota; por ello nunca entenderé a los padres que les ponen los moños de la ratona a su ratita. No caigas tú en esos errores, e iguala escalas.

Siguiendo esta regla de igualar escalas, veamos algunas recomendaciones sobre el tamaño sugerido de los principales accesorios, cuando el objetivo no es acortar ni alargar partes de tu cuerpo, sino simplemente igualarlas.

Para aretes, el largo recomendado es la medida entre el párpado superior y la punta de la nariz, o hasta un máximo de la medida total entre esas partes. Para collares, el largo máximo es la medida del largo de tu cara. Para bolsas de tamaño estándar, el ideal es la medida del tamaño de tu antebrazo con el puño cerrado, y para bolsas grandes, el tamaño de tu antebrazo con la mano extendida. La punta de la corbata siempre debe llegar a la parte superior de la hebilla del cinturón, o volar a esa altura en caso de tener un abdomen muy abultado, y el ancho del nudo de la corbata deberá no ser mayor a la medida de tu boca de comisura a comisura. Para el largo de las uñas femeninas, sigue la siguiente regla: mide tus uñas desde el nacimiento hasta donde termina el dedo y divide la cantidad entre dos, ésa es la medida máxima que tendría que sobresalir después de terminado el dedo. El ancho de pulseras, anillos, cinturones y accesorios en general deben ir en proporción a tu escala ósea. Por lo que si tu escala es pequeña, deben ser delgados, y si es grande, anchos.

Para terminar el tema de escala, también hay que puntualizar que las formas generan puntos de fuga como lo hacen las diagonales, así como se convierten en puntos focales que desvían o captan la atención. Por ello, si te pones un sombrero, no solamente su tamaño y forma se comparará con tu cara y cabeza, sino que se convierte en un punto focal que captará la atención, y por ahí empezará la lectura de tu persona y seguro también terminará. Por eso, además de por las líneas, funcionan las hombreras para ensanchar, porque generan puntos de fuga ampliando la espalda, mientras generan que los ojos se enfoquen en los hombros pensando que hay mayor distancia entre ellos.

Entonces, ponte elementos donde quieres que se centre la atención y no lo hagas si hay alguna parte de tu cuerpo que no deseas que sea punto de vista. O si quieres desviar la atención, también puedes colocar otros elementos en zonas estratégicas que capten la atención del ojo cuando a esa parte a evitar se vayan a dirigir. Y cuida también que tu vestuario no tenga muchos puntos focales pues crea desbalances y "cansa" al cerebro, ya que al tenerle que poner atención a tantos elementos, tiende a rechazar lo que observa.

Para ejemplificar cómo las formas captan la atención y generan puntos de fuga que pueden alargar o compactar, te dejo la siguiente ilustración. Puedes imaginar que la línea es cualquier línea de tu cuerpo, como la de tus hombros, cintura, cadera, cuello o frente, y luego imaginar que pones objetos a sus extremos o en su interior y ver lo que pasa. Por ejemplo, si imaginas que es la línea de tus hombros, piensa que te pones una blusa de manga farol,[18] y después piensa que te pones otra de cuello ruffle o jabot,[19] tu espalda medirá lo mismo, pero el efecto de escala sería el mismo que en la ilustración.

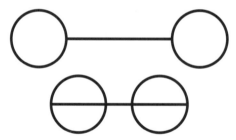

En los tres apartados hemos estado hablando un poco de telas, pues en ellas intervienen elementos de color, líneas y escalas. Por esto considero prudente puntualizar que al elegir telas, debes tener en cuenta tres elementos sensoriales relacionados con la misma: el diseño, la percepción visual y la percepción táctil.

El diseño serán los elementos de color, patrones, estampados y aplicaciones en la tela o la carencia de los mismos. La percepción visual será el

---

[18] Tipo de manga abullonada de hombros, generando un efecto redondo y abultado.
[19] Cuellos exagerados, amplios y centrados al pecho, confeccionados con telas plisadas y abultadas.

drapeado, o lo que es lo mismo, la forma de colgar o caer de la tela y que
afecta su movimiento permitiéndolo o limitándolo. Y la percepción táctil es la
textura que tiene o aparenta tener. La combinación de estos tres elementos
generará muchísimas opciones y alternativas de telas, pero generalizando, podríamos decir que tomando los extremos de cada elemento sensorial, las telas
pueden clasificarse en seis categorías:

- Telas lisas
- Telas ornamentadas
- Telas estructuradas
- Telas fluidas/sueltas
- Telas delgadas
- Telas gruesas

Mientras las telas sean más lisas, estructuradas y delgadas, menos volumen y
contraste generarán, por lo que generalmente serán más sobrias, formales
y comunicarán mayor autoridad. Y mientras sean más ornamentadas, fluidas/
sueltas y gruesas, mayor volumen y contraste generarán, de modo que serán
más festivas, casuales y comunicarán mayor accesibilidad.

Empezamos a cerrar este capítulo, pero te invito a regresar al diagnóstico que hicimos en el reconocimiento 3C, donde detectamos todas tus características personales. Revísalo y empieza a pensar en lo que tendrías que
hacer para lograr las proporciones ideales, partiendo de tus medidas y formas
reales. También te recomiendo regresar al capítulo "Organización de guardarropa", donde vimos que todo lo que habita en tu armario te debe de quedar
de acuerdo con lo que la naturaleza te dio, para así descubrir si hay prendas
que se quedaron en tu clóset y tendrían que haberse ido, pues no corresponden a tu tipología cromática, caramétrica, caramorfológica, antropométrica

y antropomorfológica. Para finalmente aumentar tu *lacklist* con los elementos faltantes y lograr el efecto óptico deseado.

Concluyamos: si las formas de cuerpo ideal son 8 y X en mujer y V
en hombres, podemos deducir lo que tendríamos que hacer si el objetivo es
disimular, respetar, marcar, alargar o ensanchar: los hombros, la cintura y la
cadera. Por ello utilizaremos colores oscuros para disimular y claros para
atraer. Estampados, prendas y estructuras verticales para alargar y horizontales para ensanchar (o a la inversa en los casos conocidos); diagonales abier-
tas para ensanchar y cerradas para estrechar. Cortes fluidos, con texturas
gruesas y ornamentación para generar volumen, y estructurados, delgados y
lisos para eliminarlo. Y escalas grandes o pequeñas para disminuir o agrandar
contra los elementos que se les compara.

Lo mismo con la cara, si el primer segmento fuera corto, la boca se pin-
taría en colores tenues, nude o lo más cercanos al color real, y a los hombres
no se les recomendaría llevar vello facial. Pero si es largo, los labios podrían
ir marcados en colores contrastantes y la barba o bigote serían bienvenidos.
Igual con el resto de los segmentos, donde sabrás que unos lentes *oversize*
serán óptimos en un segmento de frente alta, pero generarían desbalance si
este segmento es corto, como también si el segmento es corto, le vendría
mejor una frente despejada, pero si la frente es larga, un fleco sobre la misma
ayudaría a la proporción.

Y así podrás alargar un cuello corto con collares largos, o acortarlo con
una gargantilla *choker* o un cuello de tortuga; como a una persona *petite* le
vendrían mejor combinaciones monocromáticas, y a una persona alta combinaciones contrastantes. Como lo sabes y lo acordamos, las combinaciones y
recomendaciones son interminables, de forma que no nos alcanzaría ni la extinta Biblioteca de Alejandría para guardar los volúmenes con

recomendaciones personalizadas para cada anatomía que existe sobre la faz de la tierra. Así que haz tu propio análisis y saca finalmente tus propias recomendaciones que te ayudarán a lograr la proporción ideal.

Para terminar con el capítulo sobre trucos ópticos, te dejo con la espiral de Fraser para que te entretengas un rato viendo cómo juegan con nuestro cerebro los colores, las líneas y las escalas. Tal y como pasó al inicio del capítulo con la ilusión de la pared de cafetería, pero ahora con un efecto más hipnótico y alucinante. Si bien se llama espiral de Fraser, te propongo un reto: ¿Puedes seguir con tu dedo la espiral o te vas a cansar de darle vueltas?

TRUCOS FINALES PARA TODO

Al parecer aún no acabamos...

Y es que si bien estoy convencido de que tendrás la capacidad para desarrollar el pensamiento estratégico y aplicar las recomendaciones aquí vistas a tu persona, quiero dejarte una serie de trucos rápidos para comunicar autoridad, accesibilidad, dar volumen, lucir más delgados y con más altura, para que así puedas despertar tu creatividad y aplicarla a tus necesidades anatómicas personales. Abróchate el cinturón, pues nos iremos rápido a manera de balazos, centrándonos en lo que debemos preferir para lograr el efecto deseado, pensando en su opuesto para saber qué hacer o evitar para lograr el efecto inverso. En sus marcas, listos... ¡fuera!

Trucos para comunicar autoridad

- Prendas lineales y estructuradas como trajes, traje sastre, blazers, faldas y pantalones de vestir.
- Telas delgadas, lisas y sin estampados, patrones, aplicaciones u ornamentaciones en general.
- Colores oscuros como el negro, gris Oxford o el azul marino. O neutros y en combinaciones monocromáticas o de poca mezcla de color.
- Mostrar la menor cantidad de piel corporal posible.
- Peinado estructurado y de medio a corto o recogido. Bien afeitados o sin vello facial.
- Maquillaje básico y minimalista.
- Zapato negro de agujeta o cerrado de tacón.
- Accesorios discretos y básicos.
- Lentes "invisibles" (sin armazón y de tres piezas).

Trucos para comunicar accesibilidad

- Colores claros y mezcla de colores en combinaciones contrastantes.
- Telas gruesas con volumen, texturas, patrones y ornamentación en general.
- Suéteres, chamarras o blazers sin forma.
- Peinado suelto y con volumen. Barba y vello facial.
- Maquillaje natural o muy cargado.

- Calzado casual como mocasines, flats y tenis.
- Accesorios más grandes e informales.

Trucos para lucir con mayor volumen

- Tejidos gruesos con texturas suaves y fluidas.
- Telas estampadas y ornamentadas en general, con elementos extra y aplicaciones como flecos, estoperoles, bordados, pedrería, listones, moños y similares.
- Bolsas y accesorios grandes.
- Pantalones que cubran los zapatos, anchos o acampanados.
- Faldas, vestidos y abrigos largos y de caída amplia.
- Colores claros y brillantes en las zonas a aumentar.
- Efectos lineales horizontales en las zonas a aumentar.
- Líneas verticales separadas del centro de la zona a ensanchar.
- Delineados externos y gruesos en labios y ojos.
- Prendas de abroche cruzadas (chamarras, abrigos, sacos y blusas).
- Abrigos y chamarras con cuellos anchos y muchas bolsas.
- Cinturones anchos o de colores contrastantes.
- Cuellos redondos, de tortuga y strapless.
- Faldas tableadas y pantalones con pinzas.
- Zapatos de suelas anchas y plataformas.
- Tacones anchos y botas por fuera.
- Hacer contraste entre pantalón y zapatos.
- Peinado con volumen.

Trucos para lucir con mayor altura

- Un solo color de pies a cabeza.
- Efectos de líneas verticales.

- Pantalones y faldas largos, rectos y lisos.
- Prendas de abroche rectas (chamarras, abrigos, sacos y blusas no cruzados).
- Cuellos en V y halters.
- Tejidos suaves y con poco volumen.
- Bolsas y accesorios pequeños o a proporción.
- Pelo corto o recogido.
- Zapatos altos y escotados.
- Tacones finos y botas en pico por dentro del pantalón.
- Zapatos y pantalón en mismo tono.

Trucos para lograr delgadez

- Colores oscuros en la ropa.
- Telas delgadas y lisas. Sin decorados y elementos extra como bolsas, flecos, estoperoles, bordados, pedrería, listones, moños y similares.
- Pantalones y faldas rectos y a la medida del cuerpo.
- Vestidos y abrigos de caída al cuerpo.
- Efectos lineales verticales en las zonas a adelgazar.
- Cinturones delgados y del mismo color que la prenda sobre la que van.
- Zapatos de suelas delgadas.
- Tacones de aguja.
- Peinado sin volumen.

Finalmente y saliéndome un poco de los trucos ópticos, quiero dejarte un par de tucos extra muy efectivos para la hora de arreglarnos, y está comprobado que predispondrán nuestro estado de ánimo en positivo. Los incluyo pues si bien no van relacionados con la ropa *per se*, sí van íntimamente relacionados con el ritual de enfundarnos en esas ropas, por lo que vienen junto con pegado.

El primero es: báñate con agua de templada a fría, o cierra tu baño con un regaderazo de agua helada. Si existiera la fuente de la eterna juventud, no habría duda de que ésta sería de agua de deshielo, pues el agua fría en términos de combatir los efectos del envejecimiento es nuestra mejor aliada, ya que ayuda a tonificar la piel protegiendo la elastina, reduciendo su estiramiento y caída, lo que provoca una piel más joven, firme y con menos arrugas, así como también reduce drásticamente la caída del pelo.

Pero los beneficios que quiero exponer van más allá de la juventud y la estética, pues recibir una descarga de agua fría activa la circulación, lo que trae muchísimos beneficios, incluso el de reforzar nuestro sistema inmunológico y ser menos propensos a enfermarnos, como lo comprueban los estudios de Win Hof, mejor conocido como Iceman. Pero lo más interesante de estos estudios es cómo el agua fría nos da energía, nos hace más felices y nos predispone a enfrentar la vida con más ánimo y voluntad para conseguir el éxito. ¿Alguna vez has estado en esa duda de brincar o no a un lago o alberca helada? Una vez que superas esa barrera de miedos, o que incluso alguien te obliga a romperla empujándote, fíjate cómo sales del agua, sí, con una cara de sorpresa, pero también con una gran sonrisa, sensación de bienestar y disposición de moverte y animar a los demás a brincar, pues finalmente las cosas no están tan mal ahí adentro. El agua fría programa la mente para salir de la zona de confort y por lo tanto a actuar y a crecer. Imagínate saliendo todos los días en este estado de la regadera, ¡por supuesto que te arreglarás con más y mejor ánimo! Tu relación con la ropa será más sana y positiva, y le darás un doble impulso al ya efectivo poder de la psicología de la ropa. Así que deja los baños calientes para cuando la única prenda que te pondrás después sea la pijama.

El segundo truco que recomiendo acompañe tu ritual de vestir es el de usar a la gran liberadora de emociones: la música. No hace falta que te cite la gran cantidad de estudios que existen sobre el poder a nivel sensorial

EL MÉTODO P.O.R.T.E.

que tiene la música y su efecto en nuestras emociones, pues aseguro que en múltiples ocasiones has sentido cómo ésta te pone feliz, te relaja o incluso te hace llorar por los recuerdos y experiencias asociadas a ella. La música a nivel neuronal hace conexiones muy interesantes en nuestro cerebro, y por eso a lo largo de los tiempos se le ha dado multiplicidad de aplicaciones, como usar la música para descansar, comer, rezar, amar, festejar, y cualquier actividad que requiera darle un empujoncito al estado anímico que queremos lograr.

Entonces, al arreglarte escucha música que ponga tu estado de ánimo en alto. Y si bien la relación con la música es muy personal, pues, nunca mejor dicho, en gustos se rompen géneros, está comprobado que la música que corre de 120 a 150 beats por minuto es la que más nos activa y empodera con niveles de felicidad; no por algo es la música que se usa para hacer ejercicio y la más común en las fiestas donde se pretende animar a la gente. De hecho, existe un estudio conducido por el doctor Jacob Jolij de la Universidad de Groningen en los Países Bajos que concluyó cuál es la canción más efectiva de todos los tiempos para lograr el objetivo que aquí buscamos. Y la ganadora fue "Don't Stop me Now" de Queen. Pero sus estudios dicen que la clave es escuchar la música que a ti te ponga feliz, pues menciona que con la música construimos una relación muy íntima y personal ligada a la memoria y las emociones. Ya sea rock, pop, electrónica, o lo que llene tu biblioteca de favoritas, la recomendación para este libro es que escuches música que catalogues dentro de tu música favorita, pero sobre todo, que te acompañe mientras te vistes, ya que a ese ritmo te programarás para vivir.

Hemos llegado al final del capítulo dedicado a los trucos ópticos, estoy convencido de que con este conocimiento ya puedes considerarte un artista del ilusionismo. Seguro que al decir esto te imaginaste con una capa y sombrero de mago o como un prestidigitador, pero no te confundas, no existen varitas mágicas para lograr la armonía y la proporción ideal. Si te etiqueté

240

como un "artista del ilusionismo" es porque lo que acabas de aprender es todo un arte.

Un arte tal cual nos lo dice el diccionario, del latín *ars, artis*, y éste del griego τέχνη téchnē, entendido como la capacidad y conjunto de preceptos y reglas necesarios para hacer algo. El arte es cualquier actividad realizada con una finalidad estética y también comunicativa. Así que el arte del ilusionismo al vestir es usar técnicas y reglas para representar una realidad mental en función de la armonía estética y visual. "No es magia, es ciencia", mencionamos al inicio de este capítulo, y hasta como cita inicial usamos el aforismo de Chanel de: "Adornarse... ¡Qué ciencia!" Por lo tanto, usemos esta ciencia a conciencia para gozar de los beneficios de estos trucos, y reforcemos también el compromiso de practicar la ciencia para adecuarla a la apariencia. A partir del día de hoy, disfruta el ser un ilusionista del vestuario, y una vez más... ¡que te importe mucho el P.O.R.T.E.!

ESTILO

"La moda pasa. Sólo el estilo permanece."
"No es la apariencia, es la esencia."
"No es el dinero, es la educación. No es la ropa, es la clase."

Coco Chanel (1883-1971)

COMO ES ADENTRO ES AFUERA

omo es adentro es afuera. Esta frase se me quedó grabada después de leer un libro que llegó muy temprano a mi vida y que en su primera lectura no entendí. Como es arriba es abajo, también decía; pero se me quedó más grabado el concepto espejo de interioridad y exterioridad. Como es adentro es afuera, dice el principio de correspondencia del *Kybalión*, texto que me regaló mi padre a los 13 años y que me intrigó por su portada con la esfinge y las pirámides de Guiza, pero sobre todo porque venía firmado por Los Tres Iniciados. Recuerdo sentir que estaba leyendo una especie de texto mágico al cual sólo unos pocos tenían acceso, como también recuerdo que al terminarlo de leer (mas no de comprender), lo dejé abandonado en un cajón, quedándose en mí únicamente la frase: "Como es adentro es afuera".

Veinte años después, mientras hacía un *paper* académico sobre auto-percepción, vino a mi cabeza esta frase, por lo que decidí desempolvar el *Kybalión* para recordar ese principio y darle algún fundamento filosófico y no solamente científico a mi investigación. Ya no sentí la magia y la intriga, pues con la edad y la ayuda de internet, se murió la inocencia y el truco editorial de esos Tres Iniciados, que resultaron ser una sola persona: el ocultista y escritor de principios del siglo xx William Walker Atkinson. Pero lo que sí me encontré, fue un gran texto compilatorio que en siete principios resume las enseñanzas de lo que han dicho personas y personajes de la talla de: Rama, Krishna, Hermes Trismegisto, Zoroastro, Moisés, Orfeo, Buda, Confucio, Pitágoras, Sócrates, Platón, Aristóteles, Diógenes, Jesucristo, Epicteto, Mahoma, san Agustín, Newton... y una lista interminable de verdaderos iniciados y pensadores que han dicho cosas como: todo es mental, todo fluye y se mueve, todo vibra, toda causa tiene un efecto, todo tiene dos polos opuestos que se complementan y cuando se unen, generan, y por supuesto la que se me quedó grabada de como es adentro es afuera. Y tanto el *Kybalión* como estos iniciados han dicho que estas premisas conviven en nuestros planos físico, mental, emocional y espiritual.

Por eso reencontrarme con el *Kybalión* fue útil no sólo para filosofar en ese *paper* académico sobre autopercepción, sino que me llevó a la conclusión de que estas enseñanzas milenarias reflejan la composición y la naturaleza de nuestra esencia. Estas máximas revelan que hay una armonía y conexión entre nuestros planos físico, mental, emocional y espiritual. Y que todo lo que hacemos en un plano afecta, repercute y se ve reflejado en los otros. Sin importar que una acción pueda parecer pequeña e insignificante, pues tendrá un efecto que se verá reflejado a otra escala en otro plano. Un efecto mariposa de abundancia o retroceso según sean tus acciones. Además, si vemos uno por uno los principios y los aterrizamos a nuestra esencia, nos daremos cuenta de por qué el respeto absoluto de la esencia es el requisito indispensable para poder crear una imagen. Pero antes de hacer esa revisión, definamos el concepto de *esencia* desde el punto de vista de la imagen pública.

ESTILO

Si bien podríamos decir que la esencia es el conjunto de características y cualidades que configuran nuestra manera de ser y que nos diferencian de los demás, la realidad es que esta definición en poco variaría del concepto psicológico de *personalidad*. Al grado que podríamos decir que la esencia es la personalidad, pero al no ser formalmente psicólogos, los consultores en imagen pública le llamamos esencia a esos rasgos que hacen a las personas únicas e irrepetibles. Sin embargo no es una cuestión meramente semántica o de celo profesional, es más una cuestión de enfoques y de cómo abordamos el tratamiento y cuidado de esa esencia o personalidad.

Mientras los psicólogos estudian y analizan la personalidad para entender y modificar la conducta de los individuos mediante sus procesos mentales con el fin de procurar su salud mental, los consultores en imagen pública sólo reconocemos la esencia con el fin de respetarla para no violarla, y así nuestros clientes puedan responder con convicción, pues las estrategias de percepción que les recomendamos van de acuerdo con su ser. Además, para construir una imagen debe haber una esencia que la sustente, un fondo para producir una forma, siendo el fondo igual de importante que la forma, ya que un fondo sin forma no comunicaría y una forma sin fondo carecería de sustento y engañaría. ¡Hay que ser y parecer! Podríamos decir entonces que los consultores en imagen pública reconocemos el ser, para después producir y sostener el parecer.

Ahora bien, que el consultor en imagen pública no modifique la esencia no quiere decir que nuestro trabajo finalmente no la potencie. ¡Eso es lo más maravilloso de nuestro trabajo! Que al final, cuando las personas son bien percibidas y logran sus objetivos, se sienten muy bien aumentando sus niveles de felicidad, lo que se traduce en una mejor autoestima y por lo tanto una salud mental más estable y armónica. Es una consecuencia de nuestro trabajo pero no la causa. Y si como es adentro es afuera... cuando una persona se

245

siente bien consigo, se desarrolla mejor hacia afuera, y mientras mejor esté por afuera, se sentirá mejor por dentro; porque así como es adentro es afuera, también como es afuera es adentro. Es el cliché del que hablábamos al inicio del libro de que si estás bien por dentro estás bien por fuera, y el fundamento de psicología de la ropa que le dimos al decir que si estás bien por fuera estarás bien por dentro.

Es tan importante esta relación que no podemos decir qué tiene más peso. Es la discusión del huevo y la gallina que se tiene en tantas clases con base psicológica del Colegio de Imagen Pública, al grado de que hay toda un área de especialidad en la profesión que se dedica al bienestar integral y que se encarga de cuidar la imagen interna, como también está la enseñanza y aplicación del Método Ousía, creado por la doctora Alejandra Salcedo, conformado por las 10 áreas que representan nuestra esencia con el fin de reconocerla y potenciarla. Tales áreas son: mi transformación, mi historia, mi marca personal, mi imagen interna, mi identidad, mi crecimiento, mi imagen como comunicación, mi personalidad, mi bienestar integral y mi yo permanente. Por lo que sí hay un área que procura el ser para crear el parecer y no sólo la reconoce. Este concepto de imagen interna es la segunda diferencia de enfoques entre esencia y personalidad.

Mientras que en la psicología, a la personalidad, con sus rasgos y trastornos, tradicionalmente la define y categoriza alguien más con un enfoque clínico y de diagnóstico. En imagen pública, la esencia se autodefine y no hay trastorno alguno ni juicio de valor. Es una cuestión de autopercepción o, lo que es lo mismo, de imagen interna.

Si imagen es percepción, nuestra imagen interna será la percepción que tenemos de nosotros. Es lo que opinas y sientes sobre ti y la manera como juzgas y describes tu vida y tu contexto. Es la manera como te autodefines física, mental, emocional y espiritualmente. Y me encantaría soltarme aquí con todo un texto sobre imagen interna y la manera en cómo se puede cultivar para lograr el tan deseado bienestar integral. Pero lo siento, no es momento y tal vez será materia de un próximo libro. La letra E del Método P.O.R.T.E. no es de esencia, sino de estilo, que es la manera como esa esencia se expresa, o la manera como manifestamos con nuestras formas esa autopercepción. En definición de libro de texto: el estilo es la expresión de la individualidad.

Y acabo de recordar que te prometí que veríamos los principios del *Kybalión* aplicados a la esencia, pero qué crees, considero que mejor vamos a regresar al vestir y ya desnudaremos el alma al final del libro. Veamos mejor cómo expresarnos a través del estilo.

VISTIENDO SE ENTIENDE LA GENTE

Así como encontramos diferentes formas de expresarnos verbalmente y nos topamos con personas que tienen un vocabulario más extenso o limitado, o como a veces cuidamos el recato de nuestras palabras y en otras ocasiones nos dejamos ir con una retahíla de groserías y vulgaridades, también cuando "hablamos" a través del vestuario, encontramos diferentes formas de expresarnos. Y toda esta "gramática" es el estilo, que como ya quedó definido, es la expresión de la individualidad.

Expresarnos con la ropa y la imagen física es inherente a nuestra especie. Desde el capítulo "Psicología de la ropa" mencionamos que vestíamos más por instinto de ornamentación y necesidad de distinción que por otras cosas. Si nuestra esencia son todas esas cosas que nos hacen únicos e irrepetibles y que debemos respetar, no debemos ni podemos intentar ser alguien más, ya que al estar produciéndonos o comportándonos como alguien que no somos, nos sentiremos disfrazados, y esa falsedad hará que el cambio que estamos intentando se haga sin convicción, por lo que no comunicaremos y nos sentiremos violados en nuestro ser. Por eso es que los seres humanos tenemos esa necesidad de gritarle al mundo quiénes somos, y lo logramos a través del vestido.

Sobre este instinto de arreglarnos, Darwin afirmó que "los vestidos surgieron primeramente con un fin ornamental y no para producir una sensación de calor" (Gordoa, V., 2003). Por lo que el placer de arreglarse precedió al de vestirse, encontrando en esta instintiva y espontánea necesidad de adornarnos una función lúdica. Vestir es un juego de mensajes en el que exteriorizamos nuestro ser. Este juego instintivo está presente no solamente en el ser humano, también lo vemos en los animales y hasta en las flores. Y como sabemos no es sólo el adorno, es también la necesidad de hacer una declaración de que somos diferentes a los demás.

Esta necesidad de nuestra especie, los animales y las plantas, tiene que ver hasta con un instinto de rivalidad y supervivencia. Desnudos somos iguales unos a otros, y por eso es que intentamos huir de esta homogeneidad para sobresalir, en una constante necesidad de afirmar la propia individualidad y comunicarles a los demás: "Así soy yo".

El estilo es innato a nuestra especie. Arreglándonos nos expresamos, por lo que vistiendo se entiende la gente. Y no hay mutismo en esta comunicación. Todos nos expresamos a través del estilo. ¡Por lo que es imposible no tener estilo!

La confusión se da por la manera frívola con la que se ha usado este término en las revistas de moda, que han hecho que la industria empiece a etiquetar como estilo a cualquier corriente de moda, cuando lo recomendable es llamarle tendencias; empezando así a hablar de un "estilo preppy" o del "estilo boho chic", o a escuchar verbalizaciones de los "gurús" de la moda categorizando y culpando a gente por "no tener estilo", cuando una vez más: ¡Es imposible no tener estilo! Por lo tanto, puede ser que no compartas las formas de expresarse de alguien más, que no te gusten en lo personal las tendencias que alguien siga, o que alguien no tenga sentido de la moda ni de lo que le acomoda de la misma. Pero de que tiene estilo, lo tiene.

Y ojo, no quiero meterme en controversias al decir que utilizar de esta forma la palabra *estilo* o confundirla con tendencias sea incorrecto. Por eso fui muy puntual y lo único que dije es que es una forma de verlo muy frívola y superficial, ya que semánticamente es correcto y quién soy yo para prohibirlo, pues el diccionario te va a decir que *estilo* es un "modo, manera, forma de comportamiento, costumbre o moda". Lo que está aquí a discusión es que todos tenemos un estilo y es imposible no tenerlo, pues finalmente todos utilizamos modos, maneras, formas de comportamiento, costumbres y modas. Y que pensar el estilo únicamente para catalogar tendencias de moda es perdernos del verdadero beneficio de conocer nuestro estilo y que ya veremos cuál es. Por eso en el Colegio de Imagen Pública sí fomentamos separar los términos y utilizar la palabra con la profundidad que se merece. Ésa es la razón por la que nunca encontrarás a un consultor en imagen pública o asesor en imagen física certificado diciendo la barbaridad de que alguien no tiene estilo.

Y ya para acabar este *rant* que está empezando a pecar de despotricar entre puntos de vista profesional, existe otro oficio que ha venido a generar más confusión con el término en cuestión, pues se adueñaron de la palabra *estilo* y se la pusieron a su nombre de trabajo. Y sí, estoy haciendo referencia a mis grandes amigos y amigas "estilistas", quienes dejaron de ser peluqueros, cortadores, tinturistas, peinadores y demás áreas de *expertise* dentro de las estéticas y los salones de belleza, para englobarse todos dentro de la categoría "estilistas". Y qué bien, les ha funcionado el nombre como gremio, como también les ha funcionado llamar a los departamentos de vestuario, peinado y maquillaje de las producciones como "departamentos de imagen", y a la gente que labora en ellos como "diseñadores de imagen", generando confusión entre la gente de otras profesiones, pues piensan que imagen es solamente eso, como piensan que estilo es sólo peinados o moda. Lo bueno es que tú ya sabes que imagen es percepción y que el estilo es la expresión de la individualidad, de modo que podemos ver el verdadero beneficio de conocer nuestro estilo.

GOZANDO EL ESTILO

Como todo en la imagen física, el estilo se trata menos de lo que pasa en el *shopping* y más sobre lo que pasa todos los días frente al espejo, ya que el estilo no se basa únicamente en lo que compras o lo que tienes en tu clóset, sino en cómo juegas con lo que compras y mezclas todo lo que tienes, en una estrategia de comunicación y armonía. Por eso es el capítulo final de este método, porque una vez que ya sabes de psicología de la ropa, de organización de guardarropa, de qué es lo que te va mejor de acuerdo con lo que la naturaleza te dio, y de conocer los trucos que tienes a tu alcance, ahora toca el turno de encontrar tu propia voz y utilizar todas estas herramientas como un verdadero sistema de comunicación no verbal, como un lenguaje de signos y significados que transmiten mensajes y te traerán muchas fortalezas para lograr tus objetivos. Para eso sirve el estilo, para encontrar esa "voz" que se va a convertir en el hilo conductor de toda tu producción física, y que servirá de punto de partida para cada estrategia que emprendas para expresar tu esencia y satisfacer a tus audiencias.

En resumen, el estilo se convierte en el elemento que rige toda la producción de estímulos no verbales dentro de tu imagen física, y que te dará una norma para producir todo con COHERENCIA.

Si al iniciar el libro decíamos que la palabra *arreglar* viene de *regla*, la principal regla a seguir es la que dicta nuestro estilo. Hace un momento puse

la palabra *coherencia* en mayúsculas y la subrayé por su extrema importancia, pero antes de retomarla, sólo quiero hacer un paréntesis para puntualizar
que dentro de la profesión de la consultoría en imagen pública, esta norma
para lograr la coherencia no se limita únicamente a la imagen física, sino que
nos sirve para diseñar y producir todos los estímulos verbales y no verbales
clasificados dentro de las seis imágenes subordinadas a la gran imagen personal o institucional, que como mencioné en las primeras páginas, además de
la física, son la imagen profesional, verbal visual, audiovisual y ambiental. El
estilo es la norma más importante en mi praxis profesional, pues de ella parte
la tan deseada coherencia y por eso la subrayé.

Imagen es percepción, hemos repetido hasta el cansancio, por lo que
estamos hablando de una imagen en su carácter mental. Y para producir la
reacción positiva de la gente, las imágenes mentales necesitan de la coherencia como ingrediente indispensable, ya que la mente sólo asocia lo que
ve junto, lo que se repite de manera similar y lo que se parece. Cuando la
mente detecta incoherencia, producirá como reacción conductual el rechazo.
Es uno de los axiomas de la imagen pública: "La eficiencia de una imagen irá
en relación directa con la coherencia de los estímulos que la causen" (Gordoa,
V., 2007).

Entonces, si la coherencia es la cualidad más importante a lograr, el
estilo es la herramienta más importante a detectar, pues sólo detectándola
podrás gozar de los beneficios de esta norma que procura la coherencia, y te
ayudará a expresarte de manera eficiente con el lenguaje de la ropa. Una vez
que sabes qué estilo eres, todas tus prendas y producción física en general
deberán seguir ese mismo estilo. Y serás tú y nadie más, por lo que empezarás a vestirte de acuerdo con este estilo, adecuándolo a todas las recomendaciones que hemos visto, a todos los contextos que en la vida tengas que
enfrentar. Así pues, un "estilista" podrá decirte que tal corte está de moda

o no, o un *fashion blogger* decretar que los *mom jeans* son el último grito de las tendencias, ¡y a ti te dará igual!, pues estarás consciente de lo que estás haciendo y vestirás con total seguridad, gozando de los mensajes y fortalezas de tu propio estilo y transpirando coherencia por donde te presentes. Y a gozar se ha dicho... ¡reconozcamos nuestro estilo!

RECONOCIENDO EL ESTILO

Si bien todos somos únicos e irrepetibles, dentro de los elementos que conforman nuestro estilo existen características que compartimos con otras personas, por lo que podremos compartir nuestro estilo. Lo que variará será la manera como apliquemos y produzcamos el mismo.

Existen diferentes estilos y debemos aclarar desde un principio que ninguno es mejor que otro y que todos mandan mensajes, tienen fortalezas y traen riesgos. Ya desde mi libro *Imagen cool* (2008) hago una descripción de cada uno de ellos, así como proporciono unos test para hombre y mujer muy sencillos de aplicar y que nos ayudan a definirlo. Te recomiendo revisarlo, pero no te preocupes, en este capítulo abordaré nuevamente el tema y lo mejor de todo, utilizaremos técnicas proyectivas para identificarnos con los mensajes que estamos ofreciendo y así saber catalogarnos en el estilo que más nos corresponde, para que así podamos ser conscientes de las fortalezas del mismo y poderlas explotar, mientras cuidamos constantemente que no se nos vaya a pasar el tono y caer en sus riesgos.

Aclaremos que las palabras utilizadas para nombrar cada estilo no son adjetivos calificativos, sino sustantivos, por ello no forzosamente el nombre quiere decir que la persona tenga esas características en su personalidad. Por ejemplo, veremos un estilo que se llama tradicional, y esto no implica que la persona tenga que ser tradicionalista en todos los aspectos de su vida, es más, puede ser una persona extremadamente progresista y tener prácticas de vida consideradas no tradicionales, pero aun así sería de estilo tradicional por los mensajes que comunica, pues la gente pensará que es una persona más conservadora aunque en realidad no lo sea. Y así pasará con el resto de los estilos. Ahora bien, sí puede y de hecho es bastante común que se dé el caso de que la persona sí comparta las características intrínsecas del nombre de su estilo, pero no es una obligación.

Como ya sabemos, el estilo se conforma por el conjunto de elementos que constituyen nuestra esencia y estará determinado por las características con las que expresamos nuestro ser, y desde inicios de la década de los noventa, los consultores en imagen pública utilizamos diferentes técnicas para reconocer esta forma de expresión, que van desde los cuestionarios pioneros de Alice Parsons y Diana Parente de su libro *Universal Style*, hasta la observación directa o el sumergirnos en las redes sociales de nuestros clientes para encontrar indicios de cómo se muestran. Pero la realidad es que nadie mejor que tú sabe qué estilo eres. Recurrimos los consultores a los test y a la observación directa porque necesitamos descifrar el estilo en nuestros clientes, para después guiarlos y darles las recomendaciones coherentes por las que fuimos contratados. Pero qué mejor sería que pudiera pasar lo que va a suceder aquí. Que pudiéramos darles a nuestros clientes todo el conocimiento sobre estilo para que así, al final, ellos se autodiagnosticaran y simplemente nos dijeran: "Yo soy de estilo...".

Y eso es lo que haremos. Te describiré estilo por estilo para que así tú puedas sentir identificación con alguno de ellos, para que al final nos podamos centrar en la importancia de saber jugar con el tono de tu estilo y gozar de sus beneficios. Te pido que leas de manera profunda y reflexiva, ya que esta identificación exige un nivel de sinceridad al confrontar las cualidades que realmente posees con las que todos quisieran poseer; de modo que el ejercicio requiere de una introspección, pero sobre todo de una introspección particular porque su punto de vista será desde una perspectiva externa. Para dejarlo más claro, es verte a ti desde el punto de vista en el que crees que te ven los demás, por los mensajes que comunicas al producirte físicamente, para después detectar por qué te estás proyectando así y si eso te ayuda o te perjudica en la consecución de tus objetivos.

Para que vayas introduciéndote en ti, propongo empezar con un ejercicio proyectivo. Si no sabes lo que son las técnicas proyectivas, te cuento que se basan en las teorías del psicoanálisis de Freud y se usan para exteriorizar con mayor facilidad pensamientos, sentimientos o, en este caso, características de nuestro estilo que de otra forma se hubieran reprimido. El chiste es proyectar atributos y cualidades de una cosa a otra para comprender mejor las cosas. Por lo tanto, te pido que con toda reflexión contestes las siguientes preguntas que nos servirán de punta de lanza en la identificación de tu estilo.

PROYECTANDO EL ESTILO

Tómate tu tiempo y responde a las siguientes preguntas eligiendo la respuesta con la cual más te identifiques de acuerdo con tu realidad. Recuerda que debes ponerte en una perspectiva externa de cómo crees que te ven los demás únicamente por tu forma de vestir y arreglarte en general. Trata de elegir una sola respuesta por pregunta y no te engañes con aspiraciones, lo que significa que no elijas lo que te gustaría que pensaran, sino lo que realmente crees que dirían de ti. No tengas en mente a nadie en particular que te estaría juzgando, es tu juicio desde una óptica externa tratando de ser lo más objetivo posible, por lo que tendrías que pensar que es el comentario de alguien que no conoce los otros rasgos de tu personalidad y que está opinando simplemente por lo que percibe al ver tu forma de vestir. Es lo que diría un desconocido en una primera impresión sólo por tu aspecto físico.

Si no conoces alguno de los elementos mencionados en las respuestas, recurre a una rápida búsqueda en Google para orientarte. Y si de plano en alguna respuesta te está costando mucho trabajo elegir, involucra a alguien más a quien le tengas mucha confianza para que externe su opinión, sólo recuerda decirle: "Si no me conocieras y sólo me juzgaras por mi forma de vestir, qué responderías..."

Circula tus respuestas para que al final veas en cuál tuviste mayoría, para que así tengamos un poco más de luz en caso de que al explicar cada uno de los estilos aún sigas teniendo dudas. Empecemos, y sé que ya te lo dije dos veces, pero te recalco una vez más el enfoque de la perspectiva externa, por lo que a cada una de las preguntas le tendrías que poner al iniciar un: "Si alguien que no te conociera y simplemente por tu forma de vestir te juzgara, diría que por lo que transmites y por las características que proyectas..." Pues adelante, ¡diviértete proyectando!

1) Si fueras un perro, ¿cuál serías?
A. Golden retriever
B. Beagle, schnauzer o corgi
C. Afgano o cocker spaniel inglés
D. French poodle, maltés o pomeranian
E. Perro lobo o husky siberiano
F. Xoloitzcuintle, crestado chino o chihuahua
G. Dóberman o rottweiler

2) Si fueras una fruta, ¿cuál serías?
A. Manzana o sandía
B. Melón o zapote
C. Kiwi o litchi
D. Durazno, papaya o fresas
E. Cerezas o fresas pero con chocolate
F. Piña o plátano
G. Pitaya, rambután o guanábana

3) Si fueras una flor, ¿cuál serías?
A. Margarita o girasol
B. Gerbera, clavel o crisantemo
C. Tulipán u orquídea blanca
D. Rosa rosa o dalia
E. Rosa roja o flor del beso
F. Ave del paraíso o platanillos
G. Orquídea negra u orquídeas exóticas

4) Si fueras un automóvil, ¿cuál serías?
A. Un Jeep o cualquier Hatchback
B. Volvo o sedán tipo Nissan Versa o Chevrolet Aveo
C. Mercedes-Benz o Maybach
D. Miniván o camioneta familiar
E. Deportivo de lujo tipo Ferrari o Muscle Car tipo Mustang
F. MINI Cooper, Beetle, Fiat 500 o coche tuneado
G. Rolls-Royce, Hummer o camioneta extragrande tipo Escalade

5) Si fueras un personaje de Disney, ¿cuál serías?
A. Mickey, Peter Pan, Mérida, Aladdin, Ana (*Frozen*) o Mowgli
B. Hada Madrina, Sebastián o Pepe Grillo
C. Elsa, Mufasa, Rey Tritón o Reyes Frederic y Arianna (*Enredados*)
D. Princesas Aurora y Cenicienta o Príncipes Encantador y Eric
E. Gastón o Jessica Rabbit
F. El Genio, Sombrerero Loco o Bing Bong (*Intensamente*)
G. Cruella de Vil, Hades (*Hércules*), Maléfica, Úrsula o Dr. Facilier (*La princesa y el sapo*)

6) Si fueras una bebida alcohólica, ¿cuál serías?
A. Hard seltzer, margarita o cerveza light
B. Brandy, tequila o ron con mezcladores
C. Cognac, whisky, champán clásico o vino tinto
D. Coctel frutal, anís o rosé
E. Champán ice y martinis
F. Daikiris con paragüitas, cantaritos locos o gomichela
G. Coctelería de mixólogo sofisticado o shots directos

7) Si fueras una puerta, ¿cuál serías?
A. Puerta abierta de un mall que permite acceso a todos
B. Puerta de un banco al que puedes entrar pero respetando las formas y protocolos
C. Puerta de una fina mansión en la que te recibe un mayordomo
D. Puerta de un castillo de cuento donde te dan recibimiento de príncipe o princesa
E. Puerta del antro de Las Vegas con modelos que trabajan mesereando

ESTILO

F. Puertas de la percepción que dan acceso a un viaje alucinógeno
G. Puerta de un glamoroso evento con varios filtros de seguridad, red carpet y lista de invitados vip

8) Si fueras un personaje histórico, ¿cuál serías?
A. Steve Jobs o la Madre Teresa
B. Margaret Thatcher o Winston Churchill
C. Jackie y John F. Kennedy
D. Lady Di o Mister Rogers
E. James Dean o Marilyn Monroe
F. Dalí o Frida Kahlo (o la dualidad de David Bowie)
G. Karl Lagerfeld o María Félix

9) Si fueras un género musical, ¿cuál serías?
A. Bossa nova o cool jazz
B. Bolero o balada

C. Música clásica
D. Canciones de amor o pop de boy band
E. Lounge sensual, trance o trip hop
F. Rock indie o electrónica experimental
G. Heavy metal, dance industrial o house

10) Si fueras una combinación de colores, ¿cuál serías?
A. Blanco y azul cielo
B. Beige y azul marino
C. Blanco, negro y plateado
D. Mezcla de colores pastel
E. Rojo, blanco y dorado
F. Mezcla de colores chillantes y fosforescentes
G. Blanco y negro o cualquier combinación bicolor en contrastes opuestos

Como acordamos, cuenta ahora el número de respuestas que tengas de cada letra. Y de la letra que tengas mayor puntuación, es muy probable que ése sea tu estilo dominante. A continuación te dejo una lista con los nombres de los estilos y un espacio para colocar el número de respuestas que obtuviste. Después de haber hecho este ejercicio proyectivo, por superioridad numérica es probable que tu estilo sea:

A. NATURAL _____   **E.** SEDUCTOR _____

B. TRADICIONAL _____   **F.** CREATIVO _____

C. ELEGANTE _____   **G.** DRAMÁTICO _____

D. ROMÁNTICO _____

¿Y qué procede si tuviste combinación de respuestas y hasta empate entre ellas? Pues ya veremos que los estilos pueden combinarse, de momento sólo revisa lo siguiente: si existe un estilo con cinco respuestas o más, es probable que sólo tengas un estilo dominante sin complementario (al menos que las respuestas restantes sean mínimo tres de un mismo estilo). Si tu estilo con más respuestas es inferior a cinco, el siguiente estilo con mayor puntuación será el complementario (siempre y cuando su puntuación sea de mínimo tres y no empate con otro) quedando así un estilo combinado, por ejemplo, un estilo dramático-seductor. En caso de tener un empate de estilos dominantes, tienes estilos con balance equitativo y da igual cuál menciones primero, por ejemplo: natural-tradicional o tradicional-natural. Si te salió una combinación en la que no puedes determinar mayoría, reflexiona nuevamente sobre tus respuestas, pero no te preocupes, a continuación veremos la descripción de cada uno de los estilos y fácilmente podrás identificarte con ellos. Recordemos que esta prueba simplemente fue para darnos una idea del estilo al que pertenecemos, y sobre todo, empezar a reflexionar sobre lo que estamos proyectando.

DEFINIENDO EL ESTILO

Existen siete estilos diferentes en los que nos podemos catalogar, y antes de definirlos, es importante recordarte que ninguno es mejor que otro: NO EXISTEN ESTILOS BUENOS Y ESTILOS MALOS, simplemente mandan mensajes diferentes, lo que les traen distintas fortalezas. Así como también todos los estilos cargan la cara oscura de la moneda, ya que si los mensajes no saben adecuarse al contexto y necesidades de la audiencia, en lugar de gozar de las fortalezas, sufriremos las desagradables consecuencias de sus riesgos por atentar contra la coherencia.

Ahora bien, no se trata de que quieras ser de un estilo u otro, no se puede escoger como si fuera oferta de tianguis, porque es algo intrínseco a nuestra esencia y que inconscientemente expresamos con nuestras formas. Simplemente se es de un estilo porque es el reflejo de lo que somos desde nuestro nacimiento —temperamento—, o de las experiencias que nos vamos formando —carácter—. Así como también es un reflejo de los contextos en los que nos desenvolvemos, de nuestros gustos y aficiones, de nuestra actividad profesional, de nuestros principios y valores, de los cánones de nuestra espiritualidad y cosmovisión, y hasta de nuestro tipo físico y gustos y disgustos del cuerpo. Por lo tanto es más como el premio que nos sacamos en una rifa donde todos los premios son maravillosos, aunque tal vez otro premio también te haya gustado y pensaras que te podría ser de utilidad en alguna ocasión. Así es la vida. Lo bueno es que en esta rifa sí podremos modular nuestro estilo y gozar de los beneficios de los otros, o no usar los beneficios del nuestro porque en cierto contexto serían un riesgo. Todo eso lo veremos en su momento cuando aprendamos sobre el tono del estilo.

Y si entonces es un reflejo y expresión de mi esencia, ¿resulta que siempre seré del mismo estilo toda la vida? Pues yo te pregunto: ¿Eres la misma persona durante toda tu vida? ¿Crees ser igual dentro de 10 años o eres la misma persona que eras hace una década? La respuesta es no. Tal vez tu temperamento siempre será el mismo, pero el carácter cambia cada vez que cambia el segundero. Cambian nuestros contextos, nuestros gustos y aficiones, nuestra profesión y actividades, nuestros principios y valores, nuestro cuerpo y nuestra manera de ver al mundo en general, por lo que nos desenvolvemos de maneras diferentes durante nuestra vida y por lo tanto expresamos nuestra individualidad de diversas formas. Si hay cambios drásticos de vida, es posible que haya cambios drásticos en el estilo. Aunque lo común es que una vez que empezamos a tomar nuestras propias decisiones al vestir, adoptamos un estilo como eje, y lo que va evolucionando son los estilos complementarios, el tono de nuestro estilo dominante, o simplemente la manera como manifestamos ese estilo con la multiplicidad de opciones que tenemos al vestir.

Yo, por ejemplo, tengo detectado por recuerdos que desde los 10 años tengo un estilo muy marcado, pero no es lo mismo cómo lo expresaba a esa edad, que en mis años universitarios, que cuando empecé a trabajar y como lo expreso hoy. También sé que en esos años universitarios era solamente de ese estilo en un tono elevado, y después cuando empecé a trabajar entró un nuevo estilo a mi vida, primero como complementario y luego como equitativo, para después ese estilo segundo desaparecer, y ser remplazado por un nuevo estilo como complementario. Y nada más con lo vivido durante el encierro de 2020, ese estilo complementario se hizo equitativo, y mientras escribo esto, siento que se está haciendo el dominante. No lo sé, tal vez algún día desaparezca el estilo que ha sido mi eje desde los diez años, aunque lo veo poco probable por el arraigo que le tengo y porque es parte muy aplastante de mi esencia. Pero la vida cambia, por lo que el estilo también puede cambiar con sus mensajes, fortalezas y riesgos, aunque en muchas personas se mantiene igual toda la vida.

Veamos entonces cada uno de los siete estilos, detectemos sus mensajes, aprendamos de sus fortalezas y creemos conciencia de sus posibles riesgos para procurar la coherencia.

Estilo natural

¿Qué tienen en común Mickey y un golden retriever o en qué se parecen las margaritas (bebida y flor)? Pues en que los primeros son amigables y las segundas frescas. Y eso es lo que proyecta el estilo natural.

Su mensaje es de accesibilidad, amistad, alegría y amabilidad. Se les percibe como personas con mucho entusiasmo y optimismo por la vida, llenas de energía y con una gran sencillez y simpleza en sus formas. Que no se toman las cosas tan en serio y se desenvuelven de una manera relajada.

Esto les trae las fortalezas de atraer a las personas, pues lucen accesibles, abordables y orientadas hacia la gente. Como también la fortaleza de reducir el estrés y simplificar el vestuario, porque para los naturales, menos es más.

La apariencia que adoptan es simple, sencilla, juvenil y casual. Prefieren los diseños cómodos y funcionales, de líneas sueltas y relajadas, con materiales de fácil cuidado y los colores neutros y básicos. Buscan comodidad y esto se refleja en todos los elementos del vestuario y de su arreglo personal. El peinado lo prefieren natural y con movimiento y que requiera poco mantenimiento. El maquillaje será minimalista y natural, sólo lo necesario, y los accesorios de escala pequeña y de diseño sencillo, nada que estorbe o incomode.

El riesgo de este estilo es verse fachoso, descuidado o desarreglado, así como no imponer por lucir anodino.

En resumen, la persona de estilo natural proyecta amabilidad, su fortaleza es la accesibilidad, busca comodidad y su riesgo es verse fachosa y anodina.

8

Estilo tradicional

Pepe Grillo y el cangrejo Sebastián representan a la conciencia y a la razón, los dos son figuras de responsabilidad y de madurez. Y Volvo es una marca que vende seguridad, y Margaret Thatcher o Winston Churchill fueron personajes reconocidos por su sobriedad, pero también por su firmeza, constancia y capacidad de dar resultados. Y eso es lo que proyecta el estilo tradicional.

Su mensaje es de seriedad, lealtad, fidelidad, responsabilidad y confianza. Se les percibe como personas conservadoras, organizadas y eficientes, con mucha constancia y honestidad en sus formas de proceder.

Esto les trae las fortalezas de generar respeto, seguridad y credibilidad, lucir con capacidad para el trabajo, y poseer madurez y conocimientos. Y como beneficio adicional, tienen el bien de ahorrar dinero al introducir pocos cambios en el guardarropa.

La apariencia que adoptan es conservadora, atemporal, seria, discreta y moderada. El diseño de su ropa es sencillo y clásico, con pocos detalles y nada que llame la atención. Prefieren los colores neutros y sobrios y los materiales firmes y durables. Buscan la sobriedad por lo que no se dejan llevar por las estridencias de la moda, por lo tanto, las prendas y los accesorios les duran mucho tiempo. Como no les llama la atención cambiar, suelen usar el mismo corte y peinado durante muchos años, y lo usarán con una estética sencilla y discreta, por lo que sólo se pintarán el pelo para tapar las canas o dar un poco de luz, y su maquillaje y accesorios serán moderados.

El riesgo de este estilo es verse anticuado y aburrido, así como poco atractivo para las nuevas generaciones.

En resumen, la persona de estilo tradicional proyecta madurez, su fortaleza es la sobriedad y el respeto, busca constancia y durabilidad, y su riesgo es verse anticuada o aburrida.

Estilo elegante

Música clásica y vino tinto... vaya lujo y refinamiento para crear un ambiente de serenidad. Y eso es lo que proyecta el estilo elegante.

Su mensaje es de refinamiento, alto estatus, éxito y seguridad. Se les percibe como personas serenas y reservadas, poseedoras de una gran cultura y autoridad. La elegancia nunca es ostentación, y caro y marca no son sinónimos de elegante. Por lo que no hay que confundir que a este estilo le gusta exhibirse o mostrar excesos. Todo lo contrario, pues de hecho también mandan todos los mensajes del estilo tradicional, sólo que a ellos se le suman los mensajes de búsqueda constante de la calidad, el esmero, la distinción y el refinamiento.

Esto les trae las fortalezas de provocar admiración y deseo de ser imitadas, como también se les otorga un halo de prestigio y distinción, mientras elevan su posición social ante los demás y generan confianza. Y por si fuera poco, así como mandan los mensajes del tradicional, también gozan de sus beneficios, incluso el de ahorrar dinero, ya que además de también ser constantes al vestir, la calidad que buscan en las prendas y el esmero con el que las cuidan, hacen que duren más, por lo que no es necesario renovar tan seguido el guardarropa.

La apariencia que adoptan es refinada, distinguida, formal y pulcra, siempre apropiada para cada ocasión. Son personas que cuidan meticulosamente su aspecto y se ven impecables de pies a cabeza. Buscan siempre la calidad y la prefieren a la cantidad; y cuando compran son muy exigentes. Cuidan mucho los detalles tanto de su vestuario como de su aliño personal, siempre procurando la discreción y el buen gusto, pues son amantes de la sobriedad.

El riesgo de este estilo es verse presuntuoso o creído.

En resumen, la persona de estilo elegante proyecta refinamiento, su fortaleza es la admiración, busca calidad y su riesgo es verse presuntuosa.

Estilo romántico

La papaya, el durazno y la fresa son frutas muy sensibles y delicadas que se palpan con una gran suavidad, como también son frutas dulces, y dulces y suaves son sus colores y aromas. Y eso es lo que proyecta el estilo romántico.

Sus mensajes son de calidez, bondad, gentileza y encanto. Se les percibe como personas calmadas y en paz, con una gran comprensión y consideración hacia los demás, y poseedoras de una gran sensibilidad, frescura y jovialidad ante la vida.

Esto les trae las fortalezas de facilitar las relaciones con los demás, inspirar confianza y favorecer la interacción personal por el agrado que provocan.

La apariencia que adoptan es gentil, cálida, apacible y cercana, por lo que muchos de sus mensajes pueden compartirse con el estilo natural, siendo los románticos más sensibles y adorables ante los ojos de los demás. Buscan que el diseño de su ropa y accesorios sea de líneas suaves y curvas, con muchos detalles ultrafemeninos como encajes, holanes, alforzas, moños, perlas, prendedores y estampados florales; así como materiales fluidos y delicados. En los hombres los materiales serán con más textura y suaves al tacto, como la pana, el ante, el terciopelo y la lana gruesa, y los patrones a cuadros, rombos, líneas y demás diseños ornamentados. Prefieren los tonos claros al vestir y los colores pastel les son muy característicos, como también los tonos tierra e inspirados en la naturaleza. Sus peinados lucirán con textura, volumen y movimiento; a los hombres suele gustarles la barba y el pelo sin muchos productos para mostrar su caída natural. Ellas cuidarán mucho el maquillaje, por lo que las mujeres de este estilo difícilmente dejarán que las vean sin él, así que tienden a recargarlo, pero siempre con los estándares clásicos de la belleza femenina.

El riesgo de este estilo es verse cursi o empalagoso.

En resumen, la persona de estilo romántico proyecta calidez, su fortaleza es la confianza, busca agradar y su riesgo es verse cursi.

Estilo seductor

Un Ferrari te provoca, te atrae y lo volteas a ver... pero también te intimida, mientras te despierta sensaciones excitantes a la espera de experiencias emocionantes. Y por supuesto genera envidia. Y eso es lo que proyecta el estilo seductor.

Sus mensajes son provocativos y sugerentes, excitantes y apremiantes. Se les percibe como personas atrevidas e instigadoras, con una gran confianza en sí mismas y que disfrutan cuando la atención se centra en ellas. Gozando de retar con su presencia a través de mostrar lo que la naturaleza (o la disciplina y la cirujía) les dio y cautivando con su presencia.

Esto les da las fortalezas de atraer como un imán, sobre todo al sexo opuesto o a las personas de su interés carnal. Al provocar sensaciones nublan la razón, por lo que son personas altamente persuasivas. Una ventaja muy positiva es que como saben que su cuerpo es una gran arma para atraer, motivan su cuidado con ejercicio, alimentación y cuidados cosméticos que se traducen en buena salud. La sensualidad, entendida como la capacidad para gozar y hacer gozar intensamente con cada uno de los sentidos, es una gran fortaleza y cualidad que poseen. Despiertan envidias y esta fortaleza desafortunadamente es arma de doble filo, ya que mientras atraen, también provocan, por lo que a veces se les dificultan las relaciones con las personas de su mismo sexo, o con cualquiera que las vea como competencia.

La apariencia que adoptan es llamativa, tentadora y desinhibida. Y usan la ropa para revelar el cuerpo y llamar la atención. Con los materiales y los diseños muestran las bondades de su figura, por lo que licras, piel, escotes y cortes entallados, suelen ser su elección. Gustan de colores contrastantes y sólidos como el blanco, el negro o el rojo, los tonos brillantes y metálicos, y los estampados complicados como el *animal print*. Asisten constantemente al estilista pues les gusta que todo lo relacionado con su apariencia esté cuidado y controlado, así como también son asiduos a servicios de tratamientos dermatológicos, depilaciones, bronceados y cosmiatría en general. Los hombres buscan mucho la virilidad, por lo que su estética suele ser estructurada y firme, con mucho uso de productos para el pelo, barba, piel y afeites en general. Y como la vanidad para ellos es virtud, suelen usar maquillaje con fines de corrección y disimulo. Al igual que las románticas, las mujeres seductoras son ultrafemeninas, de modo que casi nunca saldrán sin producirse. La diferencia es que su apariencia juega con la parte más provocativa de la mujer, y no con el lado sensible que explotan las románticas. El pelo les gusta de medio a largo con mucho volumen, en capas y sin restricciones; muchas veces recurren a los tintes güeros o pelirrojos. El maquillaje es sensual y glamoroso, haciendo énfasis en el contraste de ojos y labios, y las uñas las prefieren largas y llamativas. Ambos sexos suelen abusar de perfumes y colonias.

El riesgo de este estilo es verse vulgar, o que se malinterpreten sus intenciones y que generen rechazo y hasta agresión, pues la provocación en exceso suele generar respuestas descontroladas. Triste e injusto, pues todos tenemos el derecho de vestir como queramos y ser respetados, pero así es el sistema límbico del cerebro. Así pues, las personas de este estilo deben estar conscientes de que mientras más le suben el tono, más irracionales se vuelven sus audiencias, pues atraer no siempre es sinónimo de favorecer relaciones interpersonales.

En resumen, la persona de estilo seductor proyecta atrevimiento, su fortaleza es la atracción, busca cautivar y su riesgo es verse vulgar o que se le malinterprete.

Estilo creativo

Si David Bowie fuera una flor sería un ave del paraíso; y si Dalí o Frida Kahlo fueran perros, serían un crestado chino y un xoloitzcuintle. Diferentes, curiosos, llamativos e imaginativos. Y eso es lo que proyecta el estilo creativo.

Sus mensajes son de innovación, aventura, ingenio y libertad. Se les percibe como personas espontáneas y originales, con una manera de ver la vida muy imaginativa y poco convencional. Con una locura bien encaminada y un atrevimiento que los hace romper límites.

Esto les trae las fortalezas de desarrollarse con una gran individualidad ante la vida, fomentar la creatividad y tener el talento para pensar fuera de la caja. Con una capacidad de expresión cargada de independencia. Ser diferente es una gran fortaleza que les ayuda a sobresalir, pues lo extraño siempre genera curiosidad, por lo que llaman la atención por lo diferentes y alejados de convencionalismos.

La apariencia que adoptan es original, imaginativa, artística, innovadora y que no sigue reglas. En este estilo se vale todo y lo que se busca es hacer un decreto de unicidad. Su producción física es impredecible, por lo que las personas creativas mezclan diseños, patrones, texturas y prendas, pueden combinar con acierto lo que otros no harían, como cuadros con rayas, algodón con seda, y varias prendas de diferentes estilos al mismo tiempo. Alteran sus prendas, las rediseñan, las convierten en algo nuevo y las sacan de contexto. Rompen los límites de lo acostumbrado al género, tiempo y edad, y suelen apropiarse de prendas culturales, étnicas y hasta bélicas o marciales para complementar sus atuendos. Son los grandes creadores de las contraculturas y subculturas de la moda, por lo que siempre que vemos tribus urbanas, estamos viendo a individuos de estilo creativo. En la estética y el maquillaje tampoco hay reglas, y si hubiera una, es que todo tiene que

ser poco convencional. Pelos pintados en colores extravagantes, cortes re-
volucionarios, maquillajes inusuales y alteraciones corporales son lo común.

El riesgo de este estilo es verse ridículo y que se le señale y se le tome
con poca seriedad. Por lo que las personas de este estilo deben estar conscientes de que mientras más le suben el tono, más llaman la atención y rompen las reglas, por lo que pueden ser motivo de burlas y rechazos en lugares
que por protocolo busquen respetar las formas. Aunque muchos creativos en
tono elevado disfrutan este tipo de reacciones.

En resumen, la persona de estilo creativo proyecta individualidad, su fortaleza es la creatividad, busca originalidad y su
riesgo es la ridiculez.

Estilo dramático

"Cruella de Vil, Cruella de Vil, if she doesn't scare you, no evil thing will...",[20]
vaya que esta canción nos imponía de pequeños pues anticipaba la llegada de
una mujer a la que le gustaban los dálmatas y no precisamente como masco-
tas. Ya que si tuviera una mascota, seguro sería un dóberman. Teatralidad, exageración, imposición y sofisticación, eso es lo que proyecta el estilo dramático.

Sus mensajes son de dominio, intensidad, atrevimiento, sofisticación y
exageración. Se les percibe como personas seguras de sí, cosmopolitas y exigentes, con mucha experiencia, poder, mundo y atrevimiento.

Esto les trae las fortalezas de imponer y llamar la atención por ser un
estilo exagerado, lo que les da fuerza y protección, provocando la docilidad
y sumisión de sus audiencias, y generando respeto a través del miedo, pues
parece que siempre tienen la razón, y si no es así, la imponen.

---

[20] "Cruella de Vil, Cruella de Vil, si ella no te asusta, ninguna maldad lo hará". Estrofa inicial
de la canción de la villana de la película de Disney *Los 101 dálmatas*.

La apariencia que adoptan es de modernidad y sofisticación, llamativa y severa. El diseño de su ropa suele ser estructurado, estilizado y exagerado. El tamaño de sus accesorios tiende a ser mayor y su aspecto es vanguardista, ya que van siempre un paso adelante de la moda y generalmente la imponen. Por ello son fieles seguidores de las tendencias, las marcas, los gurús del diseño y las publicaciones y pasarelas que dictan lo que vendrá, ya que siempre buscan llamar la atención e impactar con su presencia. Es el estilo que suele gastar más en ropa, pues le dan mucha importancia a las prendas y a su valor social y comercial; además de que les gusta ser motivo de conversación, por lo que no son fans de repetir atuendos. Suelen vestir de manera monocromática o en colores contrastantes, aunque también gustan de estampados extravagantes, exóticos y exagerados. Su estilismo y maquillaje es estructurado, muy cuidado y exagerado.

El riesgo de este estilo es verse agresivo y cerrar los canales de comunicación, así que las personas de este estilo deben estar conscientes de que mientras más le suben el tono, menos se les acercará la gente y más bloquearán a los demás. Lo que es una fortaleza para personas tímidas y antisociales que muchas veces se escudan detrás de este estilo.

En resumen, la persona de estilo dramático proyecta sofisticación, su fortaleza es la imposición, busca vanguardismo y su riesgo es verse agresiva.

COMBINANDO EL ESTILO

Como lo dejamos ver desde la prueba proyectiva, de los siete estilos puedes catalogarte dentro de uno solo o puedes tener una combinación de dos, ya sea con uno dominante y otro complementario, o con dos en balance equitativo. También puede darse el caso de que los estilos dominantes y complementarios cambien de jerarquía según el contexto y el tono. Por ejemplo, una persona que se dedica a estudiar y que fuera de estilo equitativo natural-seductor o seductor-natural, entre semana mientras toma clases, el estilo natural puede ser el dominante, al grado de que sólo se vieran unos pincelazos del seductor, pero por las noches de fin de semana o en eventos festivos el seductor podría tomar el dominio haciendo que el natural se deje de sentir.

¿Y se podrían mezclar tres estilos? De poder se puede, pero no es recomendable, ya que tanta fusión terminaría haciendo que no se sintieran los mensajes de ninguno y que sus fortalezas se diluyeran terminando por no comunicar nada. Es como si mezclaras dos colores primarios, la mezcla de azul y amarillo sigue teniendo un nombre identificable generando un nuevo color con los atributos de ambos, el verde. Pero si mezclas los tres colores primarios, haces que el color desaparezca.

Hablando de mezclar, todos sabemos que es imposible mezclar agua y aceite, por lo que también hay estilos que son tan contrarios que es imposible combinar. Por ejemplo, si una de las características principales del romántico es la apertura y la gentileza, ¿cómo lo vas a mezclar con el dramático que lo que busca es imponer y tiende a cerrar los canales de comunicación? O trátame de describir cómo se vestiría una persona de estilo tradicional-creativo, cuando una busca respetar las normas y la otra romperlas. Incluso hay estilos que comparten algunas características pero que en su totalidad son opuestos, como el romántico y el seductor, que en el caso de las mujeres comparten la característica de ser ultrafemeninas y les gusta verse muy arregladas, pero en su totalidad los mensajes son opuestos, pues mientras las románticas explotan la parte más gentil y sensible de la feminidad, las seductoras juegan con el lado más provocativo y dominante del poder femenino.

Pero como las combinaciones, posibilidades e imposibilidades son tantas, mejor te dejo una tabla cruzada para que puedas detectar las mezclas.

ESTILO

Analiza cada cruce y te darás cuenta de que tiene mucho sentido qué mensajes pueden convivir y cuáles no, y te invito a partir de hoy a desarrollar el ojo clínico, como le hacemos los consultores en imagen pública, detectando el estilo entre tus familiares, amigos, compañeros, conocidos y perfectos desconocidos que nos topamos a diario; como también detectarlo entre los famosos y personajes de ficción, pues es la mejor forma de familiarizarnos con el tema, pero sobre todo, de generar conciencia sobre lo que proyectan y la importancia de su adecuación y modulación.

La teoría del estilo ha sido materia de interesantes estudios a nivel doctoral en el Colegio de Imagen Pública, en donde se ha llevado a los terrenos de las relaciones interpersonales y hasta la selección de personal, donde se ha demostrado desde cómo los polos opuestos se atraen y los iguales se rechazan, aunque no siempre, porque los opuestos en estilo pueden también generar tensiones y los similares generar empatía. Por ejemplo, dos personas que comparten estilo dramático o seductor, invariablemente se verán como rivales porque no les gusta dividir la atención; mientras que dos personas creativas o románticas, sentirán afinidad y seguro se llevarían bien. Parejas de estilos opuestos no son tan raras, pues tal vez el tradicional busca en el creativo o el dramático ese atrevimiento o fuerza que le falta, mientras que el dramático o el creativo encuentran en el tradicional el freno o mesura que a veces necesitan. Y en el tema de selección de personal, resultan muy atractivos los estudios que demuestran las posibilidades de fracaso, conflictos o abandono del puesto, cuando se contrata a una persona de un estilo contario al estilo institucional, como también se aumenta el bienestar laboral cuando los estilos son compatibles. Una persona creativa trabajando en el ambiente tradicional de un despacho de contadores es una bomba de tiempo, pero sería un elemento perfecto para una agencia de marketing disruptivo. Como igualmente las personas románticas tendrían más capacidades de conseguir fondos para una fundación altruista, mientras que se les dificultaría hacer el trabajo de edecanes en una expo de venta de motocicletas.

En fin, todo un mundo el tema de la combinación de estilos, pero limitémonos a lo prometido y analiza con esmero la tabla de combinaciones:

	NAT	TRA	ELE	ROM	SED	CRE	DRA
NAT		✓	✓	✓	✓	✓	✓
TRA	✓		✓	✓	✗	✗	✗
ELE	✓	✓		✓	✓*	✗	✓*
ROM	✓	✓	✓		✗	✓	✗
SED	✓	✗	✓	✗		✓	✓
CRE	✓	✗	✗	✓	✓		✓
DRA	✓	✗	✓	✗	✓	✓	

MODULANDO EL ESTILO

Llegamos al apartado más importante del capítulo de estilo en el que vamos a aprender a cómo jugar con él y a sacarle el beneficio de sabernos expresar

---

* Como el estilo elegante busca la sobriedad y no le gusta llamar la atención, la combinación con el seductor y el dramático debe ser equitativa o siendo siempre el dramático o seductor el dominante y el elegante el complementario, ya que puede haber personas seductoras y dramáticas que como complemento busquen los atributos de calidad y exclusividad, mas no de sobriedad. Y si fueran más elegantes, la sobriedad siempre predominaría.

con esta nueva voz que tanto comunica. Recordarás que decíamos que no se trata de escoger estilo como si fuera tienda, pues es nuestra esencia comunicándose de manera inconscientemente y que simplemente se es de un estilo. ¿Pero qué crees? Que esa comunicación inconsciente puede modularse de manera consciente para transmitir de manera más coherente y efectiva. Esa modulación es el tono del estilo al que ya habíamos hecho referencia. Si el estilo es la expresión de la individualidad, el tono es el volumen con el que nos expresamos.

Al decir que el tono es el volumen, nos referimos a que es la intensidad con la que se comunica y por lo tanto se perciben sus mensajes. Es "qué tanto es tantito" en la producción de nuestro estilo, y la densidad y carga con la que nos implementamos físicamente. Por naturaleza, cada uno de nosotros tenemos el estilo en diferentes tonalidades: existen personas que son muy elegantes y otras que nada más tienen un toque de ese estilo, o dos personas que sean de estilo seductor, pero una en tono moderado y otra en tono muy elevado. Es lógico que mientras más sea patente el mensaje del estilo, más se podrán gozar de sus fortalezas, pero a su vez, mientras más empezamos a gozar de sus fortalezas, más nos acercamos a caer en los riesgos, por lo que hay que saber cuándo parar. Por eso es que podemos jugar con el volumen para que nuestra comunicación sea siempre armónica y coherente. Y así como al hablar podemos expresarnos de manera más agresiva, asertiva o hasta pasiva al abstenernos de opinar cuando no viene al caso y es mejor callar; cuando nos expresamos con nuestro estilo, podemos elevar el volumen, moderarlo o incluso también callarlo cuando tampoco venga al caso expresarnos ante los demás.

Siguiendo con analogías, piensa que es igual al volumen de la música: le podemos subir, bajar o apagar. La cuestión es que si le subimos de más cuando no es prudente, generará ruido y será molesto para los demás, sin importar que tú te la estés pasando bien y consideres que ese volumen es "normal". Al igual que si le bajamos mucho al volumen o le apagamos a la música en una fiesta, perderemos la diversión y la gente no reaccionará de una manera positiva. Por lo tanto, no seas el vecino enfadoso que sólo molesta con su ruido, ni el aguafiestas que no sabe ponerle el toque de emoción cuando se necesita. El tono del estilo tenemos que adecuarlo a cada audiencia y cada situación para gozar sus beneficios sin generar estridencias. Por ejemplo: si somos creativos o seductores, podremos subirle mucho al tono cuando vamos a un festival de música o a un antro, pero será recomendable que le bajemos cuando vamos a un funeral o a comer con los abuelos de tu nueva conquista.

No quiere decir que dejemos de ser como somos o que traicionemos nuestra esencia, se trata de utilizar la forma adecuada para ser bien percibidos por nuestras audiencias y así lograr nuestros objetivos. Recuerda la máxima del inicio del libro cuando decíamos que la imagen es relativa. Y así como en la música no hay volumen bueno o malo, sino el adecuado, en imagen pública y en el tono del estilo no hay bueno ni malo, sino lo que debe ser de acuerdo con nuestra esencia, objetivos y necesidades de nuestras audiencias.

Habrá momentos para arriesgarnos y momentos para callarnos. Y al decir arriesgarnos la palabra está perfectamente utilizada. Arriesgar, de llevar al riesgo nuestro estilo porque en cierto contexto es lo coherente. Sí, a veces ser anodino, anticuado, presuntuoso, cursi, vulgar, ridículo o agresivo, puede ser lo coherente. Imagínate a la exuberante vedette que se presenta en palenques o a los cincelados bailarines de un espectáculo en Las Vegas, cuya prenda más grande es la pajarita que usan para bailar, ambos serían de estilo seductor, pero si no cayeran en su riesgo, no venderían boletos pues no dejarían satisfechas a sus audiencias. Igual para el joven aprendiz de un despacho de contabilidad, verse chapado a la antigua puede ser positivo, o para la directora de una guardería el lucir cursi, puede ser un punto de confianza para los padres que dejarán ahí a sus hijos.

Seguro ya te lo habrías preguntado: ¿Podemos adoptar un estilo que no nos pertenezca porque pensamos que sus beneficios nos pueden ayudar?... Nuevamente, de poder puedes, pero la realidad es que te estarías disfrazando y por lo tanto engañándote a ti y a los demás, sin acabar de lograr el engaño del todo, ya que sentirás una gran incomodidad y hasta te sentirás violado en tu esencia, lo que resultará en que actúes sin convicción y por lo tanto no puedas comunicar y convencer a los demás. Sería mera actuación y más te vale ser oscareable si pretendes hacerlo. Es más, hasta a los mismos actores de Hollywood normalmente los seleccionan en casting porque su estilo personal en la realidad es muy similar al estilo de sus personajes. A Adam Sandler casi siempre lo verás en personajes de estilo natural, a Reese Witherspoon interpretando a mujeres románticas, y cuenta la cantidad de personajes de estilo creativo que ha hecho Johnny Depp. ¡Sacarlos de su estilo representa para ellos un gran reto actoral! Por lo que puedo asegurar que se sienten más cómodos con esos papeles en los que ya se han encasillado.

Entonces, si eres de estilo creativo en tono elevado, pero trabajas en la caja de un banco tradicional donde el uniforme y las normas de apariencia pertenecen a ese estilo, no significa que te vayas a disfrazar de estilo tradicional de nueve a seis mientras estás en tus funciones, sino que simplemente le bajarás tanto el tono a tu estilo como sea posible, al grado de apagar el volumen si es que las políticas de vestuario son demasiado estrictas. Aunque siempre habrá cabida a expresarte con detalles como tus zapatos, el armazón de los lentes, o hasta con cosas que sólo serán visibles para ti como la ropa interior o hasta un tatuaje. Y después al salir de trabajar y en los fines de semana, seguro explotarás el tono de tu estilo al grado de que si te encontraras con un compañero de trabajo o un cliente recurrente, seguro no te reconocerían o se sorprenderían. Y no estarías siendo hipócrita, simplemente estarías siendo inteligente y coherente hablando el lenguaje que debes expresar, y disfrutando de tu esencia en sus múltiples capacidades de expresión.

Al decir que hay que disfrutar nuestra esencia en sus múltiples capacidades de expresión, creo que es prudente puntualizar que la teoría del estilo se basa en estereotipos, partiendo de una idea común que todos podemos entender para así detectar los mensajes que proyecta cada estilo. Pero como todos somos únicos e irrepetibles, tenemos que ser conscientes de que dentro de ese estereotipo, todos somos libres de expresarnos de acuerdo con nuestros gustos y preferencias. No por ser de estilo romántico forzosamente te tienes que vestir de colores claros y pastel; puede haber personas románticas que solamente les guste vestirse de negro y seguirían siendo de ese estilo, como puede haber personas seductoras a las que les gusten las prendas entalladas pero no mostrar piel, o personas tradicionales que nunca vistan de traje o traje sastre. Y conozco muchas personas de estilo creativo cuya prenda favorita son los trajes. El estereotipo se basa en lo común y no en alguna ley. Pasa lo mismo con las tiendas, si bien lo común es que en Abercrombie & Fitch encuentres ropa natural y en Banana Republic tradicional, seguro que personas de los siete estilos han comprado alguna prenda en estas tiendas. Así como las marcas de lujo como Gucci, Dior, Fendi o Louis Vuitton de repente dan unos bandazos de estilo donde puedes encontrarte la prenda más exagerada y dramática llena de estoperoles y diseño, o el artículo más sencillo, sobrio y clásico, que sería ideal para los tradicionales y elegantes. Nuevamente, lo común no es la ley, aunque es lógico que si te metes a Urban Outfitters encontrarás más prendas creativas y en Brooks Brothers le tendrás que escarbar para encontrar algo que no sea tradicional. Pero puntualizo esto para que sigas gozando de la libertad de ser tú, de explorar y de experimentar con esta nueva voz que es tu estilo, pues el objetivo de este capítulo era simplemente que generaras conciencia sobre los mensajes del mismo, que hicieras conciencia sobre la importancia de modular el tono, y de que les sacaras todo el provecho a los mensajes que puedes y debes comunicar. El objetivo es que seas expresivo pero coherente.

Terminamos el último capítulo de este método que correspondió al tema de estilo. Pero esta última E también pudo haberse referido a la esencia, el requisito indispensable para crear una imagen que hay que cuidar y procurar. Primero el ser y luego el parecer.

Ya para este punto tienes todos los elementos que debes fusionar, para así crear y explotar al máximo tu porte. Pero para ponerle punto final, quiero que hagamos todo lo contrario a lo que hemos venido haciendo en este libro. Dejemos de vestirnos y vamos a desvestirnos un poco. Pensemos un poco en desnudar nuestro ser, para que así, desnudos, entendamos que el verdadero sentido de arreglarnos no está en la mentira que hoy nos cuenta el mundo. Te invito a que nos quitemos la ropa, pues ya verás que con esa vulnerabilidad nos sentiremos más arropados que nunca.

DESNUDÉMONOS

"La belleza debería comenzar en el alma y el corazón,
de otra manera, los cosméticos son inútiles."

"La elegancia tiene lugar cuando el interior es
tan hermoso como el exterior."

"La belleza comienza en el instante
en que decides ser tú mismo."

Coco Chanel (1883-1971)

Al empezar el capítulo "Estilo" hicimos referencia a que los grandes iniciados siempre han compartido enseñanzas similares que se podrían resumir en los preceptos del *Kybalión*: todo es mental, todo fluye y se mueve, todo vibra, toda causa tiene un efecto, todo tiene dos polos opuestos que se complementan y cuando se unen, generan; y como es adentro es afuera. Y podríamos sumarle otras máximas, como ama a tu prójimo, ámate a ti y todo lo que das se te regresa.

Son leyes de vida, por lo que no están exentas del tema de la imagen física, aunque desafortunadamente muchas veces en este campo se tienen olvidadas. ¿Cómo hablar de amor al prójimo cuando nos la pasamos criticando, juzgando y envidiando la apariencia personal de los demás? ¿Cómo hablar de amor propio cuando pensamos que nuestra valía está en la ropa que tenemos, en las marcas que usamos o en los *likes* que recibimos por mostrar nuestra apariencia en redes? ¿Y cómo pensar en recibir abundancia, cuando lo que estamos dando con nuestra imagen física son nuestras carencias, falsedades, presunciones e inseguridades?

Tu mundo exterior es un reflejo de tu mundo interior. Tu imagen física y el tratamiento que le des a este tema manifiestan tu panorama interno. Reflexiona sobre todo lo que tienes en tu guardarropa, pero sobre todo en esas piezas que compraste más por pertenencia y falsa aceptación, que porque considerabas que eran buenas para ti. Piensa si el motor de alguna prenda fue más presumir que empoderar. Considera si tu concepto de belleza es sano o está un poco distorsionado por las páginas que sigues en Instagram. ¿Cuál está siendo tu fuente de alegría en relación con la ropa? Todo esto sería un reflejo de lo que hay dentro de ti.

Sé que el libro se ha tratado de controlar y modificar el exterior para gozar los beneficios en nuestro mundo interior. Donde hemos aprendido a usar el porte como un vehículo de afuera hacia adentro. Y de que por más filosófico, espiritual o humanista que me ponga, las neurociencias son las neurociencias y el prejuicio y el estereotipo siempre existirán, y ni hablar, hay que saber jugar su juego. Pero estoy convencido de que en el fondo, para vencer sus reglas o jugar con ellas desde la cancha de la felicidad, el mundo que tenemos que controlar y modificar en primera instancia es el interior. Es en el único mundo en el que verdaderamente tienes el control. Sólo tú puedes controlar tu vida. Y esto lo debes saber en estas épocas en las que, cada vez más, el control de nuestras acciones se lo delegamos a los demás, y a una maquinaria de algoritmos en la que estamos basando nuestra felicidad, obteniendo a cambio sólo infelicidad.

Hoy, según estudios de la universidad de West England, 80% de los hombres y 75% de las mujeres tienen alguna manifestación de ansiedad acerca de los defectos e imperfecciones percibidos en su cuerpo (Mair, 2018), estadística que era tres veces menor en las mujeres y cuatro en los hombres, antes del desarrollo de internet. Antes del desarrollo de las redes sociales, las personas también estábamos expuestas a las imágenes irreales impuestas por el mundo de la moda y que traían sus consecuencias. Recuerdo la campaña de Calvin Klein que catapultó a Kate Moss en los noventa, y con ella se catapultaron los trastornos alimenticios. Pero no hay comparativa con lo que estamos viviendo el día de hoy.

Antes, era una campaña publicitaria y te comparabas con modelos de revistas. Hoy, es un bombardeo diario de cuatro horas de tiempo promedio en pantalla, comparándonos con nuestros compañeros de banca, del trabajo, con todos los conocidos de nuestros círculos sociales y con esos "amigos" que seguimos sin saber por qué; o peor aún, comparándonos con esos desconocidos que viven para tomarse fotos y que creemos que son "influyentes" porque tienen una palomita azul, o las abreviaciones mil o mill junto a un número de seguidores.

Hoy estamos más controlados que nunca por el mito de la belleza que promueve y perpetúa estereotipos imposibles de alcanzar. La avalancha de imágenes visuales hace que todos nos convirtamos en modelos y que seamos fácilmente sugestionados y controlados. La mentira de las redes sociales explota la culpa y nos aprisiona en la toma de decisiones, pues limita nuestra liberación y capacidad de autoexpresión. En consecuencia, compramos y vivimos el mito y para el mito, siendo los únicos ganadores las industrias de la moda y las propias redes sociales, quienes son los verdaderos influyentes, mientras el resto de nosotros somos unos zombis infelices esclavos de un *copy-paste* que nunca podremos replicar y que genera insatisfacción.

Dejémoslo en claro... ¡Las redes sociales mienten! Son una quimera en la que se nos va la vida tratando de vivir la vida de alguien más.

EL MÉTODO P.O.R.T.E.

Por lo tanto ¡desnudémonos! Regresemos a la vulnerabilidad con la que nacimos y con la que nos vamos a ir de este mundo. Sólo somos vida y estás aquí para ser feliz. Prince, en su canción "1999" dice "la vida es sólo una fiesta y las fiestas no están destinadas a durar", entonces, desnuda el alma, pero vístete diario con tu traje de fiesta y ¡diviértete!

Ya dejamos muy en claro el concepto universal de que como es adentro es afuera y viceversa, pero revisemos ahora los otros preceptos. Si todo es mental, dejémonos de centrar únicamente en la relación entre la ropa y el cuerpo, y empecemos a discutir sobre las innegables e inherentes interrelaciones entre cuerpo y mente. En el capítulo "Psicología de la ropa" hice un llamado a las comunidades de expertos en psicología y en moda, incluso fantaseé con un futuro donde se prescribieran prendas en lugar de pastillas. Esto no es una fantasía. El cuidado de la mente en relación armónica con nuestro cuerpo y sus expresiones al vestir debe ser una prioridad en los temas de salud mental. Hagamos cada vez más activismo sobre los graves problemas de ansiedad y depresión que el mal manejo de la imagen física provocan en la actualidad. No confundas desear con necesitar, pues es uno de los trucos más crueles que nos juega nuestra mente y sólo nos lleva a la insatisfacción. ¿Deseas una bolsa de marca o mayor altura? ¡Qué bueno! ¿Lo necesitas? ¡Claro que no!, por lo que sé feliz sin ello y más feliz con lo que sí tienes. Y si todo es mente, cuídala, cultívala y aprende a controlar tu diálogo interno. Y si no puedes, pide ayuda. Epicteto manifestó que lo que nos decimos es muy importante. Él fue el que dijo "no son las cosas que nos pasan las que nos hacen sufrir, sino lo que nosotros nos decimos sobre esas cosas que nos pasan". ¿Qué te estás diciendo todos los días sobre tu apariencia personal? ¿Qué ves cuando te ves?

Cuando te ves en el espejo te debe gustar lo que se refleja. Y no quiero regresar al punto central de este libro sobre lo que la ropa nos hace sentir y lo que les hace sentir a los demás, por lo que quiero que reflexiones ahora desde la vulnerabilidad de la desnudez. Lo que ves en el espejo te debe encantar cuando te ves sin ropa. Debes empezar a apreciar el regalo y no la envoltura. Sí, sin duda hay muchas cosas que nos gustaría cambiar de nuestra apariencia, y por eso también todos recurrimos a procedimientos que nos ayudan a lograr esos cambios estéticos: desde depilación hasta cirugías plásticas extremas, pasando por ortodoncia, tratamientos dermatológicos, dietas y ejercicios, y hasta un alaciado o un permanente son procedimientos a los que recurrimos para alterarnos. También lo son toda la ropa, los accesorios, el maquillaje y el estilismo que te puedas imaginar. Y es que en temas de cuerpo, la que no tiene quiere tener, y la que tiene no quiere tener tanto, o el lampiño quiere barba y el peludo se hace láser. Es naturaleza humana. Y no está peleado el gustarnos en la desnudez y en la producción, pues el verdadero beneficio de someternos a todos estos cambios no es el que se logra en los demás, es el cambio interno que ayuda a la autoestima y que potencia nuestra imagen interna. La unión de los polos, el ying y el yang. Si todo tiene dos polos opuestos que se complementan y que cuando se unen, generan, ¡imagínate todo lo que logras y generas cuando la esencia se une a la apariencia! Si la mejor versión de ti se viste con las mejores prendas para ti, te conviertes en un polo generador de riqueza, donde todo lo que anhelas y deseas se te concederá.

Hemos visto durante este Método P.O.R.T.E. que la ropa es un catalizador. La chispa que enciende el motor de muchas cosas buenas que se empiezan a mover y a vibrar en positivo con y para nosotros. Como dicen los preceptos de los sabios, todo fluye y se mueve, todo vibra, y toda causa tiene un efecto. Si únicamente estás usando tu ropa para tapar y ocultar tu cuerpo, te estás ocultando a ti mismo, y generando una tapadera que no permitirá que fluyan muchas cosas positivas. ¡Arréglate! Y que la ropa sea tu causa y la felicidad su efecto.

EL MÉTODO P.O.R.T.E.

Llegamos al final del camino no sin antes recordarte que éste no fue un libro sobre moda. Fue un texto sobre el poder del vestir y sobre cómo el hábito sí hace al monje, por lo que a partir del día de hoy, al producirte físicamente, tenemos el compromiso de que lo harás desde los terrenos de la PSICOLOGÍA DE LA ROPA.

Así como también ordenarás esa ropa, porque como bien ya sabes, ordenando tu ropa ordenarás tu vida. Ten siempre muy presente la importancia de la ORGANIZACIÓN DEL GUARDARROPA y goza de los beneficios de tener una vida en armonía y equilibrio.

Y si bien no fue un libro sobre moda, sí reflexionamos sobre la sabiduría popular cuando nos dice "de la moda lo que te acomoda", pues detectamos que tu cuerpo es perfecto, pero que si sabemos reconocer lo que la naturaleza nos dio, podemos explotar todo su potencial para lograr el ideal de cuerpo, cara y color. Reconoce lo mejor de ti, y sigue observándote a través del RE-CONOCIMIENTO 3C. Pero sobre todo, sigue haciendo magia con colores, líneas, escalas y demás TRUCOS ÓPTICOS que harán que te gustes más a ti, y en consecuencia a los demás.

Finalmente, a través de la ropa encontraste todo un lenguaje de signos y significados. Un idioma nuevo que te permitirá expresarte mejor a través del ESTILO. Un sistema de comunicación no verbal que potenciará tu esencia respetando el ser, pero que para nada está peleado con las mieles de cuidar el parecer.

Estimado estratega del vestuario, en este momento cambia tu relación con el espejo y con cada uno de los elementos que encuentras en tu clóset, pues como ya lo sabes, vestirte es la decisión más importante que tomas todos los días, ya que nos acerca a eso que llamamos felicidad. Por eso compraste este libro que ahora cerrarás. Pero deseo de todo corazón que éste no sea un cierre sino un inicio. Que el contenido de este libro te arrope hoy y siempre, y que sus conceptos y recomendaciones te cubran y protejan con toda la abundancia que te mereces. A partir de este momento enfúndate en las prendas del éxito, y hoy y siempre...

¡QUE TE IMPORTE MUCHO EL P.O.R.T.E.!

BIBLIOGRAFÍA

Anselmi, G. M., F. Giorgio y L. Giuseppe (2004). *La civiltà del Rinascimento. Pagine di letteratura italiana*, Roma, Carocci.

Baumgartner, J. J. (2012). *You Are What You Wear: What Your Clothes Reveal About You*, Boston, Da Capo Lifelong Books.

Cianciarulo, F. (1999). "La vida. La marcha del golazo solitario [Grabado por L. F. Cadillacs].

Eco, U. (1977). "Semiotics of theatrical performance", *The drama review: TDR*, vol. 21, núm. 1.

Goffman, E. (2008). *The presentation of self in everyday life*, Nueva York, Anchor Books.

Gordoa, A. (2008). *Imagen cool*, México, Grijalbo.

_____ (2017). *El Método H.A.B.L.A.: imagen verbal en 5 sencillos pasos*, México, Aguilar.

_____ (2019). *La biblia godínez*, México, Aguilar.

Gordoa, V. (2003). *Imagología*, México, Grijalbo.

_____ (2007). *El poder de la imagen pública*, México, Random House Mondadori.

Hurlock, E. B. (1929). *The psychology of dress: an analysis of fashion and its motive*, Nueva York, The Ronald Press Company.

Kurt, J. I. (2011). "How friends promote consumer spending". *Journal of Marketing Research*, pp. 741-754.

Mair, C. (2018). *The psychology of fashion*, Londres, Routledge.

Pine, K. J. (2014). *Mind What You Wear: The Psychology of Fashion*, Kindle Single.

Pazda, E., J. E. Andrew y T. Greitemeyer (2012). "Sexy red: perceived sexualreceptivity mediates the red-attraction relation in men viewing woman", *Journal of experimemtal social psycology*, pp. 787-790.

Ryckman, R. M. (1989). "Male and female raters' stereotyping of male and female physiques", *Personality and Social Psychology Bulletin*, 15, pp. 244-251.

Sheldon, W. (1954). *Atlas of Men*, Nueva York, Harper.

Squicciarino, N. (2012). *El vestido habla*, Madrid, Cátedra.

Vitruvio, M. L. (27 a. C.). *De Architectura*.

Wolf, N. (1991). *The beauty myth*, Londres, Vintage.

El Método P.O.R.T.E. de Alvaro Gordoa
se terminó de imprimir en el mes de octubre de 2021
en los talleres de Diversidad Gráfica S.A. de C.V.
Privada de Av. 11 #1 Col. El Vergel, Iztapalapa,
C.P. 09880, Ciudad de México.